Grund- und Aufbauwortschatz *Russisch*

8 000 Wörter zu über 100 Themen

Ausgeschieden
von den
Büchereien Wien

Carola Hamann
Natalia Wienecke

Büchereien Wien
Am Gürtel
Magistratsabteilung 13
7, Urban-Loritz-Platz 2a
A-1070 Wien

Hueber Verlag

Das Werk und seine Teile sind urheberrechtlich geschützt.
Jede Verwertung in anderen als den gesetzlich zugelassenen Fällen bedarf deshalb der vorherigen schriftlichen Einwilligung des Verlags.

Hinweis zu § 52a UrhG: Weder das Werk noch seine Teile dürfen ohne eine solche Einwilligung überspielt, gespeichert und in ein Netzwerk eingespielt werden. Dies gilt auch für Intranets von Firmen und von Schulen und sonstigen Bildungseinrichtungen.

3. 2. 1.	Die letzten Ziffern
2016 15 14 13 12	bezeichnen Zahl und Jahr des Druckes.

Alle Drucke dieser Auflage können, da unverändert, nebeneinander benutzt werden.
1. Auflage
© 2012 Hueber Verlag, 85737 Ismaning, Deutschland
Umschlaggestaltung: creative partners gmbh, München
Fotogestaltung Cover: wentzlaff | pfaff | güldenpfennig kommunikation gmbh, München
Coverfoto: © Matton Images / Stockbyte
Redaktion: Piero Salabè, Hueber Verlag, Ismaning
Satz: Typosatz W. Namisla GmbH, München
Druck und Bindung: Auer Buch + Medien GmbH, Donauwörth
Printed in Germany
ISBN 978-3-19-109566-6

Einführung - Введение

Dieser *Grund- und Aufbauwortschatz Russisch* wurde für die Nutzung in Schule und Volkshochschule, Beruf und Alltag zusammengestellt. Er ist aber durch seine Themenvielfalt und Aktualität auch auf Reisen ein guter Begleiter.

1. Den ersten Teil bildet ein Verzeichnis der am häufigsten gebrauchten Wörter. Dieser Allgemeinwortschatz, alphabetisch geordnet in russisch-deutsch und deutsch-russisch, umfasst ca. 600 Wörter. Diese Wörter stellen das Gerüst einer Sprache dar. Sie werden Ihnen immer wieder in Texten und Gesprächen begegnen.
Der Allgemeinwortschatz wird ergänzt durch eine Übersicht über die gängigsten Formulierungen der Sprachetikette, die für einen höflichen und der jeweiligen Situation entsprechenden Umgang miteinander wichtig sind. Wie rede ich jemanden an, wie kann ich um eine Information bitten, mich bedanken und verabschieden – vor solchen Fragen hat sicher schon jeder im Ausland gestanden.

2. Den Hauptteil des Nachschlagewerkes bilden thematisch gruppierte Wortlisten, die es Ihnen ermöglichen, sich konzentriert auf das eine oder andere Sie interessierende Thema vorzubereiten. Die 18 Kapitel mit jeweils mehreren Unterthemen bieten Ihnen ca. 8000 lexikalische Einheiten. In vielen Fällen wird ihre Verwendung in Beispielsätzen oder Wortgruppen verdeutlicht.

Hinweise für den Gebrauch

1. Der Grund- und Aufbauwortschatz ermöglicht es Ihnen, sich thematisch ein bestimmtes Sachgebiet zu erschließen. Das detaillierte Inhaltsverzeichnis gewährt Ihnen dabei einen schnellen Zugriff auf Ihr Thema.

2. Sie möchten wissen, was ein bestimmtes Wort auf Russisch bzw. Deutsch bedeutet. Im Register finden Sie Verweise auf die Seiten, auf denen das Wort vorkommt. Sind mehrere Seiten angegeben, schlagen Sie im Inhaltsverzeichnis nach, zu welchem Thema „Ihr" Wort gehören könnte und grenzen Sie somit die Suche ein. Können Sie ein deutsches Wort nicht im Register finden, versuchen Sie es mit einem Wort mit gleicher oder ähnlicher Bedeutung.

3. Die farbig hervorgehobenen Informationsfelder erklären wichtige sprachliche Zusammenhänge bzw. geben Auskunft über Interessantes und Wissenswertes in Russland.

Wie prägen Sie sich neue Wörter ein?

- ☐ Lernen Sie die Wörter in ihrer spaltenweisen Anordnung. Decken Sie z.B. erst die deutschen Wörter ab, lesen Sie ein russisches Wort, nennen Sie die Übersetzung und kontrollieren Sie anschließend. Verfahren Sie dann ebenso, indem Sie die russischen Wörter abdecken.
- ☐ Sehr hilfreich ist es, die Wörter laut zu sprechen.
- ☐ Ändern Sie die Reihenfolge, in der Sie die Wörter lernen – von oben nach unten und umgekehrt, dann ungeordnet.
- ☐ Lernen Sie nie zu viele Wörter auf einmal. Üben Sie 8-10 neue Einheiten pro Tag.
- ☐ Wenn Sie der Meinung sind, diese 10 Wörter zu beherrschen, decken Sie sie ab und schreiben Sie auf, welche Wörter Sie gerade gelernt haben – natürlich auf Deutsch und Russisch. Vergleichen Sie anschließend mit der Wortliste im Buch.
- ☐ Wiederholen Sie regelmäßig die an den Tagen zuvor gelernten Wörter.
- ☐ Können Sie sich ein Wort gar nicht merken, schreiben Sie es auf kleine Zettel, auf der Vorderseite das russische, auf der Rückseite das deutsche Wort. Legen Sie diese „Gedächtnisstützen" an häufig frequentieren Stellen z.B. in der Wohnung aus oder tragen Sie sie bei sich, um hin und wieder eine Gelegenheit, z.B. im Bus, Zug oder Café, zum Üben zu nutzen.
- ☐ Ihr Lernerfolg wird größer, wenn Sie regelmäßig jeden Tag ca. 15 Minuten intensiv lernen, als einmal in der Woche eine Stunde.

Viel Freude und Erfolg beim Erlernen der russischen Sprache wünschen Ihnen

Natalia Wienecke und Carola Hamann

Inhaltsverzeichnis

Der wichtigste Allgemeinwortschatz
Наиболее употребительные слова

Die hier aufgeführten häufig gebrauchten Wörter sind themenunabhängig und werden in den Themenkapiteln nicht oder nur in Beispielsätzen erwähnt.

а aber; und
анкéта *f* Fragebogen
бéгать *1 ipf* laufen
бежáть* *ipf* laufen
без *Gen.* ohne
безопáсно *Adv.* ungefährlich
бесплáтно *Adv.* kostenlos
благодари́ть *2 ipf* danken, sich bedanken
ближáйший nächst, nächstliegend
бли́зко *Adv.* nah
богáтый *Adj.* reich
бóльше mehr; größer
борóться *1 ipf* kämpfen
боя́ться *2 ipf* sich fürchten, Angst haben
брать *ipf* nehmen
буди́ть *2 ipf* wecken
бýдущее *n* Zukunft
бывáть *1 ipf* sein; vorkommen
бы́стро *Adv.* schnell
быть* sein
в *Akk.*; *Präp.* nach, in
ваш, вáша, вáше, вáши euer, Ihr
вверх *Adv.* nach oben
вверхý *Adv.* oben
вдруг *Adv.* plötzlich
ведь doch
вéжливый *Adj.* höflich
вездé *Adv.* überall
вели́кий *Adj.* groß
вéрить *2 ipf* glauben
вéрный *Adj.* richtig, wahr
весёлый *Adj.* lustig, fröhlich
весь, вся, всё, все (der, die, das) ganze, die ganzen; alle
вечéрний *Adj.* abendlich, Abend-
вéчный *Adj.* ewig
вещь *f* Ding, Sache
взять* *pf* nehmen
вид *m* Aussehen; Blick, Aussicht
ви́деть *2 ipf* sehen, erblicken
вмéсте *Adv.* gemeinsam
вмéсто *Gen.* statt
вне *Gen.* außerhalb
вниз *Adv.* nach unten
внизý *Adv.* unten
внимáние *n* Achtung, Aufmerksamkeit
внимáтельный *Adj.* aufmerksam
внутри́ *Gen.* innerhalb, innen
во-вторы́х zweitens
возмóжно *Adv.* möglich
возражáть *1 ipf* / **возрази́ть** *2 pf* einwenden; widersprechen
войти́* *pf* hineingehen, hereinkommen
вон da, dort; fort, weg, hinaus
во-пéрвых erstens
вопрóс *m* Frage
воспоминáние *n* Erinnerung
вспоминáть *1 ipf* / **вспóмнить** *2 pf* sich erinnern
вот da, hier
вперёд *Adv.* vorwärts
врéмя *n* **гóда** Jahreszeit
врéменный *Adj.* zeitweilig, provisorisch
всегдá *Adv.* immer
вставáть *1 ipf* / **встать*** *pf* aufstehen
встречáть *1 ipf* / **встрéтить** *2 pf* treffen; empfangen
встречáться *1 ipf* / **встрéтиться** *2 pf* sich treffen
вход *m* Eingang
входи́ть *2 ipf* hineingehen, hereinkommen
вы ihr, Sie

выбира́ть *1 ipf* / **вы́брать*** *pf* wählen
вы́глядеть *2 ipf* aussehen
вы́йти* *pf* hinausgehen, herauskommen
выполня́ть *1 ipf* / **вы́полнить** *2 pf* erfüllen, ausführen
высо́кий *Adj.* hoch
вы́ход *m* Ausgang
выходи́ть *2 ipf* hinausgehen, herauskommen
где wo
где́-то, где́-нибу́дь irgendwo
гид Reiseleiter(in)
глубо́кий *Adj.* tief
глу́пый *Adj.* dumm
говори́ть *2 ipf* sprechen, reden
голо́дный *Adj.* hungrig
го́лос *m* Stimme
го́рдый *Adj.* stolz
го́рький *Adj.* bitter
горя́чий *Adj.* heiß
гостеприи́мный *Adj.* gastfreundlich
гото́вить *2 ipf* vorbereiten
гото́вый *Adj.* fertig, bereit
гро́мкий *Adj.* laut
гру́бый *Adj.* grob
гру́стный *Adj.* traurig
да ja
дава́ть *1 ipf* geben
да́же sogar
далёкий *Adj.* fern, weit
дари́ть *2 ipf* schenken
дать* *pf* geben
де́йствовать *1 ipf* handeln
дешёвый *Adj.* billig
дли́нный *Adj.* lang
для *Gen.* für
до *Gen.* bis
до́брый *Adj.* gut
дово́льный *Adj.* zufrieden
до́лжен, должна́, должно́, должны́ müssen, sollen
дорого́й *Adj.* teuer, kostbar; lieb
доста́точно *Adv.* genügend, ausreichend
друго́й *Adj.* anderer
дружи́ть *2 ipf* befreundet sein
ду́мать *1 ipf* denken
е́вро *n* Euro
его́ sein (*Poss.*)
её ihr (*Poss.*)
е́здить *2 ipf* fahren
е́сли wenn, falls
есть* *ipf* essen; es gibt
е́хать* *ipf* fahren
ещё *Adv.* noch; schon
жале́ть *1 ipf* bedauern; bereuen
жа́лко schade
жа́ловаться *1 ipf* sich beschweren; über etw. klagen
жаль schade
ждать* *ipf* warten
жела́ть *1 ipf* wünschen
за *Akk.*; *Instr.* für; hinter
забо́титься *2 ipf* sich kümmern, (sich) sorgen
забыва́ть *1 ipf* / **забы́ть*** *pf* vergessen
зави́сеть *2 ipf* von etw. abhängen
зави́симость *f* Abhängigkeit
за́дний *Adj.* hinterer, Hinter-
закрыва́ть *1 ipf* / **закры́ть** *1 pf* schließen
занима́ться *1 ipf Instr.* sich beschäftigen
запи́сывать *1 ipf* / **записа́ть** *1 pf* aufschreiben, notieren
заполня́ть *1 ipf* / **запо́лнить** *2 pf* ausfüllen
запомина́ть *1 ipf* / **запо́мнить** *2 pf* sich etw. einprägen
запреща́ть *1 ipf* / **запрети́ть** *2 pf* verbieten
зате́м danach, später
заче́м wozu, weshalb, warum
звать* *ipf* rufen
здесь *Adv.* hier
здо́рово *Adv.* fein, toll
здоро́вый *Adj.* gesund
знако́мый *Adj.* bekannt; Bekannter
знать *1 ipf* wissen; kennen
значе́ние *n* Bedeutung

зонт *m* Schirm
зря vergeblich, umsonst
и und
идти́* *ipf* gehen
из *Gen.* aus
изве́стный *Adj.* bekannt; berühmt
из-за *Gen.* wegen
изменя́ть(ся) *1 ipf* / **измени́ть(ся)** *2 pf* (sich) verändern
и́ли oder
и́ли … и́ли entweder … oder
и́менно zwar; gerade
име́ть *1 ipf* haben
интере́сный *Adj.* interessant
иска́ть* *ipf* suchen
исключе́ние *n* Ausnahme
испо́льзование *n* Nutzung, Verwendung
и так да́лее (и т.д.) usw.
их ihr (*Poss.*)
к *Dat.* zu
ка́ждый jeder
каза́ться *1 ipf* als etw. erscheinen, scheinen, vorkommen
как wie
како́й welcher
ка́к-то, ка́к-нибу́дь irgendwie
ка́чественный *Adj.* qualitativ
ка́чество *n* Qualität
ки́слый *Adj.* sauer
ключ *m* Schlüssel
когда́ wann; als
когда́-то, когда́-нибу́дь irgendwann
коли́чество *n* Menge, Quantität
коне́ц *m* Ende
коне́чно natürlich
конча́ть *1 ipf* / **ко́нчить** *2 pf* enden, beenden
копе́йка *f* Kopeke
коро́ткий *Adj.* kurz
кото́рый welcher, der
кра́йний *Adj.* äußerst
краси́вый *Adj.* schön
кра́ткий *Adj.* kurz
критикова́ть *1 ipf* kritisieren
кро́ме *Gen.* außer
кру́глый *Adj.* rund
кру́пный *Adj.* groß
кто wer
кто́-то, кто́-нибу́дь irgendwer
куда́ wohin
куда́-то, куда́-нибу́дь irgendwohin
легко́ *Adv.* leicht
лёгкий *Adj.* leicht
лежа́ть *2 ipf* liegen
ли́чно *Adv.* persönlich, selbst
ло́жный *Adj.* falsch, unwahr
луна́ *f* Mond
лу́чше *Adv.* besser
люби́ть *2 ipf* lieben, mögen
любопы́тный *Adj.* neugierig
лю́ди *Plt* Menschen, Leute
ма́ло *Adv.* wenig
ме́дленно *Adv.* langsam
ме́жду *Instr.* zwischen
ме́ньше weniger; kleiner
меня́ть *1 ipf* tauschen, umtauschen; wechseln (Geld)
ме́сто *n* Platz, Stelle, Ort
мечта́ть *1 ipf* träumen
ми́лый *Adj.* lieb, nett
ми́мо *Gen.* vorbei
мне́ние *n* Meinung
мно́го *Adv.* viel
мо́жет быть vielleicht
мо́жно *unpers.* man darf, es ist möglich, es ist erlaubt, man kann
мой, моя́, моё, мои́ mein
мо́крый *Adj.* nass, feucht
молодо́й *Adj.* jung
молча́ть *2 ipf* schweigen
моме́нт *m* Moment, Augenblick
мочь* *ipf* können; dürfen
му́сор *m* Abfall
мы wir
мя́гкий *Adj.* weich
на *Akk.*; *Präp.* auf, in
наве́рное wahrscheinlich; sicher, gewiss
наве́рх *Adv.* nach oben
наверху́ *Adv.* oben
над *Instr.* über
надёжный *Adj.* sicher; zuverlässig

надéяться *1 ipf* hoffen
нáдо *unpers.* müssen, brauchen
назáд zurück
называ́ть *ipf* / **назвáть*** *pf* bezeichnen
называ́ться *1 ipf* sich nennen, heißen
найти́* *pf* finden
нале́во *Adv.* nach links
напрáво *Adv.* nach rechts
напрáсно *Adv.* vergeblich, umsonst
наприме́р zum Beispiel
напро́тив *Gen.* gegenüber
наряду́ (с) *Instr.* neben
настоя́щее (время) Gegenwart
находи́ть *2 ipf* finden
начáло *n* Beginn, Anfang
начинáть *1 ipf* / **начáть*** *pf* beginnen
наш, нáша, нáше, нáши unser
не nicht
небольшо́й *Adj.* klein
неве́рный *Adj.* falsch
невероя́тно *Adv.* unwahrscheinlich, unglaublich
неизве́стно *Adv.* unbekannt, ungewiss
не́которые einige
нельзя́ *unpers.* nicht dürfen (sollen), verboten sein, man kann nicht, es ist unmöglich
неме́цкий *Adj.* deutsch
не́мец *m* (der) Deutsche
не́мка *f* (die) Deutsche
необыкнове́нный *Adj.* außergewöhnlich, außerordentlich
необы́чный *Adj.* ungewöhnlich
непосре́дственно *Adv.* unmittelbar
неприя́тно *Adv.* unangenehm; peinlich
не́сколько einige
несмотря́ на *Akk.* ungeachtet, trotz
несравни́мо *Adv.* unvergleichlich
нести́ *1 ipf* tragen, bringen
несчáстный *Adj.* unglücklich
несчáстье *n* Unglück
нет nein
неудо́бно *Adv.* unpassend; peinlich, unangenehm
неую́тно *Adv.* ungemütlich
ни ... ни weder ... noch
нигде́ nirgends
ни́зкий *Adj.* niedrig
никогдá niemals
никудá nirgendwohin
никто́ niemand
ничто́, ничего́ nichts
но aber
носи́ть *2 ipf* tragen, bringen
ночно́й *Adj.* nächtlich, Nacht-
нрáвиться *2 ipf* gefallen
ну́жно *unpers.* müssen, brauchen
ну́жный *Adj.* notwendig, erforderlich
о, об *Präp.* über
обещáть *1 ipf* versprechen
обижáть *1 ipf* / **оби́деть** *2 pf* kränken, beleidigen
обме́н *f* **валю́ты** Geldwechsel(stelle)
обменя́ть *1 pf* wechseln (Geld)
обнимáть *1 ipf* / **обня́ть*** *pf* umarmen
о́браз *m* **жи́зни** Lebensweise
обсуждáть *1 ipf* / **обсуди́ть** *2 pf* erörtern, diskutieren
объясне́ние *n* Erklärung
объясня́ть *1 ipf* / **объясни́ть** *2 pf* erklären
обы́чно *Adv.* gewöhnlich, üblich
обязáтельно *Adv.* unbedingt
огро́мный *Adj.* riesig, gewaltig
однáко jedoch, dennoch, aber
о́коло *Gen.* ungefähr, etwa, gegen, bei
он er
онá sie (*3. P. Sg.*)
они́ sie (*3. P. Pl.*)
оно́ es
опáздывать *1 ipf* sich verspäten
опáсность *f* Gefahr
опáсный *Adj.* gefährlich
опоздáть *1 pf* sich verspäten
определённый *Adj.* bestimmt

организо́вывать *1 ipf* / **организова́ть** *1 pf* organisieren
осма́тривать *1 ipf* / **осмотре́ть** *2 pf* besichtigen, genau betrachten
осо́бенный *Adj.* besonderer
остава́ться *1 ipf* / **оста́ться** *1 pf* bleiben, zurückbleiben
от *Gen.* von
отве́т *m* Antwort
отвеча́ть *1 ipf* / **отве́тить** *2 pf* antworten
отврати́тельный *Adj.* widerlich, abscheulich, ekelhaft
отка́зываться *1 ipf* / **отказа́ться** *1 pf* etw. ablehnen, (sich) weigern
открове́нный offen, offenherzig
открыва́ть *1 ipf* / **откры́ть** *1 pf* öffnen
отку́да woher
отли́чно *Adv.* ausgezeichnet, hervorragend
относи́тельно *Adv.* relativ; betreffs
отрица́тельный *Adj.* negativ
отту́да daher, dorther
очеви́дно *Adv.* offensichtlich
о́чень *Adv.* sehr
о́чередь *f* Reihe, Schlange
очки́ *Plt* Brille
ошиба́ться *1 ipf* / **ошиби́ться*** *pf* sich irren
пе́ред *Instr.* vor
пере́дний *Adj.* vorderer, Vorder-
пережива́ть *1 ipf* erleben, durchmachen; sich sorgen
пережи́ть* *pf* überleben
перейти́* *pf* überqueren, hinübergehen
переходи́ть *2 ipf* überqueren, hinüber gehen
печа́льный *Adj.* traurig
пешко́м *Adv.* zu Fuß
по *Dat.* in, durch, entlang
поблагодари́ть *2 pf* danken, sich bedanken
пове́рить *2 pf* glauben
под *Instr., Akk.* unter
подари́ть *2 pf* schenken
пода́рок *m* Geschenk
подгото́вить *2 pf* vorbereiten
подгото́вка *f* Vorbereitung
подожда́ть* *pf* warten
по́дпись *f* Unterschrift
подро́бность *f* Einzelheit, Detail
поду́мать *1 pf* denken
пожале́ть *1 pf* bedauern; bereuen
пожа́луйста bitte
пожела́ть *1 pf* wünschen
позабо́титься *2 pf* sich kümmern, für jmd. sorgen; sich sorgen, beunruhigen
пойти́* *pf* gehen
показа́ть *1 pf* zeigen
показа́ться *1 pf* als etw. erscheinen, scheinen, vorkommen
пока́зывать *1 ipf* zeigen
положи́тельный *Adj.* positiv
получа́ть *1 ipf* / **получи́ть** *2 pf* erhalten, bekommen
полюби́ть *2 pf* lieben, liebgewinnen
поменя́ть *1 pf* tauschen, umtauschen
по́мнить *2 ipf* sich erinnern
помога́ть *1 ipf* helfen
по-мо́ему meiner Meinung nach
помо́чь* *pf* helfen
понима́ть *1 ipf* verstehen
понра́виться *2 pf* gefallen
поня́ть* *pf* verstehen
пообеща́ть *1 pf* versprechen
попроси́ть *2 pf* bitten
по-ра́зному verschieden
портфе́ль *m* Aktentasche, Schulranzen
поря́док *m* Ordnung
по́сле *Gen.* nach
после́дний *Adj.* letzter
после́довательность *f* Reihenfolge; Konsequenz
посове́товать *1 pf* raten, empfehlen
посре́дством *Gen.* mittels
поста́вить *2 pf* stellen
пото́м danach

потому́ что weil
похо́жий *Adj.* ähnlich
почему́ warum
почти́ fast
пошути́ть *2 pf* scherzen
поэ́тому deshalb
появля́ться *1 ipf* / **появи́ться** *2 pf* erscheinen; auftauchen
пра́вда *f* Wahrheit; wahr, obwohl
пра́вильно *Adv.* richtig
превосхо́дно *Adv.* vortrefflich, ausgezeichnet, fein
предлага́ть *1 ipf* vorschlagen
предложе́ние Vorschlag; Satz
предложи́ть *2 pf* vorschlagen
преиму́щество *n* Vorteil, Vorrang
прекра́сный *Adj.* wunderschön, herrlich
при *Präp.* bei
приблизи́тельно *Adv.* annähernd, etwa, zirka
привезти́ *1 pf* liefern, bringen
привести́ *1 pf* bringen, herführen; (zu etw.) führen
приводи́ть *2 ipf* bringen, herführen; (zu etw.) führen
привози́ть *2 ipf* liefern, bringen
привыка́ть *1 ipf* / **привы́кнуть** *1 pf* sich gewöhnen
привы́чка *f* Angewohnheit
приглаша́ть *1 ipf* / **пригласи́ть** *2 pf* einladen
прие́млемый *Adj.* annehmbar
прийти́* *pf* kommen, ankommen
приме́р *m* Beispiel
приме́рно *Adv.* ungefähr, zirka, etwa
принести́ *1 pf* bringen, herbringen
принима́ть *1 ipf* **уча́стие** teilnehmen
приноси́ть *2 ipf* bringen, herbringen
приня́ть* *pf* **уча́стие** teilnehmen
приходи́ть *2 ipf* kommen, ankommen
прия́тный *Adj.* angenehm
про *Akk.* über
продолжа́ть *1 ipf* / **продо́лжить** *2 pf* fortsetzen, weitermachen
проси́ть *2 ipf* bitten
просыпа́ться *1 ipf* / **просну́ться** *1 pf* aufwachen
протестова́ть *1 ipf* protestieren
про́тив *Gen.* gegen
противополо́жность *f* Gegenteil
прочита́ть *1 pf* lesen
про́шлое *n* Vergangenheit
пры́гать *1 ipf* / **пры́гнуть** *1 pf* springen
пря́мо *Adv.* geradeaus
рад, ра́да, ра́ды froh (sein)
разбуди́ть *2 pf* wecken
ра́зве etwa
развива́ться *1 ipf* sich entwickeln
развлека́тельный *Adj.* unterhaltsam
развлека́ться *1 ipf* sich amüsieren, sich unterhalten
развлече́ние Unterhaltung, Vergnügung
ра́зница *f* Unterschied
рассказа́ть *1 pf* / **расска́зывать** *1 ipf* erzählen
реализова́ть *1 ipf* realisieren, verwirklichen
ре́дко *Adv.* selten
реша́ть *1 ipf* / **реши́ть** *2 pf* lösen (Aufgabe), entscheiden, beschließen
рубль *m* Rubel
руководи́ть *2 ipf Instr.* leiten, führen
ру́сский – ру́сская russisch *Adj.*; Russe – Russin
ря́дом (с) *Instr.* neben
с *Gen.* mit; aus
с друго́й стороны́ andererseits
с одно́й стороны́ einerseits
сади́ться *2 ipf* sich setzen
сам, сама́, само́, са́ми selbst, selber
све́тлый *Adj.* hell
сда́ча *f* Wechselgeld
серьёзный *Adj.* ernst, ernsthaft

сесть* *pf* sich setzen
сидéть *2 ipf* sitzen
сúльный *Adj.* stark
сказáть *1 pf* sagen
скамéйка *f* Bank
скóлько *Gen. Pl* wie viel
скóро *Adv.* bald
скрóмный *Adj.* bescheiden
скучáть *1 ipf* sich langweilen; sich sehnen
слáбый *Adj.* schwach
слáдкий *Adj.* süß
слéва (от) *Gen.* links (von)
слúшком zu, zu viel
слóжный *Adj.* schwierig, kompliziert
смешнóй *Adj.* komisch; lächerlich
смеяться *1 ipf* lachen
смочь* *pf* können; dürfen
сначáла anfangs, zuerst
собирáть *1 ipf* / **собрáть*** *pf* sammeln, versammeln
совéтовать *1 ipf* raten, empfehlen
совремéнный *Adj.* modern, zeitgenössisch
совсéм völlig
сóлнечно *Adv.* sonnig
сóлнце *n* Sonne
сорт *m* Sorte, Qualität
сосчитáть *1 pf* rechnen, zählen
спасáть *1 ipf* / **спастú*** *pf* retten
спать *2 ipf* schlafen
спокóйный *Adj.* ruhig
спóсоб *m* Methode, Art und Weise
спрáва (от) *Gen.* rechts (von)
спрáвка *f* Erkundigung, Auskunft; Bescheinigung
срáвнивать *1 ipf* / **сравнúть** *2 pf* vergleichen
срóчно *Adv.* dringend
стáвить *2 ipf* stellen
становúться *2 ipf Instr.* werden
стáрый *Adj.* alt
стать* *pf Instr.* werden
стóить *2 ipf* kosten
стóлько *Gen. Pl* so viel
сторонá *f* Seite
стоять *2 ipf* stehen
стрáшный *Adj.* schrecklich, fürchterlich
сухóй *Adj.* trocken
существенный *Adj.* wesentlich, bedeutend
счастлúвый *Adj.* glücklich
счáстье *n* Glück
считáть *1 ipf* rechnen, zählen; für etw. halten
считáться *1 ipf* für etw. gehalten werden, als etw. gelten
сюдá *Adv.* hierher
так so
тáкже auch, ebenfalls
там *Adv.* dort
твой, твоя, твоё, твои dein
темнó *Adv.* dunkel
тёмный *Adj.* dunkel
тень *f* Schatten
терпúмость *f* Toleranz
тип *m* Typ
типúчный *Adj.* typisch, charakteristisch
тúхий *Adj.* leise
тóже auch
тóлстый *Adj.* dick
тóнкий *Adj.* dünn
тóчно *Adv.* genau
трýдность *f* Schwierigkeit
трýдный *Adj.* schwierig, schwer
тудá *Adv.* dorthin
тут *Adv.* da
ты du
тяжёлый *Adj.* schwer
у *Gen.* bei
угрóза *f* Drohung, Bedrohung
удáча *f* Erfolg, Gelingen
удивúтельный *Adj.* erstaunlich; merkwürdig
удóбно *Adv.* bequem; passend; recht sein
ужáсно *Adv.* schrecklich
ужé *Adv.* schon
ýзкий *Adj.* eng

узнава́ть *1 ipf* / **узна́ть** *1 pf* erfahren
уйти́* *pf* weggehen
улыба́ться *1 ipf* / **улыбну́ться** *1 pf* lächeln
уме́ть *1 ipf* können
у́мный *Adj.* klug
успева́ть *1 ipf* / **успе́ть** *1 pf* rechtzeitig kommen, schaffen
успе́х *m* Erfolg, Gelingen
успока́ивать *1 ipf* / **успоко́ить** *2 pf* beruhigen
устава́ть *1 ipf* ermüden
уста́лый *Adj.* erschöpft, müde, matt
установи́ть *2 pf* aufstellen; feststellen
устаре́лый *Adj.* veraltet
уста́ть *1 pf* ermüden
у́тренний *Adj.* morgendlich, Morgen-
уходи́ть *2 ipf* weggehen
уча́ствовать *1 ipf* teilnehmen
ую́тный *Adj.* gemütlich, behaglich
хва́тит es reicht
ходи́ть *2 ipf* gehen
хоро́ший *Adj.* gut
хорошо́ *Adv.* gut
хоте́ть* *ipf* wollen
хотя́ бы wenigstens
ху́же *Adv.* schlechter
цент *m* Cent
ча́стный *Adj.* privat; besonderer
ча́сто *Adv.* oft
часть *f* Teil
че́рез *Akk.* über, durch, nach
чита́ть *1 ipf* lesen
чей, чья, чьё, чьи wessen
что was
что́бы um zu, damit, dass
что́-то, что́-нибу́дь irgendetwas
широ́кий *Adj.* breit
шути́ть *2 ipf* scherzen
э́тот, э́та, э́то, э́ти dieser, diese, dieses, diese; auch: der, die, das, die (*Demonstrativpron., kein Artikel!)*
я ich
явля́ться *1 ipf* sein, sich als etw. erweisen
я́сный *Adj.* klar, deutlich, verständlich

abendlich, Abend- вечéрний *Adj.*
aber а; но; однáко
Abfall мýсор *m*
abhängen (von etw.) зави́сеть *2 ipf*
Abhängigkeit зави́симость *f*
ablehnen (etw.) откáзываться *1 ipf* / отказáться *1 pf*
abscheulich отврати́тельный *Adj.*
Achtung внимáние *n*
ähnlich похóжий *Adj.*
Aktentasche портфéль *m*
alle все
als когдá
alt стáрый *Adj.*
amüsant увлекáтельный *Adj.*
amüsieren (sich) развлекáться *1 ipf* / развлéчься* *pf*
anderer другóй *Adj.*
andererseits с другóй стороны́
Anfang начáло *n*
anfangs сначáла
angenehm приятный *Adj.*
Angewohnheit привы́чка *f*
Angst haben боя́ться *2 ipf*
ankommen приходи́ть *2 ipf* / прийти́* *pf*
annähernd приблизи́тельно *Adv.*
annehmbar приéмлемый *Adj.*
Antwort отвéт *m*
antworten отвечáть *1 ipf* / отвéтить *2 pf*
Art und Weise спóсоб *m*
auch тáкже; тóже
auf на *Akk.*; *Präp.*
aufmerksam внимáтельный *Adj.*
Aufmerksamkeit внимáние *n*
aufschreiben запи́сывать *1 ipf* / записáть *1 pf*
aufstehen вставáть *1 ipf* / встать* *pf*
aufstellen устанáвливать *1 ipf* / установи́ть *2 pf*
auftauchen появля́ться *1 ipf* / появи́ться *2 pf*
aufwachen просыпáться *1 ipf* / проснýться *1 pf*
Augenblick момéнт *m*
aus из *Gen.*; с *Gen.*
ausführen выполня́ть *1 ipf* / вы́полнить *2 pf*
ausfüllen заполня́ть *1 ipf* / запóлнить *2 pf*
Ausgang вы́ход *m*
ausgezeichnet отли́чно *Adv.*; прéвосходно *Adv.*
Auskunft спрáвка *f*
Ausnahme исключéние *n*
ausreichend достáточно *Adv.*
Aussehen вид *m*
aussehen вы́глядеть *2 ipf*
außer крóме *Gen.*
außergewöhnlich необыкновéнный *Adj.*
außerhalb вне *Gen.*
außerordentlich необыкновéнный *Adj.*
äußerst крáйний *Adj.*
Aussicht вид *m*
bald скóро *Adv.*
Bank банк *m*; скамéйка *f*
bedanken (sich) благодари́ть *2 ipf* / поблагодари́ть *2 pf*
bedauern жалéть *1 ipf* / пожалéть *1 pf*
bedeutend сущéственный *Adj.*
Bedeutung значéние *n*
Bedrohung угрóза *f*
beenden кончáть *1 ipf* / кóнчить *2 pf*
befreundet sein дружи́ть *2 ipf*
Beginn начáло *n*
beginnen начинáть *1 ipf* / начáть* *pf*
behaglich ую́тный *Adj.*
bei óколо *Gen.*; при *Präp.*; у *Gen.*
Beispiel примéр *m*
bekannt знакóмый *Adj.*; извéстный *Adj.*
bekommen получáть *1 ipf* / получи́ть *pf*
beleidigen обижáть *1 ipf* / обидеть *2 pf*
bequem удóбно *Adv.*

bereit готóвый *Adj.*, готóво *Adv.*
bereuen жалéть *1 ipf* / пожалéть *1 pf*
beruhigen успокáивать *1 ipf* / успокóить *2 pf*
berühmt извéстный *Adj.*
beschäftigen (sich) занимáться *1 ipf Instr.*
bescheiden скрóмный *Adj.*
Bescheinigung спрáвка *f*
beschließen решáть *1 ipf* / решúть *2 pf*
beschweren (sich) жáловаться *1 ipf* / пожáловаться *1 pf*
besichtigen осмáтривать *1 ipf* / осмотрéть *2 pf*
besonderer чáстный *Adj.*, осóбенный *Adj.*
besser лýчше *Adv.*
bestimmt определённый *Adj.*
betrachten осмáтривать *1 ipf* / осмотрéть *2 pf*
betreffs относúтельно *Adv.*
bezeichnen называ́ть *ipf* / назвáть* pf
billig дешёвый *Adj.*
bis до *Gen.*
bitte пожáлуйста
bitten просúть *2 ipf* / попросúть *2 pf*
bitter гóрький *Adj.*
bleiben оставáться *1 ipf* / остáться *1 pf*
Blick вид *m*
brauchen нáдо; нýжно *unpers.*
breit ширóкий *Adj.*
Brille очкú *Plt*
bringen носúть *2 ipf* / нестú *1 pf*
bringen привозúть *2 ipf* / привезтú *1 pf;* приводúть *2 ipf* / привестú *1 pf;* приносúть *2 ipf* / принестú *1 pf*
Cent цент *m*
charakteristisch типúчный *Adj.*
da вон; вот
daher оттýда
danach затéм; потóм
danken благодарúть *2 ipf* / поблагодарúть *2 pf*
das э́то
dein твой, твоя́, твоё, твоú
denken дýмать *1 ipf* / подýмать *1 pf*
dennoch однáко
der котóрый
deshalb поэ́тому
Detail подрóбность *f*
deutlich я́сный *Adj.*
deutsch немéцкий *Adj.*
Deutsche (der/die) нéмец *m* – нéмка *f*
dick тóлстый *Adj.*
Ding вещь *f*
dieser, diese, dieses, diese э́тот, э́та, э́то, э́ти
diskutieren обсуждáть *1 ipf* / обсудúть *2 pf*
doch ведь
dort там; вон
dorther оттýда
dorthin тудá
Drohung угрóза *f*
du ты
dünn тóнкий *Adj.*
dürfen мочь* *ipf* / смочь* *pf;* **(man darf)** мóжно *unpers.*
dürfen (nicht) нельзя́ *unpers.*
dumm глýпый *Adj.*
dunkel тёмный *Adj.*, темнó *Adv.*
durch по *Dat.*; чéрез *Akk.*
durchmachen переживáть *1 ipf*
ebenfalls тáкже
einerseits с однóй стороны́
Eingang вход *m*
einige нéкоторые; нéсколько
einladen приглашáть *1 ipf* / пригласúть *2 pf*
einprägen (sich etw.) запоминáть *1 ipf* / запóмнить *2 pf*
einwenden возражáть *1 ipf* / возразúть *2 pf*
Einzelheit подрóбность *f*
ekelhaft отвратúтельный *Adj.*

empfangen встреча́ть *1 ipf* / встре́тить *2 pf*
empfehlen сове́товать *1 ipf* / посове́товать *1 pf*
Ende коне́ц *m*
enden конча́ть *1 ipf* / ко́нчить *2 pf*
eng у́зкий *Adj.*
entlang по *Dat.*
entscheiden реша́ть *1 ipf* / реши́ть *2 pf*
entweder … oder и́ли … и́ли
entwickeln (sich) развива́ться *1 ipf*
er он
erfahren узнава́ть *1 ipf* / узна́ть *1 pf*
Erfolg успе́х *m*; уда́ча *f*
erforderlich ну́жный *Adj.*
erfüllen выполня́ть *1 ipf* / вы́полнить *2 pf*
erhalten получа́ть *1 ipf* / получи́ть *pf*
erinnern (sich) по́мнить *2 ipf;* вспомина́ть *1 ipf* / вспо́мнить *2 pf*
Erinnerung воспомина́ние *n*
erklären объясня́ть *1 ipf* / объясни́ть *2 pf*
Erklärung объясне́ние *n*
Erkundigung спра́вка *f*
erleben пережива́ть *1 ipf*
ermüden устава́ть *1 ipf* / уста́ть *1 pf*
ernst(haft) серьёзный *Adj.*
erörtern обсужда́ть *1 ipf* / обсуди́ть *2 pf*
erscheinen (als etw.) каза́ться *1 ipf* / показа́ться *1 pf;* появля́ться *1 ipf* / появи́ться *2 pf*
erschöpft уста́лый *Adj.*
erstaunlich удиви́тельный *Adj.*
erstens во-пе́рвых
erweisen (sich als etw.) явля́ться *1 ipf* / яви́ться *2 pf*
erzählen расска́зывать *1 ipf* / рассказа́ть *1 pf*
es оно́
es gibt есть *ipf*
es reicht хва́тит
essen есть* *ipf*
etwa о́коло *Gen.*; приме́рно; приблизи́тельно; ра́зве
euer ваш, ва́ша, ва́ше, ва́ши
Euro е́вро *n nicht deklinierbar*
ewig ве́чный *Adj.*
fahren е́здить *2 ipf;* е́хать* *ipf*
falls е́сли
falsch ло́жный *Adj.*; неве́рный *Adj.*
fast почти́
fein здо́рово *Adv.*; превосхо́дно *Adv.*
fern далёкий *Adj.*
fertig гото́вый *Adj.*
feststellen устана́вливать *1 ipf* / установи́ть *2 pf*
feucht мо́крый *Adj.*
finden находи́ть *2 ipf* / найти́* *pf*
fort вон
fortsetzen продолжа́ть *1 ipf* / продо́лжить *2 pf*
Frage вопро́с *m*
Fragebogen анке́та *f*
froh (sein) рад, ра́да, ра́ды
fröhlich весёлый *Adj.*
führen руководи́ть *2 ipf Instr*; **(zu etw.)** приводи́ть *2 ipf* / привести́ *1 pf*
für за *Akk.*; для *Gen.*
fürchten (sich) боя́ться *2 ipf*
fürchterlich стра́шный *Adj.*
ganze (der, die, das), ganzen (die) весь, вся, всё, все
gastfreundlich гостеприи́мный *Adj.*
geben дава́ть *1 ipf* / дать* *pf*
Gefahr опа́сность *f*
gefährlich опа́сный *Adj.*
gefallen нра́виться *2 ipf* / понра́виться *2 pf*
gegen про́тив *Gen.*; **(ungefähr)** о́коло *Gen.*
Gegenteil противополо́жность *f*
gegenüber напро́тив *Gen.*
Gegenwart настоя́щее (время)

gehalten werden (für etw.) счита́ться *1 ipf*
gehen ходи́ть *2 ipf;* идти́* *ipf;* пойти́* *pf*
Geldwechsel(stelle) обме́н *f* валю́ты
Gelingen уда́ча *f*, успе́х *m*
gelten (als etw.) счита́ться *1 ipf*
gemeinsam вме́сте
gemütlich ую́тный *Adj.*
genau то́чно *Adv.*
genügend доста́точно *Adv.*
gerade и́менно *Adv.*
geradeaus пря́мо *Adv.*
Geschenk пода́рок *m*
gesund здоро́вый *Adj.*
gewaltig огро́мный *Adj.*
gewiss наве́рное
gewöhnen (sich) привыка́ть *1 ipf* / привы́кнуть *1 pf*
gewöhnlich обы́чно *Adv.*
glauben ве́рить *2 ipf* / пове́рить *2 pf;* ду́мать *1 ipf*
Glück сча́стье *n*
glücklich счастли́вый *Adj.*
grob гру́бый *Adj.*
groß большо́й *Adj.*; вели́кий *Adj.*; кру́пный *Adj.*
größer бо́льше
gut хоро́ший *Adj.*, хорошо́ *Adv.*; до́брый *Adj.*
haben име́ть *1 ipf*
halten (für etw.) счита́ть *1 ipf*
handeln де́йствовать *1 ipf*
heiß горя́чий *Adj.*
heißen называ́ться *1 ipf* / назва́ться* *pf*
helfen помога́ть *1 ipf* / помо́чь* *pf*
hell све́тлый *Adj.*, светло́ *Adv.*
herauskommen выходи́ть *2 ipf* / вы́йти* *pf*
herbringen приноси́ть *2 ipf* / принести́ *1 pf*
hereinkommen входи́ть *2 ipf* / войти́* *pf*
herrlich прекра́сный *Adj.*
hervorragend отли́чно *Adv.*
hier вот; здесь *Adv.*
hierher сюда́ *Adv.*
hinaus вон *Adv.*
hinausgehen выходи́ть *2 ipf* / вы́йти* *pf*
hineingehen входи́ть *2 ipf* / войти́* *pf*
hinter за *Akk.*; *Instr.*
hinterer, Hinter- за́дний *Adj.*
hinübergehen переходи́ть *2 ipf* / перейти́* *pf*
hoch высо́кий *Adj.*
hoffen наде́яться *1 ipf*
höflich ве́жливый *Adj.*
ich я
ihr вы; (*Poss.*) её (*3. P. Sg*), их (*3. P. Pl*)
immer всегда́
in в; на *Akk.*; *Präp.*; по *Dat.*
innen, innerhalb внутри́ *Gen.*
interessant интере́сный *Adj.*
irgendetwas что́-то, что́-нибу́дь
irgendwann когда́-то, когда́-нибу́дь
irgendwer кто́-то, кто́-нибу́дь
irgendwie ка́к-то, ка́к-нибу́дь
irgendwo где́-то, где́-нибу́дь
irgendwohin куда́-то, куда́-нибу́дь
irren (sich) ошиба́ться *1 ipf* / ошиби́ться* *pf*
ja да
Jahreszeit вре́мя *n* го́да
jeder ка́ждый
jedoch одна́ко
jung молодо́й *Adj.*
kämpfen боро́ться* *ipf*
kennen знать *1 ipf*
klagen (über etw.) жа́ловаться *1 ipf* / пожа́ловаться *1 pf*
klar я́сный *Adj.*
kleiner ме́ньше
klug у́мный *Adj.*
komisch смешно́й *Adj.*
kommen приходи́ть *2 ipf* / прийти́* *pf*
kompliziert сло́жный *Adj.*
können мочь* *ipf* / смочь* *pf;* уме́ть *1 ipf* / суме́ть *pf*

Konsequenz послéдовательность *f*
Kopeke копéйка *f*
kostbar дорогóй *Adj.*, дóрого *Adv.*
kosten стóить *2 ipf*
kostenlos бесплáтно *Adv.*
kränken обижáть *1 ipf* / обúдеть *2 pf*
kritisieren критиковáть *1 ipf*
kümmern забóтиться *2 ipf* / позабóтиться *2 pf*
kurz корóткий *Adj.*; крáткий *Adj.*
lächeln улыбáться *1 ipf* / улыбнýться *1 pf*
lachen смеяться *1 ipf*
lächerlich смешнóй *Adj.*
lang длúнный *Adj.*
langsam мéдленно *Adv.*
langweilen (sich) скучáть *1 ipf*
laufen бéгать *1 ipf;* бежáть* *ipf*
laut грóмкий *Adj.*
Lebensweise óбраз *m* жúзни
leicht лёгкий *Adj.*, легкó *Adv.*
leise тúхий *Adj.*, тúхо *Adv.*
leiten руководúть *2 ipf Instr.*
lesen читáть *1 ipf* / прочитáть *1 pf*
letzter послéдний *Adj.*
Leute лю́ди *Plt*
lieb мúлый *Adj.*; дорогóй *Adj.*
lieben любúть *2 ipf*
liebgewinnen полюбúть *2 pf*
liefern привозúть *2 ipf* / привезтú *1 pf*
liegen лежáть *2 ipf*
links (von) слéва (от) *Gen.*
lösen (Aufgabe) решáть *1 ipf* / решúть *2 pf*
lustig весёлый *Adj.*; вéсело *Adv.*
matt устáлый *Adj.*
mehr бóльше
mein мой, моя́, моё, мои́
meinen считáть *1 ipf*
meiner Meinung nach по-мóему
Meinung мнéние *n*
Menge колúчество *n*
Menschen лю́ди *Plt*
merkwürdig удивúтельный *Adj.*
Methode спóсоб *m*
mit с *Inst.*
mittels посрéдством *Gen.*
modern совремéнный *Adj.*
mögen любúть *2 ipf*
möglich возмóжно
Moment момéнт *m*
Mond лунá *f*
morgendlich, Morgen- ýтренний *Adj.*
müde устáлый *Adj.*
müssen дóлжен, должнá, должнó, должны́; нáдо *unpers.;* нýжно *unpers*
nach в *Akk.*; пóсле *Gen.*; чéрез *Akk.*
nach links налéво *Adv.*
nach oben вверх, навéрх *Adv.*
nach rechts напрáво *Adv.*
nach unten вниз *Adv.*
nächst(liegend) ближáйший *Adj.*
nächtlich; Nacht- ночнóй *Adj.*
nah блúзко *Adv.*
nass мóкрый *Adj.*
natürlich конéчно *Adv.*
neben нарядý (с) *Instr*; ря́дом (с) *Instr.*
negativ отрицáтельный *Adj.*
nehmen брать* *ipf* / взять* *pf*
nein нет
nennen (sich) называ́ться *1 ipf* / назвáться* *pf*
nett мúлый *Adj.*
neugierig любопы́тный *Adj.*
nicht не
nichts ничтó, ничегó
niedrig нúзкий *Adj.*
niemals никогдá
niemand никтó
nirgends нигдé
nirgendwohin никудá
noch ещё *Adv.*
notieren запúсывать *1 ipf* / записáть *1 pf*
notwendig нýжный *Adj.*
Nutzung испóльзование *n*
oben вверхý, наверхý *Adv.*
obwohl прáвда *f*
oder úли

offen(herzig) открове́нный *Adj.*
offensichtlich очеви́дно *Adv.*
öffentlich обще́ственный *Adj.*
öffnen открыва́ть *1 ipf* / откры́ть *1 pf*
oft ча́сто *Adv.*
ohne без *Gen.*
Ordnung поря́док *m*
organisieren организо́вывать *1 ipf* / организова́ть *1 pf*
Ort ме́сто *n*
passend удо́бно *Adv.*
peinlich неприя́тно *Adv.*; неудо́бно *Adv.*
persönlich ли́чно *Adv.*
Platz ме́сто *n*
plötzlich вдруг *Adv.*
positiv положи́тельный *Adj.*
privat ча́стный *Adj.*
protestieren протестова́ть *1 ipf*
provisorisch вре́менный *Adj.*
Qualität ка́чество *n*; сорт *m*
qualitativ ка́чественный *Adj.*
Quantität коли́чество *n*
raten сове́товать *1 ipf* / посове́товать *1 pf*
realisieren реализова́ть *1 ipf*
rechnen счита́ть *1 ipf* / сосчита́ть *1 pf*
recht sein удо́бно
rechts (von) спра́ва (от) *Gen.*
reden говори́ть *2 ipf*
reich бога́тый *Adj.*
Reihe о́чередь *f*
Reihenfolge после́довательность *f*
relativ относи́тельно *Adv.*
retten спаса́ть *1 ipf* / спасти́* *pf*
richtig ве́рный *Adj.*; пра́вильно *Adv.*
riesig огро́мный *Adj.*
rufen звать* *ipf* / позва́ть* *pf*
ruhig споко́йный *Adj.*
rund кру́глый *Adj.*
Russe – Russin ру́сский – ру́сская
russisch ру́сский *Adj.*
Sache вещь *f*
sagen сказа́ть *1 pf*
sammeln собира́ть *1 ipf* / собра́ть* *pf*
Satz предложе́ние *n*
sauer ки́слый *Adj.*
schade жа́лко, жаль
schaffen успева́ть *1 ipf* / успе́ть *1 pf*
Schatten тень *f*
scheinen каза́ться *1 ipf* / показа́ться *1 pf*
schenken дари́ть *2 ipf* / подари́ть *2 pf*
scherzen шути́ть *2 ipf* / пошути́ть *2 pf*
Schirm зонт *m*
schlafen спать *2 ipf*
Schlange о́чередь *f*
schlechter ху́же *Adv.*
schließen закрыва́ть *1 ipf* / закры́ть *1 pf*
Schlüssel ключ *m*
schnell бы́стро *Adv.*
schon уже́ *Adv.*; ещё
schön краси́вый *Adj.*, краси́во *Adv.*
schrecklich стра́шный *Adj.*, ужа́сно *Adv.*
Schulranzen портфе́ль *m*
schwach сла́бый *Adj.*
schweigen молча́ть *2 ipf*
schwer тру́дный *Adj.*; тяжёлый *Adj.*
schwierig тру́дный *Adj.*, сло́жный *Adj.*
Schwierigkeit тру́дность *f*
sehnen (sich) скуча́ть *1 ipf*
sehr о́чень *Adv.*
sein его́ (*Poss.*)
sein явля́ться *1 ipf* / яви́ться *2 pf*; быва́ть *1 ipf*; быть* *ipf*
Seite сторона́ *f*; страни́ца *f*
selber, selbst сам, сама́, само́, са́ми
selbst ли́чно *Adv.*
selten ре́дко *Adv.*
setzen (sich) сади́ться *2 ipf* / сесть* *pf*

sicher навéрное *Adv.*; надёжный *Adj.*
sie онá *(3. P. Sg)*; они́ *(3. P. Pl)*
sitzen сидéть *2 ipf*
so viel стóлько *Gen. Pl*
so так
sogar дáже
sollen должен, должна, должно, должны
sollen (nicht) нельзя́ *unpers.*, не дóлжен, не должнá, не должнó, не должны́
Sonne сóлнце *n*
sonnig сóлнечно *Adv.*
sorgen (sich) забóтиться *2 ipf* / позабóтиться *2 pf;* переживáть *1 ipf*
Sorte сорт *m*
sprechen говори́ть *2 ipf*
springen пры́гать *1 ipf* / пры́гнуть *1 pf*
stark си́льный
statt вмéсто *Gen.*
stehen стоя́ть *2 ipf*
Stelle мéсто *n*
stellen стáвить *2 ipf* / постáвить *2* pf
Stimme гóлос *m*
stolz гóрдый *Adj.*
suchen искáть *1 ipf*
süß слáдкий *Adj.*
tauschen меня́ть *1 ipf* / поменя́ть *1 pf*
Teil часть *f*
teilnehmen принимáть *1 ipf* / приня́ть* *pf* участие; учáствовать *1 ipf*
teuer дорогóй *Adj.*, дóрого *Adv.*
tief глубóкий *Adj.*
Toleranz терпи́мость *f*
toll здóрово *Adv.*
tragen носи́ть *2 ipf* / нести́ *1 ipf*
träumen мечтáть *1 ipf*
traurig грýстный *Adj.*; печáльный *Adj.*
treffen встречáть *1 ipf* / встрéтить *2 pf*
treffen (sich) встречáться *1 ipf* / встрéтиться *2 pf*
trocken сухóй *Adj.*
trotz несмотря́ на *Akk.*
Typ тип *m*
typisch типи́чный *Adj.*
über над *Instr.*; о, об *Präp.*; про *Akk.*; чéрез *Akk.*
überall вездé *Adv.*
überleben пережи́ть* *pf*
überqueren переходи́ть *2 ipf* / перейти́* *pf*
üblich обы́чно *Adv.*
um zu чтóбы
umarmen обнимáть *1 ipf* / обня́ть* *pf*
umrechnen переводи́ть *2 ipf* / перевести *1 pf*
umsonst зря; напрáсно
umtauschen меня́ть *1 ipf* / поменя́ть *1 pf*
unangenehm неприя́тно *Adv.*; неудóбно *Adv.*
unbedingt обязáтельно *Adv.*
unbekannt неизвéстно *Adv.*
und и; а
ungeachtet несмотря́ на *Akk.*
ungefähr óколо *Gen.*; примéрно
ungefährlich безопáсно *Adv.*
ungemütlich неую́тно *Adv.*
ungewiss неизвéстно *Adv.*
ungewöhnlich необы́чный *Adj.*
unglaublich невероя́тно *Adv.*
Unglück несчáстье *n*
unglücklich несчáстный *Adj.*
unmittelbar непосрéдственно *Adv.*
unpassend неудóбно *Adv.*
unser наш, нáша, нáше, нáши
unten внизý *Adv.*
unter под *Instr., Akk.*
unterhalten (sich, amüsieren) развлекáться *1 ipf* / развлéчься*
unterhaltsam развлекáтельный *Adj.*
Unterhaltung развлечéние *n*
Unterschied рáзница *f*
Unterschrift пóдпись *f*

unvergleichlich несравни́мо *Adv.*
unwahr ло́жный *Adj.*
unwahrscheinlich невероя́тно *Adv.*
usw. и так да́лее (и т.д.)
veraltet устаре́лый *Adj.*
verändern (sich) изменя́ть(ся) *1 ipf* / измени́ть(ся) *2 pf*
verbieten запреща́ть *1 ipf* / запрети́ть *2 pf*
verboten sein нельзя́ *unpers.*, запрещено́
verdienen зараба́тывать *1 ipf* / зарабо́тать *1 pf*
Vergangenheit про́шлое *n*
vergeblich зря; напра́сно
vergessen забыва́ть *1 ipf* / забы́ть* *pf*
vergleichen сра́внивать *1 ipf* / сравни́ть *2 pf*
Vergnügung развлече́ние
versammeln собира́ть *1 ipf* / собра́ть* *pf*
verschieden по-ра́зному *Adv.*
verspäten (sich) опа́здывать *1 ipf* / опозда́ть *1 pf*
versprechen обеща́ть *1 ipf* / пообеща́ть *1 pf*
verständlich я́сный *Adj.*
verstehen понима́ть *1 ipf* / поня́ть* *pf*
Verwendung испо́льзование *n*
verwirklichen реализова́ть *1 ipf*
viel мно́го *Adv.*
vielleicht мо́жет быть
völlig совсе́м
von от *Gen.*, с *Gen.*
vor пе́ред *Instr.*
vorbei ми́мо *Gen.*
vorbereiten гото́вить *2 ipf* / подгото́вить *2 pf*
Vorbereitung подгото́вка *f*
vorderer, Vorder- пере́дний *Adj.*
vorkommen быва́ть *1 ipf;* каза́ться *1 ipf* / показа́ться *1 pf*
Vorrang преиму́щество *n*
Vorschlag предложе́ние *n*
vorschlagen предлага́ть *1 ipf* / предложи́ть *2 pf*
Vorteil преиму́щество *n*
vortrefflich превосхо́дно *Adv.*
vorwärts вперёд *Adv.*
wählen выбира́ть *1 ipf* / вы́брать* *pf*
wahr ве́рный *Adj.*; пра́вда
Wahrheit пра́вда *f*
wahrscheinlich наве́рное
wann когда́
warten ждать *1 ipf* / подожда́ть *1 pf*
warum заче́м; почему́
was что
Wechselgeld сда́ча *f*
wechseln (Geld) меня́ть *1 ipf* / обменя́ть *1 pf*
wecken буди́ть *2 ipf* / разбуди́ть *2 pf*
weder … noch ни … ни
weg вон
wegen из-за *Gen.*
weggehen уходи́ть *2 ipf* / уйти́* *pf*
weich мя́гкий *Adj.*
weigern (sich) отка́зываться *1 ipf* / отказа́ться *1 pf*
weil потому́ что
weit далёкий *Adj.*
weitermachen продолжа́ть *1 ipf* / продо́лжить *2 pf*
welcher како́й; кото́рый
wenig ма́ло *Adv.*
weniger ме́ньше
wenigstens хотя́ бы
wenn е́сли
wer кто
werden станови́ться *2 ipf* / стать* *pf Instr.*
wesentlich суще́ственный
weshalb заче́м
wessen чей, чья, чьё, чьи
widerlich отврати́тельный *Adj.*
widersprechen возража́ть *1 ipf* / возрази́ть *2 pf*
wie viel ско́лько *Gen. Pl*
wie как

wir мы
wissen знать *1 ipf*
wo где
woher откýда
wohin кудá
wollen хотéть* *ipf*
wozu зачéм
wünschen желáть *1 ipf* / пожелáть *1 pf*
wunderschön прекрáсный *Adj.*
zählen считáть *1 ipf* / сосчитáть *1 pf*
zeigen покáзывать *1 ipf* / показáть *1 pf*
zeitgenössisch совремéнный *Adj.*
zeitweilig врéменный *Adj.*
zirka приблизи́тельно *Adv.*; примéрно *Adv.*
zu к *Dat.*
zu, zu viel сли́шком
zuerst сначáла *Adv.*
zufrieden довóльный *Adj.*
zu Fuß пешкóм *Adv.*
Zukunft бýдущее *n*
zum Beispiel напримéр
zurück назáд *Adv.*
zurückbleiben оставáться *1 ipf* / остáться *1 pf*
zuverlässig надёжный *Adj.*
zwar и́менно
zweitens во-вторы́х
zwischen мéжду *Instr.*

Formulierungen der Sprachetikette
Формулы речевого этикета

Знако́мство	Bekanntschaft
Меня́ зову́т ...	Ich heiße …
Моя́ фами́лия ...	Mein (Familien-)Name ist …
Как вас / тебя́ зову́т?	Wie heißen Sie / heißt du?
Как ва́ша / твоя́ фами́лия?	Wie ist Ihr / dein (Familien-) Name?
Как ва́ше / твоё и́мя?	Wie ist Ihr / dein Name?
Как ва́ше о́тчество?	Wie ist Ihr Vatersname?
Я ра́д(а) с ва́ми познако́миться.	Ich freue mich, Sie kennen zu lernen.
Познако́мьтесь, пожа́луйста! Э́то ...	Machen Sie sich bekannt. Das ist …
Разреши́те предста́виться!	Gestatten Sie mir mich vorzustellen!
О́чень прия́тно.	Sehr angenehm.

Обраще́ние	Anrede
господи́н – госпожа́	Herr – Frau (*offiziell*)
Да́мы и господа́!	Meine Damen und Herren!
Разреши́те (пройти́)?	Darf ich (durch)? Erlauben Sie? Gestatten Sie? (*z.B. im Bus*)
Извини́(те), пожа́луйста!	Entschuldige / Entschuldigen Sie bitte!
Прости́(те), пожа́луйста!	Verzeih / Verzeihen Sie bitte!
Скажи́(те), пожа́луйста!	Sage / Sagen Sie bitte!
Прости́те, вы не ска́жете, ...?	Entschuldigung, können Sie mir sagen, …?

Приве́тствие	Begrüßung
Здра́вствуй! / Здра́вствуйте!	Guten Tag! (*neutrale, zeitunabhängige Begrüßung*)
До́брое у́тро! – До́брый день! – До́брый ве́чер!	Guten Morgen! – Guten Tag! – Guten Abend!
Приве́т!	Hallo! / Grüß dich!
Разреши́те приве́тствовать вас.	Gestatten Sie mir, Sie zu begrüßen / willkommen zu heißen.
О́чень ра́д(а) вас / тебя́ ви́деть.	Ich freue mich sehr, Sie / dich zu sehen.
Что но́вого? – Ничего́ (осо́бенного). / Всё по-ста́рому.	Was gibt's Neues? – Nichts (besonderes). / Alles beim Alten.

Как дела́? – Хорошо́ / норма́льно / отли́чно / непло́хо / нева́жно / пло́хо. — Wie geht (es Ihnen / dir)? – Gut / normal / ausgezeichnet / ganz gut / nicht besonders / schlecht.

> i *Bei der Begrüßung reicht zuerst die Frau dem Mann, der Ältere dem Jüngeren, der Vorgesetzte dem Untergebenen die Hand. Geht von diesen Personen keine Initiative aus, entfällt der Handschlag. Unter Männern ist es üblich, sich die Hand zu reichen, unter Frauen weniger.*

Проща́ние	**Verabschiedung**
До свида́ния!	Auf Wiedersehen!
До встре́чи!	Bis bald!
До за́втра! / До ве́чера!	Bis morgen! / Bis heute Abend!
До понеде́льника!	Bis Montag!
Споко́йной но́чи!	Gute Nacht!
Счастли́во! / Пока́!	Mach's gut! / Bis bald!
Счастли́вого пути́!	Gute Reise!
Переда́йте приве́т му́жу / жене́!	Grüßen Sie Ihren Mann / Ihre Frau.
Прошай! / Проща́йте!	Leb wohl! / Leben Sie wohl!

> i *Es ist im Russischen nicht üblich, sich bei der Verabschiedung einen schönen Tag oder ein schönes Wochenende zu wünschen.*

Поздравле́ние	**Gratulation**
(От всей души́ / от всего́ се́рдца) поздравля́ю вас / тебя́ с днём рожде́ния.	(Von ganzer Seele / von ganzem Herzen) gratuliere ich Ihnen / dir zum Geburtstag.

> **С пра́здником! / С Но́вым го́дом! / С днём рожде́ния!**
> *(Sehr gebräuchliche Formulierungen, um zu einem bestimmten Anlass zu gratulieren, bestehen nur aus „С“ und dem Anlass (Instr.) – hier: zum Feiertag, zum Neuen Jahr, zum Geburtstag)*
>
> **С наступа́ющим (пра́здником)!** *(Im Unterschied zum Deutschen gratuliert man nicht nachträglich, sondern zum bevorstehenden Feiertag)*

Пожела́ния	**Wünsche**
Жела́ю вам / тебе́ здоро́вья, сча́стья, уда́чи!	Ich wünsche Ihnen / dir Gesundheit, Glück, Erfolg!
Всего́ хоро́шего / до́брого!	Alles Gute!
Ни пу́ха ни пера́! – К чёрту!	(*So wünscht man Erfolg bei einer schwierigen Sache, z.B. Prüfung. Antwort immer: Zum Teufel!*)
Я предлага́ю тост за на́шу дру́жбу.	Ich möchte einen Toast auf unsere Freundschaft ausbringen.
Я поднима́ю э́тот бока́л за мир.	Ich erhebe mein Glas auf den Frieden.

Дава́йте вы́пьем за на́шу встре́чу.	Trinken wir auf unser Treffen.
За здоро́вье / сча́стье / пра́здник / вас!	Auf die Gesundheit / das Glück / den Feiertag / auf Euch!

Приглаше́ние	**Einladung**
Мы приглаша́ем вас на у́жин.	Wir laden Sie zum Abendessen ein.
(Я) **приглаша́ю вас / тебя́** на конце́рт / в рестора́н.	Ich lade Sie / dich ins Konzert / ins Restaurant ein.
Я хочу́ пригласи́ть вас / тебя́ ...	Ich möchte Sie / dich … einladen.
Приходи́(те) к нам!	Komm / Kommen Sie zu uns (zu Besuch)!
Входи́(те)! / Заходи́(те)! – Спаси́бо.	Komm / Kommen Sie herein! / Treten Sie ein! – Danke.
Дава́й(те) пойдём к И́ре! – Давай(те)!	Lass / Lasst uns zu Ira gehen! – Gut, gehen wir!
Пошли́ в ки́но!	Gehen wir ins Kino!
С удово́льствием.	Mit Vergnügen. / Gern.
К сожале́нию, я не могу́ / я за́нят(а).	Leider kann ich nicht / habe ich zu tun.
Мо́жет быть. / Не зна́ю.	Vielleicht. / Ich weiß nicht.

Про́сьба, сове́т, предложе́ние	**Bitte, Rat, Vorschlag**
(Я) **прошу́ вас / тебя́** позвони́ть мне.	Ich bitte Sie / dich, mich anzurufen.
(Я) **сове́тую вам / тебе́** посмотре́ть э́тот фильм.	Ich empfehle Ihnen / dir, den Film anzusehen.
(Я) **предлага́ю вам / тебе́** сходи́ть туда́ вме́сте.	Ich schlage Ihnen / dir vor, gemeinsam dorthin zu gehen.
Бу́дьте добры́, подожди́те меня́.	Seien Sie so gut, warten Sie auf mich.
Мо́жно войти́?	Darf ich hereinkommen?
Вы не могли́ бы прийти́ пора́ньше?	Könnten Sie etwas eher kommen?
(Я) ду́маю, что не смогу́.	Ich denke, ich kann (schaffe es) nicht.
(Я) постара́юсь.	Ich bemühe mich / versuche es.
Пока́ не могу́ обеща́ть.	Ich kann es noch nicht versprechen.
Про́сьба не кури́ть!	Bitte nicht rauchen!
Поти́ше, пожа́луйста!	Ruhe bitte!

Благода́рность	**Dank**
(Большо́е) **спаси́бо**.	(Vielen) Dank.
Спаси́бо вам / тебе́ за по́мощь.	Vielen Dank für die Hilfe.
Благодарю́ вас / тебя́ за ...	Ich danke Ihnen / dir für …
Вы о́чень любе́зны.	Sie sind sehr liebenswürdig.
Пожа́луйста! / Не́ за что!	Bitte! / Keine Ursache!

Извине́ние	**Entschuldigung**
Извини́(те), пожа́луйста, за опозда́ние.	Entschuldige / Entschuldigen Sie bitte die Verspätung.
Прости́те, пожа́луйста, что беспоко́ю вас так по́здно.	Verzeihen Sie bitte, dass ich Sie so spät noch störe.
Прошу́ проще́ния.	Ich bitte um Entschuldigung.
Пожа́луйста. / Ничего́.	Bitte. / Das macht nichts.
Приве́тствие и проща́ние в пи́сьмах	**Anrede und Verabschiedung in Briefen**
(in privaten nichtoffiziellen Briefen)	
Здра́вствуй, дорого́й Бори́с!	Lieber Boris!
Дороги́е мои́! / Ми́лые мои́!	Meine Lieben!
Люби́мая Ка́тя!	Geliebte Katja!
С (больши́м) приве́том!	Viele Grüße!
Обнима́ю и целу́ю.	Ich umarme und küsse Dich / euch / Sie.
На э́том я зака́нчиваю.	Damit komme ich zum Schluss.
Вот пока́ и всё.	Das ist vorläufig alles.
Пиши́!	Schreib!
Дай о себе́ знать!	Lass von Dir hören!
Жду твоего́ отве́та.	Ich warte auf Deine Antwort.
Ва́ша / твоя́ Светла́на.	Ihre / Deine Swetlana.
(*in privaten nichtoffiziellen und offiziellen Briefen*)	
Здра́вствуйте, дорого́й Бори́с Анто́нович!	Lieber Boris Antonowitsch!
Дорога́я Ни́на Ива́новна!	Liebe Nina Iwanowna!
До свида́ния!	Auf Wiedersehen!
(*in privaten offiziellen und Geschäftsbriefen*)	
Уважа́емый господи́н Мюллер!	Sehr geehrter Herr Müller!
Многоуважа́емая Татья́на Петро́вна!	Sehr geehrte Tatjana Petrowna!
В ожида́нии Ва́шего отве́та ...	In Erwartung Ihrer Antwort …
Ваш Дми́трий Константи́нович.	Ihr Dmitrij Konstantinowitsch.
С (глубо́ким / и́скренним) **уваже́нием** ...	Mit freundlichen Grüßen / Hochachtungsvoll

i *In Briefen werden, um die Höflichkeit gegenüber dem Empfänger zu unterstreichen,* Вы *(= Sie) und* Ваш *(= Ihr) in allen ihren Formen immer groß geschrieben.*

1.1 Личные данные Angaben zur Person

фами́лия *f*	**Nachname**
Моя́ фами́лия – Бере́зин.	Mein Familienname ist Beresin.
Её де́вичья фами́лия Смирно́ва.	Ihr Mädchenname ist Smirnowa.
О́льга Ко́това, урождённая Попо́ва	Olga Kotowa, geb. Popowa
и́мя *n*	**Vorname**
о́тчество *n*	**Vatersname**

i *Russische Namen bestehen aus drei Teilen: Vorname, Vatersname und Familienname. Der russische Familienname der Frau trägt eine weibliche Endung:* Ивано́в – Ивано́в**а**, Толсто́й – Толст**а́я**, Гага́рин – Гага́рин**а**.

псевдони́м *m*; кли́чка *f*	Pseudonym; Spitzname
да́та *f* **рожде́ния**	**Geburtsdatum**
Он роди́лся / она́ родила́сь шесто́го ма́я ты́сяча девятьсо́т шестьдеся́т второ́го го́да.	Sie / er ist am sechsten Mai neunzehnhundertzweiundsechzig geboren.
Когда́ у тебя́ / у вас день рожде́ния?	Wann hast du / haben Sie Geburtstag?
У неё / него́ сего́дня день рожде́ния.	Sie / er hat heute Geburtstag.

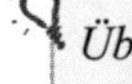

Übliche Datumsangaben: 06.05.1962 г., 06.05.62 г. *oder* 6.5.62.

во́зраст *m*	**Alter**
Ско́лько вам / тебе́ лет?	Wie alt sind Sie / bist du?
ме́сто *n* **рожде́ния**	**Geburtsort**
ме́сто *n* **жи́тельства**	**Wohnort**
национа́льность *f*	**Nationalität**
гражда́нство *n*	Staatsangehörigkeit
да́та *f* **вы́дачи**	**Ausstellungsdatum**
па́спорт *m*; **ви́за** *f*	**Pass; Visum**
срок *m* де́йствия па́спорта	Gültigkeitsdauer des Passes
семе́йное положе́ние *n*	**Familienstand**
жена́т / за́мужем	verheiratet *(Mann / Frau)*
хо́лост / незáмужем	ledig *(Mann / Frau)*
разведён / разведена́	geschieden *(Mann / Frau)*
пол *m:* **мужско́й** – **же́нский**	**Geschlecht: männlich – weiblich**
зарегистри́рован/а; прожива́ет	angemeldet; wohnhaft
(почто́вый) а́дрес *m*	**(Post-)Anschrift; Adresse**

1.2 Организм человека
Der menschliche Körper

голова́ *f* — **Kopf**
те́ло *n* — Körper
че́реп *m;* мозг *m* — Schädel; Gehirn
во́лосы — **Haare**
лицо́ *n* — **Gesicht**
глаз *m* – **глаза́** — **Auge(n)**
Откро́йте глаза́! — Machen Sie die Augen auf!
нос *m;* **рот** *m* — **Nase; Mund**
дыша́ть *1* но́сом и ртом — durch Nase und Mund atmen
зуб *m* — **Zahn**
язы́к *m* — **Zunge**
обли́зывать *1* языко́м — mit der Zunge lecken
губа́ *f* – гу́бы — Lippe(n)
у́хо *n* – **у́ши** — **Ohr(en)**
ше́я *f* — **Hals** (*von außen gesehen*)
го́рло *n*; гло́тка *f* — **Hals** (*von innen gesehen*); Kehle
У меня́ боли́т го́рло. — Ich habe Halsschmerzen.
плечо́ *n* — **Schulter**
плечо́м к плечу́ — Schulter an Schulter
ло́коть *m* — **Ell(en)bogen**
рука́ *f* — **Hand; Arm** (*bis zur Schulter*)
Дай мне ру́ку! — Gib mir die Hand!
па́лец *m* **руки́; па́лец ноги́** — **Finger; Zeh**
нога́ *f* — **Fuß; Bein** (*bis zur Hüfte*)
Вытира́йте, пожа́луйста, но́ги! — Bitte Füße abtreten!
но́готь *m* — (Finger/Zeh-)Nagel
Мне на́до подстри́чь но́гти. — Ich muss mir die Nägel schneiden.
коле́но *n* — **Knie**

> ***Einige Idiome:***
> с головы́ до пят *(= von Kopf bis („Zeh“) Fuß)* • бежа́ть сломя́ го́лову *(= Hals über Kopf laufen)* • Я давно́ лома́ю над э́тим го́лову. *(= Ich zerbreche mir schon lange darüber den Kopf.)* • Я по у́ши в рабо́те. *(= Ich stecke bis über beide Ohren in Arbeit.)* • Он и па́льцем не поведёт, что́бы нам помо́чь. *(= Er würde keinen Finger krumm machen, um uns zu helfen.)*

вну́тренние о́рганы — **innere Organe**
грудь *f* – грудна́я клéтка *f* — **Brust**(korb)
грудно́е молоко́ *n* — Muttermilch
се́рдце *n* — **Herz**
От всего́ се́рдца! — Von ganzen Herzen!

лёгкое *n*; **лёгкие**	Lungenflügel; **Lunge**
пéчень *f*	**Leber**
пóчка *f*	**Niere**
живóт *m*; **желýдок** *m*	**Bauch; Magen**
на голóдный желýдок	auf nüchternen Magen
низ *m* животá	Unterleib
кишкá *f* / **кишéчник** *m*	**Darm**
ягоди́цы *Pl*; зад *m*; пóпа *f*	Gesäß; Hintern; Popo
бедрó *n* – бёдра	Oberschenkel; Hüfte
áнус *m*; анáльное отвéрстие *n*	Anus; After
мочевóй пузы́рь *m*	**Blase**
мочá *f* – мочи́ться *2*	Urin / Harn – urinieren
генитáлии	**Genitalien**
мужски́е / жéнские генитáлии	die männlichen / weiblichen Genitalien
половы́е óрганы	**Geschlechtsteile**
яи́чник *m*	Eierstock
мáтка *f*	Gebärmutter / Uterus
простáта *f*	Prostata
железá *f*	**Drüse**
предстáтельная железá *f*	Vorsteherdrüse
кровообращéние *n*	(der) **Kreislauf**
кровь *f*	**Blut**
дóнор	Blutspender(in)
вéна *f*; **артéрия** *f*	**Vene; Arterie**
варикóзные вéны	Krampfadern
скелéт *m*	**Skelett**
ребрó *n* – рёбра	Rippe(en)
кость *f*; **сустáв** *m*	**Knochen; Gelenk**
болéзненные сустáвы	schmerzende Gelenke
кóжа *f*	**Haut**
мýскул *m* / мы́шца *f*	**Muskel**
нерв *m*	**Nerv**
У негó слáбые / си́льные нéрвы.	Er hat schwache / starke Nerven.

Einige Idiome:
Мне тяжелó на сéрдце. *(= Es ist mir schwer ums Herz.)* • Онá дéйствует мне на нéрвы *(= Sie geht mir schwer auf den Wecker.)* • От э́того замечáния у меня́ дрожь по кóже. *(= Diese Bemerkung ist mir wirklich unter die Haut gegangen.)* • Так и вéртится на языкé! *(= Es liegt mir auf der Zunge!)*

1.3 Внешность
Äußere Erscheinung

рост *m*; вес *m*	Größe; Gewicht
большо́й – ма́ленький	**groß – klein**
высо́кий – невысо́кий	groß – klein (*über die Größe einer Person*)
Он высо́кого ро́ста.	Er ist groß (gewachsen).
стро́йный; то́нкий	**schlank; dünn**
то́ненький подро́сток	ein schmaler Teenager
худо́й	**mager / hager**
худо́й мужчи́на с вы́правкой	ein hagerer Mann mit gerader Haltung
истощённый	ausgezehrt
кре́пкий; си́льный	**kräftig; stark**
си́льный, мускули́стый мужчи́на	ein kräftiger, muskulöser Mann
по́лный	**korpulent**
широ́кий; широкопле́чий	**breit**; breitschultrig
корена́стый	**stämmig**; gedrungen
суту́лый	mit krummem / rundem Rücken
сго́рбленный	bucklig

привлека́тельность *(= Attraktivität)*:
преле́стная де́вочка *f (= ein reizendes kleines Mädchen)* • для свои́х лет она́ в хороше́й фо́рме *(= für ihre Jahre ist sie in einer guten Form)* • элега́нтная стро́йная да́ма *f (= ein schicke Dame von schlankem Wuchs)* • хоро́шенькая де́вушка *f (= ein hübsches junges Mädchen)* • краси́вые голубы́е глаза́ *(= wunderschöne blaue Augen)* • симпати́чная, с хоро́шей фигу́рой *(= sympathisch, mit guter Figur)* • обая́тельный сотру́дник *m (= charmanter Mitarbeiter)*

неприя́тные черты́ *(= mangelnde Attraktivität)*:
некраси́вая, то́лстая же́нщина *f (= eine unschöne, dicke Frau)* • невзра́чный, почти́ некраси́вый *(= unansehnlich, beinahe hässlich)* • жёсткая, неприя́тная сотру́дница *f (= eine harte, unattraktive Mitarbeiterin)* • то́лстый, отврати́тельный мужик *m (= ein dicker, abstoßender Kerl)*

лицо́ *n*	**Gesicht**
ова́льное / кру́глое лицо́	ein ovales / rundes Gesicht
цвет *m* **лица́**	**Gesichtsfarbe**
ро́зовое / бле́дное / сму́глое лицо́	ein rosiges / bleiches / dunkelhäutiges Gesicht
морщи́на *f* – морщи́нистый	**Falte; Runzel** – faltig
тёмные / све́тлые глаза́	**dunkle / helle Augen**

си́ние / се́рые / ка́рие глаза́ blaue / graue / hellbraune Augen
У него́ чёрные глаза́. Er hat schwarze Augen.
в очка́х **mit Brille**
бро́ви; ресни́цы Augenbrauen; Wimpern

описа́ние воло́с (= *Beschreibung des Haares*):
брюне́т *m* – брюне́тка *f* / блонди́н *m* – блонди́нка *f (= der – die Brünette / der Blonde – die Blondine)* • рыжеволо́сая *f* – ры́жий *m (=Rothaarige(r))* • седо́й / с седы́ми волоса́ми *(= grauhaarig)* • дли́нные – коро́ткие во́лосы *Pl (= langes – kurzes Haar)* • мо́дная сти́льная причёска *f (= eine modische stilvolle Frisur)* • све́тлые ло́коны *(= blonde Locken)* • гла́дкие – кудря́вые во́лосы *Pl (= glattes – krauses Haar)* • све́тловоло́сая – те́мноволо́сая же́нщина *f (= eine hellhaarige – dunkelhaarige Frau)* • де́вушка *f* с хво́стиком *(= das Mädchen mit dem Pferdeschwanz)* • де́вочка *f* с ми́лыми коси́чками *(= ein kleines Mädchen mit niedlichen Zöpfen)* • стри́жка *f* «ёжиком» *(= ein Bürstenschnitt)* • У него́ лы́сина. *(= Er hat eine Glatze.)*

Он **брит / небри́т**. Er ist **rasiert / unrasiert**.
оде́жда *f* **– оде́т / оде́та** **Kleidung – gekleidet**
элега́нтно / мо́дно оде́т(а) elegant / modisch gekleidet
Она́ была́ в блу́зке и ю́бке. Sie trug eine Bluse und einen Rock.
неря́шливо, но мо́дно оде́т schlampig, aber modisch angezogen
оде́ть(ся)* / одева́ть(ся) *1* **(sich) anziehen / (sich) kleiden**
Она́ одева́ется с ши́ком. Sie kleidet sich schick / flott.
Он уме́ет одева́ться. Er weiß sich zu kleiden.
ухо́женный – неря́шливый **gepflegt – ungepflegt**
его́ неря́шливый вид seine ungepflegte Erscheinung
гря́зный – мя́тый **schmutzig – zerknittert**
На нём был (оде́т) мя́тый костю́м. Er trug einen zerknitterten Anzug.
стиль *m* – сти́льный Stil – mit Stil, stilvoll
мо́да *f* **– мо́дный** **Mode – modisch**
мо́дная оде́жда *f* modische Kleidung

1.4 Детство и юность
Kindheit und Jugend

ребёнок *m* – **де́ти**	**Kind – Kinder**
Она́ еди́нственный ребёнок в семье́.	Sie ist ein Einzelkind.
младе́нец *m*	**Baby**
новорождённый *m*	Neugeborenes
ня́ня (приходя́щая) *f*	Babysitter
ма́ленький ребёнок *m*; малы́ш *m*	**Kleinkind**
младе́нчество *n*	frühe Kindheit; Kindesalter
колыбе́ль *f*	**Wiege**
с колыбе́ли	von der Wiege an
со́ска *f*	**Schnuller**
пла́кать *1*; крича́ть *2*	weinen; schreien
де́тское пита́ние *n*	Kindernahrung
де́тские я́сли *Plt*	Kinderkrippe
де́тский сад *m*	**Kindergarten / -tagesstätte**
игру́шка *f*	**Spielzeug**
Ка́ждому ребёнку нужна́ игру́шка.	Jedes Kind braucht Spielzeug.
маши́нка *f*; ку́кла *f*	Spielzeugauto; Puppe
игра́ть *1*	**spielen**
Де́ти игра́ют в саду́.	Die Kinder spielen im Garten.
избало́ванный (ребёнок)	verwöhnt(es Kind)
нака́зывать *1*; ста́вить *2* в у́гол	bestrafen; in die Ecke stellen

де́тские и́гры *(= Kinderspiele)*:
игра́ть *1* ***(= spielen)*:** с мячо́м / в ка́рты / в пря́тки / в са́лочки *(= Ball / Karten / Versteck / Einholen spielen)* • **игра́ть** в казаки́-разбо́йники / в до́чки-ма́тери / в насто́льную игру́ *(= Räuber und Gendarm / Vater-Mutter-Kind spielen / ein Brettspiel machen)*

игру́шки *(= Spielzeuge)*:
ку́бики *(= Bauklötze)* • мя́гкая игру́шка *f (= Stofftier)* • плю́шевый медве́дь *m (= Teddybär)* • лоша́дка-кача́лка *f (= Schaukelpferd)* • желе́зная доро́га *f (= Modelleisenbahn)*

заня́тия дете́й *(= Beschäftigungen für Kinder)*:
чита́ть *1* (= lesen): кни́жку с карти́нками *(= ein Bilderbuch)*, ска́зки *(= Märchen)*
рисова́ть *1* (= malen, zeichnen): карандаша́ми / мелка́ми / кра́сками *(= mit Buntstiften / Wachsmalstiften / Farben)*

ката́ться *1*: на каче́лях *(= wippen, schaukeln)* / на велосипе́де *(= Fahrrad fahren)* / на са́нках *(= Schlitten fahren)* / на конька́х *(= Schlittschuh laufen)* / на ро́ликах *(= Rollschuh laufen)* / на ро́ликовой доске́ *(= Skateboard / Rollbrett fahren)*

де́ти и подро́стки *(= Kinder und Jugendliche)*:
де́вочка *f (= (kleines) Mädchen)* • де́вочка-подро́сток *f-m* (= *Jugendliche / junges Mädchen*) • **де́вушка** *f (= Mädchen, junge Frau)*
ма́льчик *m (= (kleiner) Junge)* • подро́сток *m (= Jugendliche(r), Teenager)* • па́рень *m (= Kumpel, Kerl, Bursche)* • **ю́ноша** *m (= junger Mann)*

учени́к *m* – **учени́ца** *f*; **шко́льник** *m* – **шко́льница** *f*	**Schüler – Schülerin**
перехо́дный во́зраст *m*	**Pubertät**
подростко́вый, ю́ношеский	jung, Teenager-
молодёжь *f*	junge Leute; Jugendliche
(молодёжное) общежи́тие *n*	**Wohnheim**; Internat
молодёжная тури́стская ба́за *f*	Jugendherberge
несовершенноле́тний *m*	**minderjährig;** der Minderjährige
совершенноле́тняя *f*	volljährig; die Volljährige
стать совершенноле́тним	**volljährig werden**

i Совершенноле́тие наступа́ет в Росси́и в 18 лет – с по́лным пра́вом уча́стия в вы́борах и жени́тьбы / заму́жества. *(= Die Volljährigkeit beginnt in Russland mit 18 Jahren mit dem vollen Wahlrecht und dem Recht auf Eheschließung.)*

Чем ещё занима́ются де́ти и подро́стки *(= Womit sich Kinder und Jugendliche noch beschäftigen)*:
Они́ хо́дят в шко́лу. *(= Sie gehen in die Schule.)* • Они́ прогу́ливают шко́лу. *(= Sie schwänzen die Schule.)* • Они́ хо́дят на дискоте́ки. *(= Sie gehen in die Disko.)* • Они́ игра́ют на гита́ре. *(= Sie spielen Gitarre.)* • Они́ мо́дно одева́ются. *(= Sie ziehen sich modisch an.)* • Они́ убега́ют из до́ма. *(= Sie laufen von zu Hause weg.)* • Они́ футбо́льные боле́льщики. *(= Sie sind Fußball-Fans.)* • Они́ покло́нники рок-групп. *(= Sie sind Fans von Rockgruppen.)*

взро́слый; **взро́слая**	erwachsen; Erwachsene(r)
У них два взро́слых сы́на.	Sie haben zwei erwachsene Söhne.

1.5 Зрелость и старость
Mittlere Jahre und Alter

во́зраст *m*	**Alter**
сре́дний во́зраст *m*	die mittleren Lebensjahre
кри́зис *m* **сре́днего во́зраста**	**Krise in der Lebensmitte**
зре́лость *f* – **зре́лый**	**Reife – reif**
в са́мом расцве́те сил	in den besten Jahren
менопа́уза *f* / **кли́макс** *m*	**Wechseljahre**
наступле́ние *n* менопа́узы	das Einsetzen der Wechseljahre
ста́рость *f*; **старе́ние** *n*	**Alter**; das **Altern**
приближе́ние *n* ста́рости	das Herannahen des Alters
старе́ть *1* / постаре́ть *1*	**alt werden**
ста́риться *2* / соста́риться *2*	altern / alt werden
Он так бы́стро соста́рился.	Er wurde so schnell alt.
продолжи́тельность *f* **жи́зни**	**Lebenserwartung**
престаре́лые	hochbetagte / alte Leute
ветера́н; ветера́н войны́	**Veteran(in)**; Kriegsveteran(in)
пенсионе́р	**Rentner(in)**
пе́нсия *f*	**Rente**
госуда́рственная пе́нсия	staatliche Rente; Pension
Она пенсио́нного во́зраста.	Sie ist im Renten- / Pensionsalter.
уходи́ть *2* / **уйти́*** *1* **на пе́нсию**	**in Rente gehen / in den Ruhestand treten**

Wenn von alten Menschen die Rede ist werden oft Euphemismen (= beschönigende / verhüllende Ausdrücke) mit Respekt verwendet: зре́лого во́зраста *(= in reifen Jahren)* • в года́х *(= in den Jahren / bejahrt)* • прекло́нного во́зраста *(= im hohen Alter)* • пожило́й мужчи́на *(= ein älterer Herr)* • о́чень пожила́я же́нщина *(= eine betagte Frau)*
Она́ дости́гла прекло́нного во́зраста. *(= Sie erreichte ein hohes Alter.)*

долгожи́тель *m* – **долгожи́тельница** *f*	**Langlebiger – Langlebige**
в после́дние го́ды жи́зни	in den letzten Lebensjahren
ста́рческий	**senil**; Alters-
ста́рческая дря́хлость *f*	**Senilität**
ста́рческий склеро́з *m*	**Alterssklerose**
дом престаре́лых *m*	Altersheim; Pflegeheim
дом ветера́нов *m*	Veteranenheim

1.6 Личность и поведение
Persönlichkeit und Verhalten

поведéние *n*	**Benehmen, Verhalten**
вести́ *1* **себя́**	**sich benehmen / verhalten**
воспитáние *n*	Erziehung
Онá хорошó воспи́тана.	Sie ist gut erzogen.
манéры	Manieren
У мáльчика хорóшие манéры.	Der Junge hat gute Manieren.
ли́чность *f*	Persönlichkeit
харáктер *m*	**Charakter**
си́льный харáктер	ein starker Charakter
темперáмент *m*	**Temperament**
У неё горя́чий темперáмент.	Sie hat ein heißes Temperament.
привы́чка *f*	**Gewohnheit**
врéдные привы́чки	schlechte Gewohnheiten

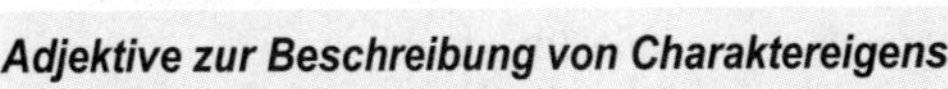

Adjektive zur Beschreibung von Charaktereigenschaften:
Antonyme (Gegensatzwörter) werden mit den negativen Vorsilben **не-** *oder* **без-/ бес-** *gebildet.*

вéжливый – невéжливый	**höflich – unhöflich**
ги́бкий – неги́бкий	flexibel – unflexibel
и́скренний – неи́скренний	aufrichtig – unaufrichtig
коры́стный – бескоры́стный	**eigennützig – selbstlos**
культу́рный – некульту́рный	gebildet – ungebildet
óпытный – неóпытный	erfahren – unerfahren
прили́чный – неприли́чный	**anständig – unanständig**
разу́мный – безрассу́дный	vernünftig – töricht
серьёзный – несерьёзный	**ernsthaft – leichtsinnig**
такти́чный – нетакти́чный	rücksichtsvoll – rücksichtslos
терпели́вый – нетерпели́вый	geduldig – ungeduldig
терпи́мый – нетерпи́мый	**duldsam – unduldsam**
чéстный – нечéстный	**ehrlich – unehrlich**
хорóший – плохóй	**gut – schlecht**
дóбрый – злóй	**gut / gutherzig – boshaft / böse**
хорóший друг	ein guter Freund
злóбный взгляд / сосéд	ein boshafter Blick / Nachbar
откры́тый – зáмкнутый	**offen – verschlossen**
сострадáтельный – бесжáлостный	mitfühlend – mitleidlos
поря́дочный – пóдлый	**fair / rechtschaffen – gemein**
Он испóльзует други́х.	Er nutzt andere aus.
эгои́ст *m* – альтруи́ст *m*	Egoist – Altruist

Viele Adjektive werden mit der Endung ***-o*** *zu häufig gebrauchten Adverbien:*
Он де́йствовал неразу́мно / безотве́тственно / незре́ло. *(= Er handelte töricht / verantwortungslos / unreif.)*
Она́ вела́ себя́ такти́чно / умно́ / уве́ренно / разу́мно. *(= Sie verhielt sich taktvoll / klug / sicher / vernünftig.)*

болтли́вый – молчали́вый | geschwätzig – schweigsam
ве́жливый – гру́бый | **höflich – grob**
Заче́м же сра́зу груби́ть? | Warum denn gleich grob werden?
великоду́шный – малоду́шный | großzügig – kleinmütig
весёлый – гру́стный | lustig – traurig
жа́дный – ще́дрый | **geizig / knauserig – freigebig**
консервати́вный – прогресси́вный | konservativ – progressiv
легкомы́сленный – серьёзный | leichtsinnig – ernsthaft
небре́жный – аккура́тный | **lax / lässig – akkurat / genau**
общи́тельный – сде́ржанный | kontaktfreudig – zurückhaltend
трудолюби́вый – лени́вый | **fleißig – faul**
скро́мный – тщесла́вный | bescheiden – eitel / ehrgeizig
у́мный – глу́пый | **klug – dumm**

Das Fehlen einer Eigenschaft kann durch **не хвата́ет / лишён** *ausgedrückt werden:*
Ему́ / ей не хвата́ет му́жества / сочу́вствия / тала́нта.*(= Es mangelt ihm / ihr an Mut / Mitleid / Talent.)*
Он(а) по́лностью лише́н(а) амби́ций / ю́мора. *(= Es mangelt ihm / ihr an Ehrgeiz / Humor.)*

с ша́рмом – без ша́рма | **charmant – ohne Charme**
Она́ по́лностью лишена́ ша́рма. | Sie besitzt keinerlei Charme.
сме́лый – трусли́вый | **mutig – feige**
трус *m* – труси́ха *f* | eine feige Memme
уважи́тельный – гру́бый | **respektvoll – grob, frech**
Нельзя́ быть таки́м гру́бым. | Man darf nicht so grob sein.

1.7 Ощущения и восприятие
Sinne und Sinneseindrücke

ощущéние *n*; **чýвство** *n*	**Sinn**
óрган *m* **чувств**	**Sinnesorgan**
пять óрганов чувств	die fünf Sinne
восприя́тие *n*	**Empfindung**; Wahrnehmung
глаз *m* **– глазá**	**Auge(n)**
взгляд *m*	**Blick**
Э́то ви́дно с пéрвого взгля́да.	Man sieht es auf den ersten Blick.
ви́деть *2* **/ уви́деть** *2*	**sehen** (*i.S. von wahrnehmen*)
Он ви́дел свою́ мать.	Er sah seine Mutter.
смотрéть *2* **/ посмотрéть** *2*	**sehen / ansehen / schauen**
Онá (у)ви́дела, что никтó не смóтрит.	Sie sah, dass niemand hinschaute.
замечáть *1* **/ замéтить** *2*	**bemerken**
Никтó не замéтил крáжи.	Niemand bemerkte den Diebstahl.
наблюдáть *1*	**beobachten**
Онá наблюдáла, как ест собáка.	Sie sah zu, wie der Hund fraß.
зрéние *n*	**Sehvermögen**
близорýкий – дальнозóркий	kurzsichtig – weitsichtig
слепóй – слепáя	blind; Blinde(r)
ви́димый – неви́димый	**sichtbar – unsichtbar**
Мая́к был хорошó ви́ден.	Der Leuchtturm war deutlich sichtbar.
визуáльный контáкт	visueller Kontakt; Sichtkontakt
слух *m*	**Gehör**
музыкáльный слух	musikalisches Gehör
слуховóй аппарáт *m*	Hörhilfe; Hörgerät
ýхо *n* **– ýши**	**Ohr(en)**
Он туговáт на ýхо.	Er ist ein bisschen schwerhörig.
слы́шать *2* **/ услы́шать** *2*	**hören** (*i.S. von wahrnehmen*)
Ты слы́шишь э́тот шóрох?	Hast du das Geräusch gehört?
слýшать *1* **/ послýшать** *1*	**(zu)hören**
Я слýшал, но ничегó не слы́шал.	Ich lauschte, konnte aber nichts hören.
глухóй; глухонемóй	**taub**; taubstumm
глухонемóй *m* – глухонемáя *f*	Taubstumme(r)
звук *m*; **шум** *m*	**Geräusch; Lärm**
звук приближáющегося автомоби́ля	das Geräusch eines nahenden Autos
Что это был за грóмкий шум?	Was war das für ein lautes Geräusch?
тон *m*; **звук** *m*	**Ton; Klang**
звýки мýзыки	Musiktöne
У неё звýчный гóлос.	Sie hat eine klangvolle Stimme.

гро́мкость *f*	**Lautstärke**
гро́мко – ти́хо	**laut – leise**
Включи́те ра́дио гро́мче / ти́ше!	Stellen Sie bitte das Radio lauter / leiser!
слы́шно – неслы́шно	**hörbar – unhörbar**
Вас пло́хо слы́шно!	Sie sind schlecht zu verstehen!
а́удио-	**Audio-; Ton-**
за́пах *m*	**Geruch**
за́пах арбу́за	der Geruch von Wassermelone
нос *m*	**Nase**
Он везде́ суёт свой нос.	Er steckt seine Nase überall rein.
ню́хать *1* / поню́хать *1*	**riechen;** schnuppern
Она́ поню́хала цветы́.	Sie roch an den Blumen.
чу́вствовать *1* **за́пах**	**riechen;** den Geruch spüren
Ты чу́вствуешь за́пах га́за?	Riechst du das Gas?
па́хнуть *1*	**riechen; duften**
Суп вку́сно па́хнет.	Die Suppe riecht köstlich.
арома́т *m*	**(Wohl-)Geruch; Duft**
осо́бый арома́т э́тих роз	der besondere Duft dieser Rosen
ароматиза́тор *m*	Aroma
духи́ *Plt*	**Parfüm**
вонь *f* – воня́ть *1* (грубо)	Gestank – stinken (grob)
Проту́хшая ры́ба воня́ет.	Verdorbener Fisch stinkt.
вкус *m*	**Geschmack**
У ко́фе го́рький вкус.	Der Kaffee hat einen bitteren Geschmack.
ки́слый / го́рький вкус	saurer / bitterer Geschmack
У неё то́нкий вкус.	Sie hat einen feinen Geschmack.
при́вкус *m*	**Beigeschmack**
неприя́тный при́вкус	unangenehmer Beigeschmack
осяза́ние *n*	**Tastsinn**
тро́гать *1*; **осяза́ть** *1*	**berühren; tasten**
Про́сим това́р не тро́гать!	Die Waren bitte nicht berühren!
ощу́пывать *1* / ощу́пать *1*	betasten; fühlen
Э́тот материа́л мя́гкий на о́щупь.	Der Stoff fühlt sich weich an.

1.8 Чувства и отношения
Gefühle und Einstellungen

чу́вство *n*	**Gefühl**
чу́вствовать *1* **жа́жду / го́лод**	**Durst / Hunger haben**
Она́ чу́вствовала себя́ уста́лой.	Sie fühlte sich müde.
Я уста́л / уста́ла.	Ich bin müde. (*Mann / Frau*)
отноше́ние *n*	**Einstellung**; Haltung
её отноше́ние к иностра́нцам	ihre Einstellung gegenüber Ausländern
эмо́ция *f*	**Emotion; Gefühl**
эмо́ции – ра́дость и страх	Gefühle wie Freude und Furcht
эмоциона́льный	**emotional**
эмоциона́льный ребёнок	ein emotionales Kind
настрое́ние *n*	**Stimmung; Laune**
У него́ хоро́шее / плохо́е настрое́ние.	Er hat gute / schlechte Laune.
люби́ть *2*; **нра́виться** *2*	**lieben; mögen**
Он мне не нра́вится.	Ich mag ihn nicht.
Мне нра́вится / я люблю́ вино.	Ich mag / liebe Wein.
восторга́ться *1* **/ быть в восто́рге**	**begeistert sein**
Она́ в восто́рге от Бра́мса.	Sie schwärmt für Brahms.

Э́то прекра́сно! *(= Das ist schön!)* • Чуде́сно! *(= Wunderschön!)* • Э́то отврати́тельно! *(= Das ist widerlich!)* • Э́то ужа́сно! *(= Das ist furchtbar!)*

жела́ние *n*	**Wunsch**; Begehren
жела́ние ми́ра / любви́	das Verlangen nach Frieden / Liebe
жела́ть *1* **/ пожела́ть** *1*	**wünschen**; begehren
стреми́ться *2*; **жа́ждать** *1*	**sich sehnen nach …**
Они́ все стремя́тся к ми́ру.	Sie sehnen sich alle nach Frieden.
интере́с *m* **– интере́сный**	**Interesse – interessant**
Он чита́л с больши́м интере́сом.	Er las mit großem Interesse.
предпочита́ть *1*	**bevorzugen**
Я предпочита́ю е́здить по́ездом.	Ich reise lieber mit dem Zug.
выноси́ть *2*; **терпе́ть** *2*	**ertragen; dulden**
Он не выно́сит кри́тики.	Er verträgt keine Kritik.
примири́ться *2*	**sich abfinden**
Я не могу́ с э́тим примири́ться.	So etwas lasse ich mir nicht bieten.
ве́ра *f*, наде́жда *f*, любо́вь *f*	Glaube, Hoffnung, Liebe
на́ши **опасе́ния**	unsere **Befürchtungen**
наде́яться *1*	**hoffen**
Наде́юсь, ей э́то понра́вится.	Hoffentlich gefällt es ihr.

отча́яние *n*	**Verzweiflung**
В отча́янии он посмотре́л на неё.	Er sah sie verzweifelt an.
отча́иваться *1* / отча́яться *1*	**verzweifeln**
оптими́зм *m* – **пессими́зм** *m*	**Optimismus – Pessimismus**
оптимисти́чный	optimistisch
предубежде́ние *m*	**Voreingenommenheit**
предрассу́док *m*	**Vorurteil**
субъекти́вный – объекти́вный	**subjektiv – objektiv**
дать* объекти́вную информа́цию	objektive Informationen geben
сентимента́льный	**sentimental**

> ***Ausdrücke für Verärgerung:***
> Она́ обиделась / рассерди́лась / разозли́лась на меня́. *(= Sie war böse / ärgerlich / wütend auf mich.)*
> Нача́льник был в я́рости / рассерди́лся / озвере́л *ugs.* *(= Der Chef war wütend / ärgerlich / fuchsteufelswild.)*

боя́ться *2*	**Angst haben**
Ты бои́шься соба́к?	Hast du Angst vor Hunden?
Он боя́лся пры́гнуть.	Er traute sich nicht zu springen.
страх *m*	**Angst**
страх высоты́	Höhenangst
Ей / ему́ стра́шно.	Sie / er hat Angst.
го́рдость *f* – **горди́ться** *2*	**Stolz – stolz sein**
Мы горди́мся э́тими успе́хами.	Auf diese Erfolge sind wir stolz.
ре́вность *f* – **ревнова́ть** *1*	**Eifersucht – eifersüchtig sein**
Ты ревну́ешь к нему́?	Bist du eifersüchtig auf ihn?
за́висть *f* – **зави́довать** *1*	**Neid – beneiden**
Он зави́дует всем.	Er beneidet alle.
презира́ть *1*	**verachten**
удивля́ть *1* / **удиви́ть** *2*	**überraschen; erstaunen**
удивля́ться *1* / **удиви́ться** *2*	**überrascht sein; sich wundern / staunen**
Он удиви́л меня́.	Er erstaunte mich.
Я удивлён / удивлена́.	Ich bin überrascht.
слёзы	**Tränen**
пла́кать *1*	**weinen**
Слы́шишь – ребёнок пла́чет.	Hörst du, das Baby schreit.
Ты пла́чешь?	Weinst du?

1.9 Мора́льно и амора́льно
Moral und Unmoral

мора́льный; нра́вственный	**moralisch; sittlich**
мора́льные при́нципы / крите́рии	moralische Prinzipien / Kriterien
С то́чки зре́ния мора́ли, э́то пло́хо.	Das ist moralisch nicht in Ordnung.
Э́то вопро́с мора́ли.	Das ist eine Frage der Moral.
амора́льно; безнра́вственно	**unmoralisch; unsittlich**
амора́льное поведе́ние *n*	unmoralisches Verhalten
безнра́вственность *f*	**Unmoral; Unsittlichkeit**
э́тика *f* **– эти́чный**	**Ethik – ethisch**
добро́ *n*	**das Gute**
Сде́лай до́брое де́ло!	Vollbringe eine gute Tat!
Никогда́ не по́здно де́лать добро́.	Es ist nie zu spät, Gutes zu tun.
зло́ *n*	**das Böse**
конфли́кт ме́жду добро́м и злом	der Konflikt zwischen Gut und Böse
хоро́шие и плохи́е посту́пки	gute und böse Taten
пра́вильный	**richtig; recht**
Ты поступи́л пра́вильно.	Du hast richtig gehandelt.
непра́вильный	**falsch; unrecht**
грех *m* – гре́шный	**Sünde –** sündhaft / sündig
со́весть *f*	**Gewissen**
Мне со́вестно.	Ich habe ein schlechtes Gewissen.
стыди́ться *2*; **сты́дно**	**sich schämen**
Тебе́ должно́ быть сты́дно!	Du solltest dich schämen!
идеа́л *m* – идеа́льный	**Ideal –** ideal
Он жил по свои́м идеа́лам.	Er lebte entsprechend seinen Idealen.
доброде́тель *f* **– поро́к** *m*	**Tugend – Laster**
сво́йства; ка́чества	**Eigenschaften**
У неё мно́го положи́тельных ка́честв.	Sie hat viele positive Eigenschaften.
великоду́шие *n*; ще́дрость *f*	**Großzügigkeit**; Freigebigkeit
благоро́дство *n*	Edelmut
му́дрость *f*	**Weisheit**
неви́нность *f* **– неви́нный**	**Unschuld – unschuldig**
справедли́вость *f*	**Gerechtigkeit**
несправедли́вость *f*	**Ungerechtigkeit**
(не)справедли́вый	(un)gerecht
честь *f* **– че́стность** *f*	**Ehre – Ehrlichkeit**
поря́дочность *f*	**Anständigkeit**
поря́дочный	**rechtschaffen; anständig**
Он поря́дочный па́рень.	Er ist ein anständiger Kerl.

другие добродетели (= *weitere Tugenden*):
смелость *f (= Tapferkeit)* • благоразумие *n (= Vernunft)* • воздержание *n (= Enthaltsamkeit)* • милосердие *n (= Barmherzigkeit)* • долг *m (= Pflichtgefühl)* • терпимость *f (= Toleranz)* • готовность *f* помочь *(= Hilfsbereitschaft)* • служить другим словом и делом *(= den anderen mit Rat und Tat dienen)*

грехи (= *Sünden*): смертный грех *m (= Todsünde)* • гордыня *f*; высокомерие *n (= Hochmut)* • гнев *m (= Zorn)* • зависть *f (= Neid)* • похоть *f (= Unkeuschheit)* • обжорство *n (= Völlerei)* • жадность *f (= Geiz)* • лень *f (= Trägheit)* • уныние *n (= Mutlosigkeit)*

послушный – непослушный	artig; gehorsam – unartig; ungehorsam
законопослушный	gesetzesstreu
верность *f* **– верный**	**Treue – treu**
Он клялся ей в верности.	Er schwor, ihr treu zu bleiben.
жадность *f* **– жадный**	(Hab-)**Gier** – **habgierig**
его жадность к деньгам	seine Geldgier
коррупция *f*; **взяточничество** *n*	**Korruption; Bestechlichkeit**
подлый; низкий	gemein; nichtswürdig
лицемер *m*; **ханжа** *m*	**Scheinheilige(r); Heuchler(in)**
лгун *m* **– лгунья** *f*	**Lügner – Lügnerin**
Он неутомимый лгун.	Er ist ein unermüdlicher Lügner.
обманывать *1* / обмануть *1*	betrügen; belügen
Ты обманул меня!	Du hast mich betrogen!
мошенник *m*	**Betrüger**
подлец *m*	Schuft; Schurke
вина *f* **– виноват(а)**	**Schuld – schuldig**
Это я во всём виноват.	Es ist alles meine Schuld.
достоинства и недостатки	**Vorzüge und Fehler;** Vor- und Nachteile
Мы все не без недостатков.	Keiner von uns ist ohne Fehler.
приличный	anständig
неприличный; аморальный	**unanständig; anstößig**
неприличные слова / выражения	anstößige Worte / Ausdrücke
неприличные ругательства	anstößige Schimpfereien
непристойный; развратный	**obszön; unzüchtig**
непристойные картинки / жесты	unzüchtige Bilder / Gesten

i **Русский мат** ist eine verbreitete „Sprache“, die aus obszönen Ausdrücken und überaus anstößigen Schimpfwörtern besteht und die man, sollte man einige Formulierungen aufschnappen, unter normalen Umständen auf keinen Fall gebrauchen sollte.

1.10 Отношения между людьми
Menschliche Beziehungen

отношéние *n*	**Beziehung**
отношéния мéжду полáми	die Beziehungen zwischen den Geschlechtern
У меня́ с ним хорóшие отношéния.	Ich stehe gut mit ihm.
связь *f*	**Beziehung**; Verhältnis
У них связь.	Sie haben eine Beziehung miteinander.
понимáть *1*	**verstehen**
Они́ хорошó понимáют друг дрýга.	Sie kommen gut miteinander zurecht.
взаи́мный	**gegenseitig; beiderseitig**
взаи́мное уважéние *n*	gegenseitige Achtung
толпá *f*	**(Menschen-)Menge**
грýппа *f*	**Gruppe**
все члéны грýппы	alle Mitglieder der Gruppe
вы́сший / срéдний / ни́зший слой	die Ober- / Mittel- / Unterschicht
из ни́зших слоёв	aus der Unterschicht

> товáрищ *m* (по и́грам) *(= (Spiel-)Kamerad/in)* • шкóльный прия́тель *m* – прия́тельница *f (= Schulkamerad/in)* • одноклáссник *m* – одноклáссница *f (= Klassenkamerad/in)* • однокýрсник *m* – однокýрсница *f (= Studienkamerad/in)* • согрáждане *Pl (= Mitbürger/innen)* • спýтник *m* – спýтница *f (= (Reise-)Gefährte / (Reise-)Gefährtin)* • спýтник *m* / спýтница *f* жи́зни *(= Lebensgefährte / Lebensgefährtin)* • прия́тель *m (= Kumpel)* • коллéга *(= Kollege / Kollegin)* • компаньóн *(= Geschäftspartner)* • партнёр *(= Partner/in)* • конкурéнт *m* – конкурéнтка *f (= Konkurrent/in)* • сообщник *m* – сообщница *f (= Komplize / Komplizin)*

дрýжба *f*	**Freundschaft**
тéсная / сердéчная дрýжба	eine enge / herzliche Freundschaft
друг *m* **– подрýга** *f*	**Freund – Freundin**
пáрень *m* – дéвушка *f*	(intim) Freund – Freundin
Э́то егó дéвушка / её пáрень.	Das ist seine Freundin / ihr Freund.
У негó нет постоя́нной дéвушки.	Er hat keine feste Freundin.
симпáтия *f*	**Zuneigung**
влюбля́ться *1* **/ влюби́ться** *2*	**sich verlieben**
Он влюблён в негó /неё.	Er ist in ihn / sie verliebt.
любóвь *f* **– люби́ть** *2*	**Liebe – lieben**
Они́ лю́бят друг дрýга.	Sie lieben einander.

человéческие отношéния (= *Beziehungen zwischen den Menschen*):
дружи́ть *2 (= befreundet sein)* • встречáться *1 (= eine Beziehung haben)* • имéть *1* отношéния *(= ein Verhältnis haben)* • быть* помóлвленными *(= verlobt sein)* • быть* женáтыми *(= verheiratet sein)* • быть* врагáми *(= Feinde sein)*

óбщество *n*	**Gesellschaft**
Мне хорошó в вáшем óбществе.	Ich bin gern mit Ihnen zusammen.
компáния *f*	**Gesellschaft; Runde**
в компáнии / кругý друзéй	im Freundeskreis
знакóмый *m* – **знакóмая** *f*	**Bekannter – Bekannte**
Э́то моя́ знакóмая.	Das ist eine Bekannte von mir.
знакóмиться *2* / **познакóмиться** *2*	**sich kennen lernen**
Мы познакóмились в Москвé.	Wir haben uns in Moskau kennen gelernt.
сосéд *m* – **сосéдка** *f*	**Nachbar – Nachbarin**
равнодýшие *n* – равнодýшный	**Gleichgültigkeit –** gleichgültig
Мне всё равнó.	Es ist mir egal.
соглáсие *n* – **разноглáсие** *n*	**Einvernehmen – Uneinigkeit**
Здесь цари́т соглáсие.	Hier herrscht Einverständnis.
конфли́кт *m*	**Konflikt**
конфликтовáть *1*	zusammenstoßen
спор *m* – **спóрить** *2*	**Streit – sich streiten**
Они́ спóрят о спóрте.	Sie streiten sich über Sport.
ссóра *f* – **ссóриться** *2*	**Zank – zanken**
Они́ всегдá ссóрятся.	Sie zanken immer.
антипáтия *f*; презрéние *n*	Abneigung; Verachtung
враг *m* – враждéбный	**Feind –** feindselig
У негó мнóго друзéй / врагóв.	Er hat viele Freunde / Feinde.

отношéние к други́м лю́дям (= *Verhalten anderen gegenüber*):
вéжливость *f (= Höflichkeit)* • уважéние *n (= Achtung)* • дружелю́бие *n (= Freundlichkeit)* • внимáние *n (= Rücksicht)* • прили́чие *n* / манéры *Pl (= Anständigkeit)* • такт *m (= Takt)* • грýбость *f (= Unhöflichkeit)* • неуважéние *n (= Respektlosigkeit)* • неуважи́тельность *f (= Rücksichtslosigkeit)* • бестáктность *f (= Taktlosigkeit)*

общéние *n* (= *Kommunikation*):
говори́ть *2* / поговори́ть *2 (= sprechen; reden)* • сказáть *1 (= sagen)* • расскáзывать *1* / рассказáть *1 (= erzählen)* • разговáривать *1*; бесéдовать *1 (= reden; sich unterhalten)* • обсуждáть *1* / обсуди́ть *2 (= besprechen)*

1.11 Сексуальность
Sexualität

пол *m*	**Geschlecht**
противополо́жный пол	das andere Geschlecht
полово́е воспита́ние *n*	Sexualerziehung
эроти́чный	**erotisch**
сексуа́льно привлека́тельный	sexuell attraktiv
бра́чный – внебра́чный	**ehelich – außerehelich**
секс *m*	**Sex**
ге́теросексуа́льный	heterosexuell
го́мосексуа́льный	homosexuell
сексуа́льные меньши́нства	**sexuelle Minderheiten**
гей *m*	Homosexueller; Schwule(r)
лесбия́нка *f*	Lesbierin / Lesbe

полово́е сноше́ние *(= Geschlechtsverkehr)*:
спать *2* с *(= schlafen mit)* ● идти́* в посте́ль с *(= ins Bett gehen mit)* ● име́ть *1* половы́е сноше́ния с *(= mit jemandem sexuelle Beziehungen haben)* ● име́ть *1* инти́мные / бли́зкие отноше́ния с *(= mit jemand intim sein)* ● полово́й акт *m (= der Geschlechtsakt)* ● полово́е сноше́ние *n (= Koitus)*

возбужде́ние *n* **– возбужда́ть** *1*	**Erregung** – (*sexuell*) **erregen**
эре́кция *f* – возбуждённый	Erektion – erigiert
пе́ттинг *m*	Petting
орга́зм *m*; **удовлетворе́ние** *n*	**Orgasmus**
получи́ть *2* орга́зм / ко́нчить *2*	einen Orgasmus haben
пе́нис *m* / полово́й член *m*	Penis / Glied
кли́тор *m*	Klitoris / Kitzler
ваги́на *f* / влага́лище *n*	Vagina / Scheide
се́мяизверже́ние *n*	Ejakulation; Samenerguss
спе́рма *f*	Samen / Sperma
фриги́дность *f* – фриги́дная	**Frigidität –** frigide
импоте́нция *f* – импоте́нтный	**Impotenz** – impotent
зача́тие *n*	Empfängnis

предохране́ние *(= Empfängnisverhütung)*
контро́ль *m* рожда́емости *(= Geburtenkontrolle)* ● плани́рование *n* семьи́ *(= Familienplanung)* ● пла́новая бере́менность *f (= geplante Schwangerschaft)*

ме́тоды контраце́пции (= *Verhütungsmethoden*)
презервати́в *m (= Kondom / Präservativ)* • ма́точный колпачо́к *m (= Pessar)* • диафра́гма *f (= Scheidendiaphragma)* • спира́ль *f (= Spirale)* • противозача́точные табле́тки *Pl (Antibabypille)* • табле́тка *f* до или по́сле *(= die Pille davor oder danach)* • биологи́ческий календа́рь *m (= die Knaus-Ogino-Methode)* • прерыва́ние *n* а́кта *(= Coitus interruptus)* • стерилиза́ция *f (= Sterilisation)* • вазэктоми́я *f (= Vasektomie)*

бере́менность *f* – **бере́менная**	**Schwangerschaft – schwanger**
прерыва́ние *n* бере́менности	Schwangerschaftsabbruch
або́рт *m*	Abtreibung
сде́лать *1* або́рт	eine Abtreibung vornehmen lassen
ча́сто меня́ть *1* партнёров	die Sexualpartner häufig wechseln
проститу́ция *f*	**Prostitution**
проститу́тка *f*	Prostituierte(r)
ма́льчик *m* по вы́зову	Callboy
де́вочка *f* по вы́зову	Callgirl
же́нщина *f* **лёгкого поведе́ния**	**leichtes Mädchen**
публи́чный дом *m*; борде́ль *m*	Freudenhaus; Bordell
порногра́фия *f*	**Pornografie**
сексуа́льное домога́тельство *n*	sexuelle Belästigung
сексуа́льное преступле́ние *n*	Sexualverbrechen
изнаси́лование *n*	**Vergewaltigung**; sexueller Missbrauch
наси́льник *m* – наси́льница *f*	Vergewaltiger(in)
сексуа́льный престу́пник *m*	Sexualtäter
маньяк *m*	**Triebverbrecher**

Венери́ческиеболе́зни *(= Geschlechtskrankheiten)* и боле́зни, переноси́мые половы́м путём *(= durch Geschlechtsverkehr übertragene Krankheiten)*: си́филис *m (= Syphilis / Lues)* • гоноре́я *f (= Gonorrhöe / Tripper)* • СПИД *m (= AIDS)* и ВИЧ *m (= HIV)*

1.12 Личная гигиена
Körperpflege

гигие́на *f*	**Hygiene**
чистота́ *f*	**Reinlichkeit**
мы́ть *1*; **мы́ться** *1*	**waschen; sich waschen**
Ты мыл ру́ки?	Hast du dir die Hände gewaschen?
Мне на́до как сле́дует помы́ться.	Ich muss mich mal gründlich waschen.
Я хочу́ помы́ть го́лову.	Ich will mir die Haare waschen.
мы́ло *n*	**(ein Stück) Seife**
шампу́нь *m*	Haarwaschmittel; Haarwäsche
ва́нная **(ко́мната) – ва́нна** *f*	**Badezimmer – Badewanne**
душ *m*	**Dusche**
рукави́ца *f* **для мытья́**	**Waschlappen**
гу́бка *f*	Schwamm
полоте́нце *n*	**Handtuch**
вытира́ться *1* / вы́тереться *1* полоте́нцем	abfrottieren / sich abtrocknen
Подожди́ – я то́лько вы́трусь.	Warte – ich trockne mich nur noch ab.
Дай мне полоте́нце и шампу́нь!	Gib mir bitte ein Handtuch und Schampoo!

мы́ться в ва́нной / под ду́шем *(= baden / sich duschen)*:
Ты мы́лся под ду́шем? *(= Hast du geduscht?)*
принима́ть *1* / приня́ть* ва́нну / душ *(= ein Bad nehmen / sich duschen)*: Он о́чень лю́бит принима́ть ва́нну. *(= Er liebt es, ein Bad zu nehmen.)*
ходи́ть *2* в ба́ню / са́уну *(= in die Sauna / Banja gehen)*:
Он регуля́рно хо́дит в ба́ню. *(= Er geht regelmäßig in die Banja.)*

щётка *f*	**Bürste**
зубна́я щётка; зубна́я па́ста *f*	**Zahnbürste;** Zahnpasta
щётка для рук / ног / оде́жды	Hand- / Fuß- / Kleiderbürste
чи́стить *2*	putzen
Ты чи́стил зу́бы?	Hast du Zähne geputzt?
бри́ться*	**sich rasieren**
крем-пе́на для бритья́	Rasiercreme
эле́ктробри́тва *f*	Elektrorasierer
расчёска *f*	**Kamm**
причёсывать(ся) *1* / причеса́ть(ся) *1*	(sich) kämmen
ополаскиватель *m* для воло́с	Pflegespülung
фен *m*	Haartrockner; Föhn

парикма́хер *m*	**Friseur**
Я пойду́ к парикма́херу.	Ich gehe zum Friseur.
парикма́херская *f*	**Frisiersalon**
Она́ в парикма́херской.	Sie ist im Frisiersalon.

упако́вка *(= Behälter)*:
флако́н *m* одеколо́на / ге́ля для ду́ша / шампу́ня / опола́скивателя для рта *(= eine Flasche Kölnischwasser / Duschgel / Schampoo / Mundwasser)* • **упако́вка** *f* ва́тных па́лочек / зубочи́сток *(= eine Schachtel Wattestäbchen / Zahnstocher)*

косме́тика f *(= Kosmetika)*:
лосьо́н *m* **и крем** *m***:** для те́ла / для рук / для лица́ *(= Körper- / Hand- / Gesichtslotion und -creme),* для зага́ра *(= Sonnencreme)*
декорати́вная косме́тика *f (= Make-up; Schminke)*: губна́я пома́да *f (= Lippenstift)* • те́ни для век *(= Lidschatten)* • дезодора́нт *m (= Deodorant)* • тушь *f* для ресни́ц *(= Wimperntusche)*

накла́дывать *1* – удаля́ть *1*	auftragen – entfernen
маникю́р *m* **– педикю́р** *m*	Maniküre – Pediküre
лак *m* **для ногте́й**	Nagellack
маникю́рные но́жницы *Plt*	Nagelschere
ва́та *f*; ва́тные па́лочки	Watte; Wattestäbchen
да́мские прокла́дки	(Damen-)Binden
носово́й плато́к *m*	Taschentuch
бума́жные платки́	**Papiertaschentücher**
туале́тная бума́га *f*	Toilettenpapier
туале́т (МЖ) *m*	**die Toilette (WC)**
Ле́на в туале́те.	Lena ist auf der Toilette.
сти́рка *f*	**Wäscherei; Wäsche**
Сего́дня я устро́ю сти́рку.	Ich mache heute die Wäsche.
стира́льный порошо́к *m*	Waschpulver
сти́рка-автома́т *f*	**Waschsalon**
химчи́стка *f*	**chemische Reinigung**
Я отда́м э́то в чи́стку.	Ich werde es reinigen lassen.

1.13 Смерть Tod

смерть *f*	**Tod; Ableben**
Ты не бои́шься сме́рти?	Hast du keine Angst vor dem Tod?
умира́ть *1* **/ умере́ть***	**sterben**
Он давно́ у́мер.	Er ist schon lange tot.
свиде́тельство *n* о сме́рти	Sterbeurkunde; Totenschein

причи́ны сме́рти ***(= Todesursachen)*:**
Он у́мер от ра́ка / от ста́рости / от ран / от передозиро́вки. *(= **Er starb** an Krebs / Altersschwäche / an seinen Verletzungen / an einer Überdosis.)* ● Он у́мер есте́ственной / наси́льственной сме́ртью *(= Er starb eines natürlichen / gewaltsamen Todes.)* ● Его́ уби́ли *(= Er wurde getötet.)*

умира́ющий *m*	der Sterbende
на сме́ртном одре́	auf dem Sterbebett
хо́спис *m*	**Sterbeklinik**
пома́зание *n*	Salbung
мёртвый	**tot**
упа́сть *1* за́мертво	tot umfallen
поко́йник *m* – поко́йница *f*	ein Toter – eine Tote
уме́рший *m* **– уме́ршая** *f*	**der / die Verstorbene**
вдова́ *f* уме́ршего	die Witwe des Verstorbenen
бли́зкие уме́ршего	die Hinterbliebenen
труп *m*	Leiche; Leichnam
вскры́тие *n*	**Autopsie; Leichenöffnung**
проводи́ть *2* / провести́ *1* вскры́тие	eine Obduktion durchführen
гроб *m*; **у́рна** *f*	**Sarg; Urne**
захороне́ние *n*; **по́хороны** *Plt*	**Begräbnis; Beerdigung**
Я был на её похорона́х.	Ich war auf ihrer Beerdigung.
похоро́нное бюро́ *n*	Bestattungsunternehmen
морг *m*	Leichenschauhaus
кла́дбище *n*	**Kirchhof; Friedhof**
похоро́нен – похоро́нена	begraben / beerdigt sein
Где она́ похоро́нена?	Wo liegt sie begraben?
крема́ция *f* – креми́ровать *1*	Einäscherung – einäschern
крема́торий *m*	Krematorium
моги́ла *f*; надгро́бие *n*	**Grab; Grabstein**
надгро́бный па́мятник *m*	**Grabmal**
мемориа́л *m*	Mahnmal

Он возложи́л вено́к к па́мятнику неизве́стного солда́та.	Er legte am Grabmal des unbekannten Soldaten einen Kranz nieder.
(у)поко́йся с ми́ром	**Ruhe in Frieden**
надгро́бная на́дпись *f*; эпита́фия *f*	Grabinschrift; Epitaph
(церко́вная) панихи́да *f*	Totenmesse
завеща́ние *n*	**Testament**
моя́ после́дняя во́ля *f*	mein letzter Wille
погиба́ть *1* / поги́бнуть *1*	**umkommen**
Миллио́ны поги́бли в лагеря́х.	Millionen kamen in den Lagern um.
голо́дная сме́рть *f*	**Hungertod**
умере́ть *1* голо́дной сме́ртью	verhungern
Миллио́ны у́мерли от го́лода.	Millionen sind verhungert.
утону́ть *1*; **утопи́ть** *2*	**ertrinken; ertränken**
Она́ утону́ла.	Sie ertrank.
смерте́льные ра́ны	tödliche Verletzungen
неизлечи́мая боле́знь *f*	**unheilbare Krankheit**
Она́ неизлечи́мо больна́.	Sie ist unheilbar krank.
эвтана́зия *f*	**Euthanasie; Sterbehilfe**
са́моуби́йство *n*; **суици́д** *m*	**Selbstmord; Freitod**
Она́ соверши́ла са́моуби́йство.	Sie beging Selbstmord.
убива́ть *1* / **уби́ть** *1*	**töten; umbringen**
Свиде́теля уби́ли.	Der Zeuge wurde umgebracht.
казнь *f* – **казни́ть** *2*	**Hinrichtung – hinrichten**

ви́ды ка́зни *(= Hinrichtungsmethoden)*:
пове́шение *n (= Erhängen)* • электросту́л *m (= elektrischer Stuhl)* • га́зовая ка́мера *f (= Gaskammer)* • расстре́л *m (= Erschießen)* • уко́л *m (= Todesspritze)* • обезгла́вливание *n (= Köpfen)* • гильоти́на *f (= Guillotine / Fallbeil)* • распя́тие *n (= Kreuzigung)* • побива́ние *n* камня́ми *(= Steinigung)* • сожже́ние *n* на костре́ *(= Verbrennen auf dem Scheiterhaufen)*

2.1 Семейные отношения
Verwandtschaftliche Beziehungen

семья́ *f*	**Familie**
оте́ц *m* – **мать** *f*	**Vater – Mutter**
сын *m* – **дочь** *f*	**Sohn – Tochter**
брат *m* – **сестра́** *f*	**Bruder – Schwester**
де́душка *m* – **ба́бушка** *f*	**Großvater – Großmutter**
внук *m* – **вну́чка** *f*	**Enkel – Enkelin**

i *Im Russischen gibt es keine Begriffe für Geschwister und Großeltern. Man verwendet* брат и сестра́ *oder im Plural* бра́тья, сёстры, *bzw.* ба́бушка и де́душка.
Vater und Mutter werden in der Regel mit па́па *und* ма́ма *angesprochen, Schwiegereltern mit Vor- und Vatersnamen und «Sie».*

Analog dem Deutschen Ur- werden die russischen Formen mit пра- *gebildet:* праде́душка *m* (= *Uropa, Urgroßvater*) • прапраба́бушка *f* (= *Ururoma, Ururgroßmutter*) • пра́внук *m* (= *Urenkel*) *etc.*

ро́дственник *m* – **ро́дственница** *f*	**der / die Verwandte**
Она́ мне не ро́дственница.	Sie ist nicht mit mir verwandt.
да́льний / бли́зкий ро́дственник	ferner / naher Verwandter
род *m*; происхожде́ние *n*	Abstammung; Herkunft
Они́ ро́дом из Москвы́.	Sie stammen aus Moskau.

Verwandtschaft durch Heirat der Kinder: тесть *m* (= *Schwiegervater, Vater der Ehefrau*) • тёща *f* (= *Schwiegermutter, Mutter der Ehefrau*) • свёкор *m* (= *Schwiegervater, Vater des Ehemannes*) • свекро́вь *f* (= *Schwiegermutter, Mutter des Ehemannes*) • зять *m* (= *Schwiegersohn*) • сноха́, неве́стка *f* (= *Schwiegertochter*)

дя́дя *m* – **тётя** *f*	**Onkel – Tante**
племя́нник *m* – **племя́нница** *f*	**Neffe – Nichte**
двою́родный брат / кузе́н *m*	Cousin
двою́родная сестра́ / кузи́на *f*	Cousine

Verwandtschaft durch neue Heirat eines Elternteils: о́тчим *m* (= *Stiefvater*) • ма́чеха *f* (= *Stiefmutter*) • па́сынок *m* (= *Stiefsohn*) • па́дчерица *f* (= *Stieftochter*) • сво́дный брат *m* (= *Stief- / Halbbruder*) • сво́дная сестра́ *f* (= *Stief- / Halbschwester*)

2.2 Брак и развод
Ehe und Ehescheidung

брак *m*; **жени́тьба** *f*	**Ehe; Heirat**
бракосочета́ние *n*	Eheschließung
сва́дьба *f*	(weltl.) **Hochzeit** / -sfeier
венча́ние *n*	(kirchl.) Trauung
выходи́ть *2* / **вы́йти*** **за́муж**	**heiraten** (über die Frau)
О́льга вы́шла за́муж за Ива́на.	Olga hat Iwan geheiratet.
Она́ за́мужем за худо́жником.	Sie ist mit einem Künstler verheiratet.
жени́ться *2*	**heiraten** (über den Mann)
Он жена́т на актри́се.	Er ist mit einer Schauspielerin verheiratet.
жени́ться *2* / **пожени́ться** *2*	**heiraten** (über beide Partner)
Они́ пожени́лись в 2002 году́.	Sie haben 2002 geheiratet.
холостя́к *m*	**Junggeselle**; Single (Mann)
Он закорене́лый холостя́к.	Er ist ein eingefleischter Junggeselle.

> **да́нные о семе́йном положе́нии** ***(= Angaben zum Familienstand)***
> за́мужем *(= verheiratet (Frau))* • жена́т *(= verheiratet (Mann))* • неза́мужем *(= ledig (Frau))* • хо́лост *(= ledig (Mann))* • разведён/разведена́ *(= geschieden (Mann/Frau))* • вдова́ *f (= Witwe)* • вдове́ц *m (= Witwer)*

гражда́нский брак	**Lebensgemeinschaft**
спу́тник *m* – спу́тница *f* жи́зни	Lebensgefährte – Lebensgefährtin
помо́лвка *f*; обруче́ние *n*	Verlobung
Они́ обручи́лись.	Sie haben sich verlobt.
жени́х *m*	**Bräutigam**; Verlobter
неве́ста *f*	**Braut**; Verlobte
де́лать *1* **предложе́ние** *n*	**einen Antrag machen**
Прошу́ тебя́ стать мое́й жено́й.	Ich bitte dich, meine Frau zu werden.
фикти́вный брак	**Scheinehe**
объявле́ние *n* **о вступле́нии в брак**	**Aufgebot**
ЗАГС (*Abk. für* отде́л за́писи а́ктов гражда́нского состоя́ния)	**Standesamt**
регистра́ция бра́ка в за́гсе	standesamtliche Eintragung der Ehe
дворе́ц *m* бракосочета́ния	Hochzeitspalast
разреше́ние *n* **на брак**	**Ehefähigkeitszeugnis**
свиде́тельство *n* **о заключе́нии бра́ка**	**Trauschein; Heiratsurkunde**
бра́чный догово́р *m*	Ehevertrag

свидéтели *m* (áкта бракосочетáния)	**Trauzeugen**
свáдебное плáтье *n*	**Hochzeitskleid**
обручáльное кольцó *n*	**Trauring; Ehering**
медóвый мéсяц *m*	**Flitterwochen**
свáдебное путешéствие *n*	**Hochzeitsreise**
Медóвый мéсяц новобрáчные провелú в Я́лте.	Ihre Flitterwochen verbrachten die Neuvermählten in Jalta.
муж *m* **и** **женá** *f*	**Ehemann** und **Ehefrau**
её бы́вший муж	ihr Exmann
супрýг *m* **– супрýга** *f*	**Gatte** – **Gattin**
супрýги *Pl* / супрýжеская пáра *f*	**Ehepaar**
день *m* **/ годовщúна** *f* **свáдьбы**	**Hochzeitstag**
серéбряная / золотáя свáдьба	silberne / goldene Hochzeit
Мы чéрез два гóда отмéтим нáшу серéбряную свáдьбу.	Wir werden in zwei Jahren unsere Silberhochzeit feiern.
брáчный – внебрáчный	**ehelich – unehelich**
брáчные и внебрáчные дéти	eheliche und uneheliche Kinder
вéрный – невéрный	**treu – untreu**
невéрность *f*	**Untreue** (*in der Ehe*)
изменя́ть *1* / изменúть *2* мýжу / женé	Ehebruch begehen
нарушéние *n* **супрýжеской вéрности**	**Ehebruch**
У негó с ней был **ромáн** ?	Hatte er ein **Verhältnis /** eine **Affäre** mit ihr?
любóвница *f*	**Geliebte**
любóвник *m*	**Liebhaber; Geliebter**
расходúться *2* **/ разойтúсь***	**sich trennen**
Егó родúтели разошлúсь.	Seine Eltern haben sich getrennt.
развóд *m* **/ расторжéние** *n* **брáка**	(Ehe-)**Scheidung**
Онá пóдала на развóд.	Sie hat die Scheidung eingereicht.
Лéна согласúлась на развóд.	Lena willigte in die Scheidung ein.
Онú развóдятся.	Sie leben in Scheidung.
Егó родúтели развелúсь.	Seine Eltern sind geschieden.
алимéнты *Plt* на детéй	**Unterhalt** für die Kinder
содержáние *n* супрýги / супрýга	**Unterhalt** des Ehepartners
Емý нáдо платúть алимéнты / содержáние бы́вшей супрýге.	Er muss seiner früheren Frau Unterhalt zahlen.
родúтельские правá *Pl*	**elterliches Sorgerecht**
лишáть *1* / лишúть *2* родúтельских прав	das Sorgerecht entziehen
По судý дéти остаю́тся с мáтерью.	Die Kinder wurden der Mutter zugesprochen.

2.3 Родители и дети
Eltern und Kinder

бере́менность *f*	**Schwangerschaft**
декре́тный о́тпуск *m*	**Schwangerschaftsurlaub**
у́тренняя тошнота́ *f*; **токсико́з** *m*	**morgendliche Übelkeit**

Dass eine Frau schwanger ist, kann auf unterschiedliche Weise ausgedrückt werden: Она́ бере́менная. (= *Sie ist schwanger.*) • Она́ ждёт ребёнка. (= *Sie erwartet ein Kind.*) • Она́ в положе́нии. (= *Sie ist in anderen Umständen.*) • У них намеча́ется приба́вление семе́йства. (= *Bei ihnen zeichnet sich Familienzuwachs ab.*)

Мы хоти́м завести́ дете́й.	Wir wollen Kinder haben.
забере́менеть *1*	schwanger werden
родовы́е схва́тки *Pl*	(Geburts-)**Wehen**
акуше́рка *f*	**Hebamme**
ро́ды *Plt*; **рожде́ние** *n*	**Entbindung; Geburt**
до / по́сле ро́дов	vor / nach der Geburt
от / с рожде́ния	von Geburt an
свиде́тельство *n* **о рожде́нии** / ме́трика *f*	**Geburtsurkunde**
рожа́ть *1* / роди́ть *2* ребёнка	ein Kind zur Welt bringen / entbinden
роди́ться *2*	**geboren werden**
Я родила́сь / роди́лся в 1962 году́.	Ich bin 1962 geboren.
У ни́х родила́сь дочь / роди́лся сын.	Sie haben eine Tochter / einen Sohn bekommen.

Bei der Angabe, wie viel Kinder man hat, werden im Russischen in Abhängigkeit von der Zahl verschiedene Substantive verwendet: У нас один **ребёнок.** (= *Wir haben ein Kind.*) *Aber:* У нас двóе/ трóе/ чéтверо **детéй.** (= *Wir haben zwei/drei/vier Kinder.*)

ке́сарево сече́ние *n*	**Kaiserschnitt**
вы́кидыш *m*	**Fehlgeburt**
де́лать *1* / сде́лать *1* **або́рт**	eine **Abtreibung** vornehmen
преждевре́менные ро́ды	**Frühgeburt**
недоно́шенный	Frühgeburt (*über das Kind*)
близнецы́ *Pl* – тро́йня *f*	**Zwillinge** – Drillinge
креще́ние *n*	**Taufe**
кре́стник *m* – кре́стница *f*	Patensohn – Patentochter
крёстный оте́ц – крёстная мать	Patenonkel – Patentante
грудно́й ребёнок *m* / **младе́нец** *m*	**Säugling**
корми́ть *2* ребёнка	das Kind **füttern**

кормить грудью	**stillen**
кормить из рожка	mit der Flasche ernähren
пелёнка *f*	**Windel**
пеленать *1* / спеленать *1* ребёнка	das Baby **wickeln**
купать *1* ребёнка	das Baby **baden**
колыбельная песня *f*	**Wiegenlied; Schlaflied**
сказка *f* на ночь	Gutenachtgeschichte
попечение *n*; **присмотр** *m*	**Obhut; Pflege**
Тётя взяла ребёнка на попечение.	Die Tante nahm das Kind in ihre Obhut.
приёмные родители	**Pflegeeltern**
приёмный ребёнок *m*	**Adoptivkind**
усыновлять *1* / **усыновить** *2*	**adoptieren** (einen Jungen)
усыновление *n*	**Adoption** (eines Jungen)
удочерять *1* / **удочерить** *2*	**adoptieren** (ein Mädchen)
удочерение *n*	**Adoption** (eines Mädchens)
Мать дала согласие на усыновление / удочерение ребёнка.	Die Mutter gab das Kind zur Adoption frei.
опекун *m* – **опека** *f*	**Vormund – Vormundschaft**
сирота *f*	**Waise**(nkind)
сиротский приют *m*; детский дом *m*	Waisenhaus; Kinderheim
мать-одиночка *f*	**alleinerziehende Mutter**
работающая мать *f*	berufstätige Mutter
быть* похожей / похожим	**jemandem ähneln**
Она похожа на свою мать.	Sie kommt nach ihrer Mutter.
воспитание *n*	**Erziehung**
воспитывать *1* / **воспитать** *1*	**erziehen**
Она хорошо воспитана.	Sie ist gut erzogen.
образование *n*	**Bildung**
дать* образование	bilden
особо одарённые дети	besonders begabte Kinder
умственно отсталый ребёнок	geistig behindertes Kind
хвалить *2* / **похвалить** *2*	**loben**
бить *1* / **побить** *1* ребёнка	ein Kind **schlagen / hauen**
ругать *1* / **отругать** *1*	**ausschimpfen**
Она ругала ребёнка за то, что он побил друга.	Sie schimpfte mit dem Kind, weil es den Freund gehauen hatte.
баловать *1* / **избаловать** *1* детей	Kinder **verziehen / verwöhnen**
забрасывать *1* / **забросить** *2* детей	Kinder **vernachlässigen**
подбрасывать *1* / **подбросить** *2* ребёнка	ein Kind **aussetzen**
истязать *1* ребёнка	ein Kind **misshandeln**
истязание *n* / **изнасилование** *n* ребёнка	Kindes**misshandlung** / **-missbrauch**

3.1 Продукты Nahrungsmittel

пи́ща *f* (= *Nahrung / Speise / Kost*) • продово́льственные проду́кты / проду́кты пита́ния / пищевы́е проду́кты *Plt* (= *Nahrungsmittel / Lebensmittel*) • блю́да бы́строго приготовле́ния / фаст-фуд (= *Schnellgerichte / Fastfood*)

молоко́ *n* и моло́чные проду́кты (= *Milch und Milchprodukte*) це́льное молоко́ (= *Vollmilch*) • нежи́рное молоко́ (= *fettarme Milch*) • сли́вки *Plt* (= *Sahne*) • (сли́вочное) ма́сло *n* (= *(Tafel-)Butter*) • смета́на *f* (= *saure Sahne* / Schmand) • моро́женое *n* (= *Speiseeis*) • йо́гурт *m* (= *Joghurt*) • кефи́р *m* (= *Kefir*) • творо́г *m* (= *Quark*) • сыр *m* (= *Käse*) • ко́зий сыр (= *Ziegenkäse*) • бры́нза *f* (= *Schafskäse*) • швейца́рский сыр (= *Schweizer Käse*)

яйцо́ *n* (= *Ei*) • яйцо́ всмя́тку (= *weich gekochtes Ei*) • яйцо́ вкруту́ю / круто́е яйцо́ (= *hart gekochtes Ei*) • яи́чница-глазу́нья *f* (= *Spiegelei*) • яи́чница-болту́нья *f* (= *Rührei*) • омле́т *m* (= *Omelett*)

хлеб *m* (= *Brot*) • бе́лый хлеб / пшени́чный хлеб *m* / бу́лка *f* (= *Weißbrot / Weizenbrot*) • бато́н *m* бе́лого хле́ба (= *Weißbrot(laib)*) • баге́т *m* / францу́зский бато́н (= *Baguette*) • чёрный хлеб (= *Schwarzbrot*) • буха́нка *f* чёрного хле́ба (= *Schwarzbrot(laib)*)• хлеб из ржано́й муки́ (= *Roggenbrot*) • бу́лочка *f* (= *Kuchenbrötchen*) • бутербро́д *m* (= *belegtes Brot*)

вы́печка *f* (= *Backwaren / Gebäck*) • кекс *m* (= *vergleichbar dem Rührkuchen, Gugelhupf etc.*) • торт *m* (= *Torte*) • пиро́г *m* (= *Pirogge, gefüllter Kuchen*) • пиро́г с я́блоками / с мя́сом (= *Apfel- / Fleischtasche*) • пиро́жное *n* (= *Törtchen*) • ва́фля *f* (= *Waffel*) • пря́ник *m* (= *Pfefferkuchen*) • пече́нье *n* (= *Keks / Plätzchen*)

зерно́ *n* **/ зла́ки** (= *Getreide*) • рожь *f* (= *Roggen*) • пшени́ца *f* (= *Weizen*) • овёс *m* (= *Hafer*) • рис *m* (= *Reis*) • мука́ *f* (= *Mehl*)

зерновы́е хло́пья / ка́ши (= *Getreideflocken / Breie*) • кукуру́зные хло́пья (= *Cornflakes*) • овся́ные хло́пья (= *Haferflocken*) • овся́ная ка́ша *f* (= *Haferbrei*) • гре́чневая ка́ша *f* / гре́чка *f ugs.* (= *Buchweizenbrei*)

сла́дости / ла́комства (= *Süßigkeiten / Naschereien*) • ледене́ц *m*, конфе́та *f* (= *Bonbon*) • караме́ль *f* (= *Karamellbonbon*) • (шокола́дная) конфе́та *f* (= *Praline*) • шокола́д *m* (= *Schokolade*)

макаро́нные изде́лия (= *Teigwaren / Nudeln*) • лапша́ *f* (= *Nudeln / Bandnudeln*) • вермише́ль *f* (= *Fadennudeln*) • спаге́тти *Plt* • макаро́ны *Plt* • пельме́ни *Plt* (= *mit Fleisch gefüllte Nudelteigtäschchen*)

мучны́е изде́лия (= *Teigwaren*) • те́сто *n* (= *Teig*) • варе́ник *m* с начи́нкой (= *Teigtasche mit süßer Füllung*) • ола́дья *f* / блин *m* (= *Fladen / Pfannkuchen mit verschiedenem Belag*) • пи́цца *f*

мя́со *n* (= *Fleisch*) • говя́дина *f* (= *Rindfleisch*) • свини́на *f* (= *Schweinefleisch*) • теля́тина *f* (= *Kalbfleisch*) • бара́нина *f* (= *Lammfleisch / Hammelfleisch*) • ветчина́ *f* (= *Schinken*)

пти́ца *f* (= *Geflügel*) • ку́рица *f* – куря́тина *f* (= *Huhn – Hühnerfleisch*) • цыплёнок *m* (= *Hühnchen)* • у́тка *f* – утя́тина *f* (= *Ente – Entenfleisch*) • гусь *m* – гуся́тина *f* (= *Gans – Gänsefleisch*)

колбаса́ (= *Wurst*) • ли́верная колбаса́ *f* (= *Leberwurst*) • паште́т *m* (= *Pastete*) • моло́чная / ве́нская соси́ска *f* (= *Milchwürstchen / Wiener Würstchen*) • сарде́лька *f* (= *Bockwurst*) • жа́ренная колба́ска *f* (= *Bratwurst*) • варёная колбаса́ *f* (= *Brühwurst*) • копчёная колбаса́ *f* (= *geräucherte Wurst*) • колба́сная наре́зка *f* (= *Wurstaufschnitt*)

ры́ба *f* (= *Fisch*) • **морепроду́кты** *Plt* (= *Meeresprodukte*) • у́горь *m* (= *Aal*) • сельдь *f* / селёдка *f* (= *Hering*) • лосо́сь *m* / сёмга *f* (= *Lachs*) • копчёный лосо́сь *m* (= *Räucherlachs*) • форе́ль *f* (= *Forelle*) • туне́ц *m* (= *Thunfisch*) • креве́тка *f* (= *kleinere Krabbe / Garnele*) • икра́ *f* (= *Kaviar*)

суп *m* (= *Suppe*) • бульо́н *m* (= *klare Suppe / Brühe*) • борщ *m* (= *Kohlsuppe mit roten Rüben*) • щи *Plt* (= *Weißkohlsuppe*) • уха́ *f* (= *Fischsuppe*) • окро́шка *f* (= *kalte Suppe mit Fleisch, Gemüse und Ei*) • суп *m* с лапшо́й (= *Nudelsuppe*)

со́ус *m* (= *Soße*) • тома́тный со́ус (= *Tomatensoße*) • горчи́чный со́ус (= *Senfsoße*) • голла́ндский со́ус (= *Sauce hollandaise*) • майоне́з *m* (= *Mayonnaise*)

расти́тельное ма́сло *n* (= *Pflanzenöl*) • подсо́лнечное ма́сло (= *Sonnenblumenöl*) • оли́вковое ма́сло (= *Olivenöl*) • ра́псовое ма́сло (= *Rapsöl*)

жиры́ (= *Fette*) • маргари́н *m* (= *Margarine*) • топлёное са́ло *n* / сма́лец *m* (= *Schmalz*)

пря́ности (= *Gewürze*) • припра́ва *f* (= *Gewürz; Zutat*) • спе́ции (= *Gewürze; Spezereien*) • соль *f* (= *Salz*) • пе́рец *m* (= *Pfeffer*) • горчи́ца *f* (= *Senf*) • чесно́к *m* (= *Knoblauch*) • петру́шка *f* (= *Petersilie*) • вани́ль *f* (= *Vanille*)) • кори́ца *f* (= *Zimt*)) • укро́п *m* (= *Dill*)

о́вощи *Pl* (= *Gemüse*) • фасо́ль *f* (= *Bohnen*) • горо́х *m* (= *Erbsen*) • капу́ста *f* (= *Kohl*) • цветна́я капу́ста (= *Blumenkohl*) • зелёный сала́т *m* (= *grüner Salat / Eisbergsalat*) • помидо́р *m* / тома́т *m* (= *Tomate*) • огуре́ц *m* (= *Gurke*) • лук *m* (= *Zwiebel*) • зелёный лук *m* (= *Lauch*) • реди́с *m* (= *Radieschen*) • морко́вь *f* (= *Möhre*) • кукуру́за *f* (= *Mais*) • грибы́ (= *Speisepilze*) • хрен *m* (= *Meerrettich*) • свёкла *f* (= *Rote Bete*) • оли́вка *f* (= *Olive*)

карто́фель *m* / **карто́шка** *f* (= *Kartoffeln*) • отварно́й крато́фель (= *Salzkartoffeln*) • жа́реный карто́фель (= *Bratkartoffeln*) • карто́фель «фри» (= *Pommes frites*) • карто́фельное пюре́ *n* (= *Kartoffelbrei*) • карто́фельный сала́т *m* (= *Kartoffelsalat (deutsche Küche)*) • карто́фельная запека́нка *f* (= *Kartoffelauflauf*)

фру́кты *Pl* (= *Obst*) • я́блоко *n* (= *Apfel*) • гру́ша *f* (= *Birne*) • ви́шня *f* (= *Sauerkirsche*) • чере́шня *f* (= *Süßkirsche*) • сли́ва *f* (= *Pflaume*) • я́года *f* (= *Beere*) • чёрная / кра́сная сморо́дина *f* (= *schwarze / rote Johannisbeere*) • клубни́ка *f* (= *Erdbeere*) • пе́рсик *m* (= *Pfirsich*) • виногра́д *m* (= *Weintrauben*) • арбу́з *m* (= *Melone*) • ды́ня *f* (= *Zuckermelone*) • лимо́н *m* (= *Zitrone*)

оре́х *m* (= *Nuss*) • гре́цкий оре́х (= *Walnuss*) • лесно́й оре́х (= *Haselnuss*) • фиста́шковый оре́х / фиста́шка *f* (= *Pistazie*)

сала́т *m* (= *Salat*) • со́ус *m* для сала́та (= *Salatsoße*) • овощно́й сала́т (= *gemischter Salat*) • винегре́т *m* (= *Gemüsesalat mit roten Beeten und anderen Zutaten, auch russischer Salat genannt*) • сала́т из помидо́р (= *Tomatensalat*) • фрукто́вый сала́т (= *Obstsalat*) • сала́т «Столи́чный» / «Оливье́» (= *Kartoffelsalat mit Fleisch / Hühnerfleisch*)

Um zu unterstreichen, dass etwas frisch ist, sagt man:
свежепригото́вленный (= *frisch zubereitet*) – торт, сала́т, винегре́т
свежеиспечённый (= *frisch gebacken*) – хлеб
свежесо́бранные (= *frisch gesammelt*) – я́годы, грибы́
све́жие (= *frische*) – я́йца, фру́кты.

3.2 Напитки и курение
Trinken und Rauchen

напи́ток *m*	**Getränk**
безалкого́льные напи́тки	alkoholfreie Getränke
алкого́льные / спиртны́е напи́тки	alkoholische Getränke / Spirituosen
(минера́льная) **вода́** *f*	(Heil-)**Wasser**
газиро́ванная вода́	Sprudel
вода́ с га́зом / без га́за	Wasser mit / ohne Kohlensäure
питьева́я вода́	Trinkwasser
лимона́д *m*	**Limo(nade) / Brause**
ко́ка-ко́ла *f* / пе́пси-ко́ла *f*	Coca-Cola™ / Pepsi™
сок *m*	**Saft**
я́блочный / анана́совый сок	Apfelsaft / Ananassaft
апельси́новый / тома́тный сок	Orangensaft / Tomatensaft
компо́т *m*	Getränk mit Fruchtstücken
молоко́ *n*	**Milch**
моло́чный кокте́йль *m*	Milchshake; Milchmixgetränk
ко́фе *m*	**Kaffee**
чёрный / кре́пкий ко́фе	schwarzer / starker Kaffee
ко́фе с молоко́м	Kaffee mit Milch
ко́фе по-восто́чному	Kaffee türkisch
ко́фе без кофеи́на	koffeinfreier Kaffee
шокола́д *m* **/ кака́о** *n*	**Trinkschokolade / Kakao**
(чёрный / зелёный) **чай** *m*	(schwarzer / grüner) **Tee**
Поста́вить чай?	Soll ich Tee machen?

i *Zur russischen, leider in Vergessenheit geratenden Tradition der Teezeremonie* (чаепи́тие *n*) *gehört der* самова́р, *in dem das Wasser erhitzt wird. Die Teeblätter in einer Keramikkanne werden mit dem heißen Wasser* (кипято́к *m*) *übergossen. So entsteht der Sud* (зава́рка *f*). *Die* зава́рка *wird in den Tassen mit* кипято́к *verdünnt. Außerdem sind obligatorisch:* лимо́н *m*, варе́нье *n (eine Art Konfitüre, die in den Tee gegeben wird), dazu werden* пироги́, су́шки *(feste Teigkringel) u.a. Gebäck gereicht.*

травяно́й чай	Kräutertee
насто́й *m* / чай **из рома́шки**	**Kamillentee**
ли́повый чай	Lindenblütentee

i *Ein traditionelles russisches alkoholfreies Getränk ist* **квас** *m, hergestellt aus Roggenbrot und Gerstenmalz. Besonders beliebt ist* квас *im Sommer wegen seines erfrischenden, belebenden Geschmacks.*

пить *1* / **вы́пить** *1*	**trinken**
пить молоко́ / чай	Milch / Tee trinken
Я уже́ вы́пил ча́шку ко́фе.	Ich habe schon eine Tasse Kaffee getrunken.
Она́ не пьёт (спиртно́го).	Sie trinkt keinen Alkohol.
выпива́ть *1*	Alkohol trinken
Он лю́бит выпива́ть.	Er trinkt gern einen.
Он вы́пил.	Er ist angeheitert.
пить / вы́пить до́ дна	das Glas bis auf den Grund leeren
све́тлое / тёмное **пи́во** *n*	helles / dunkles **Bier**

In Russland ist es üblich, zu jedem Gläschen Alkohol einen Trinkspruch auszubringen. Beispiele sind: За здоро́вье! (= *Auf die Gesundheit!*) • За знако́мство! (= *Auf unsere Bekanntschaft!*) • За нас! (= *Auf uns!*) • За ва́ше сча́стье! (= *Auf euer Glück*!) • За встре́чу! (= *Auf unsere Begegnung!*)

бе́лое / кра́сное вино́ *n*	**Weißwein / Rotwein**
сухо́е / полусухо́е / сла́дкое вино́	trockener / halbtrockener / süßer Wein
молодо́е вино́	junger Wein, Heuriger
шампа́нское *n*	Champagner (*wird auch für Schaumweine nichtfranzösischen Ursprungs verwendet*)
шипу́чее *n* / игри́стое *n*	Schaumwein / Sekt
во́дка *f*	**Wodka**
насто́йка *f*	Kräuterlikör / Kräuterschnaps
ликёр *m*; конья́к *m*	Likör; Kognak
джин *m*; ром *m*; ви́ски *n*	Gin; Rum; Whiskey
кури́ть *2*	**rauchen**
Кури́ть запрещено́.	Rauchen verboten.
Про́сьба не кури́ть.	Bitte nicht rauchen.
куря́щий	**Raucher**
Он некуря́щий.	Er ist Nichtraucher.
сигаре́та *f*	**Zigarette**
сигаре́та с фи́льтром / без фи́льтра	Zigarette mit / ohne Filter
па́чка *f* / блок *m* сигаре́т	Zigarettenschachtel / -stange
зажига́ть *1* / **заже́чь*** сигаре́ту	eine Zigarette **anzünden**
туши́ть *2* / **потуши́ть** *2* сигаре́ту	eine Zigarette **ausmachen**
сига́ра *f*	Zigarre
тру́бка *f*	Pfeife
таба́к *m*	Tabak
спи́чка *f*; **зажига́лка** *f*	**Streichholz; Feuerzeug**
пе́пельница *f*	Aschenbecher
дым *m*	Rauch

3.3 Кухня Küche

ру́сская / неме́цкая ку́хня *f*	russische / deutsche Küche
гото́вить *2* / **пригото́вить** *2*	**kochen / zubereiten**
гото́вить сала́т / со́ус	Salat / Soße zubereiten
Она́ о́чень хорошо́ гото́вит.	Sie kocht sehr gut.
вари́ть *2* / **свари́ть** *2*	**kochen**
вари́ть карто́шку / я́йца	Kartoffeln / Eier kochen
кипяти́ть *2* / **вскипяти́ть** *2* во́ду	Wasser **zum Kochen bringen**
Вода́ вскипе́ла.	Das Wasser hat gekocht.
туши́ть *2* / **потуши́ть** *2* мя́со / о́вощи	Fleisch **schmoren** / Gemüse **dämpfen**
жа́рить *2* / **зажа́рить** *2*	braten
жарко́е *n* (из свини́ны)	(Schweine-)Braten
жа́рить **отбивну́ю** на гри́ле	ein **Steak** grillen
жа́ренная ку́рица	Brathähnchen
(мясно́й) фарш / ру́бленное мя́со	Hackfleisch / Gehacktes
котле́та *f* / **шни́цель** *m*	**Bulette**
фрикаде́лька *f*	Fleischklößchen
печь * / **испе́чь***	**backen**
дрожжево́е / слоёное **те́сто**	Hefe- / Blätter**teig**
кулина́рная кни́га *f* **(реце́птов)**	**Kochbuch**
чи́стить *2* / **почи́стить** *2* о́вощи	Gemüse **putzen**
почи́стить карто́шку	Kartoffeln schälen
соли́ть *2* / **посоли́ть** *2*	**salzen**
пе́рчить *2* / попе́рчить *2*	mit Pfeffer bestreuen
переме́шивать *1* / **перемеша́ть** *1*	**(um)rühren**
добавля́ть *1* / **доба́вить** *2*	**hinzufügen**
взбива́ть *1* / **взбить** *1* белки́ в пе́ну	Eiweiß schaumig **schlagen**
отдели́ть *2* бело́к от желтка́	Eiweiß vom Eigelb **trennen**
ре́зать *1* / **наре́зать** *1* то́нкими ло́мтиками	in Scheiben schneiden
кофева́рка *f*	**Kaffeemaschine**
то́стер *m*	**Toaster**
жа́рить хлеб в то́стере	Brot toasten
га́зовая / электри́ческая плита́ *f*	**Gas- / Elektroherd**
духо́вка *f*	**Backofen**
микроволно́вая печь *f* / **микроволно́вка** *f ugs.*	**Mikrowellenherd / Mikrowelle**
кастрю́ля *f*; сковоро́дка *f*	**Kochtopf**; Pfanne
скорова́рка *f*	Schnellkochtopf
прихва́тка *f*	Topflappen
кофе́йник *m*; **ча́йник** *m*	**Kaffeekanne; Teekanne / Teekessel**

электроча́йник *m*	**Wasserkocher**
холоди́льник *m*	**Kühlschrank**
класть *1* / положи́ть *2* проду́кты в холоди́льник	Lebensmittel in den Kühlschrank legen
морози́лка *f*	**Tiefkühltruhe / Gefrierschrank**
замора́живать *1* **/ заморо́зить** *2* мясо	Fleisch **einfrieren**
посудомо́ечная маши́на / посудомо́йка *f ugs*	**Spülmaschine / Geschirrspüler**
посу́да *f*	**Geschirr**
столо́вый серви́з *m*	Essservice
таре́лка *f*	**Teller**
глубо́кая / ме́лкая таре́лка	Suppenteller / Essteller
ча́шка *f*; **блю́дце** *n*	**Tasse; Untertasse**
блю́до *n*	Kuchenteller / flache Schüssel
кру́жка *f*	große Tasse / Krug
горшо́к *m*	Tontopf
буты́лка *f* вина́ / воды́	eine **Flasche** Wein / Wasser
те́рмос *m*	Thermosflasche
стака́н *m*	**Glas; Becher / großes Glas**
подстака́нник *m*	Teeglashalter
рю́мка *f* для ликёра	**Likörglas**
сто́пка *f* для ви́ски / во́дки	**Whiskey- / Wodkaglas**
бока́л *m* **/ фуже́р** *m*	**Wein- / Sektglas**
ба́нка *f*	**Glas / Einweckglas; Dose / Konservenbüchse**
ба́нка джéма / с джéмом	Marmeladenglas
консерви́ровать *1* **/ законсерви́ровать** *1*	einmachen / einwecken
консе́рвный нож *m* / открыва́лка *f ugs* для ба́нок / буты́лок	Büchsenöffner / Dosenöffner / Flaschenöffner
што́пор *m*	**Korkenzieher**
нож *m*; **ви́лка** *f*	**Messer; Gabel**
ло́жка *f*	**Löffel**
столо́вая / ча́йная ло́жка	Esslöffel / Teelöffel
две ча́йные ло́жки са́хара	zwei Teelöffel Zucker
поло́вник *m*; поварёшка *f*	Kelle; Schöpflöffel
подно́с *m*	**Tablett**
накрыва́ть *1* / накры́ть *1* на стол	den Tisch decken
ска́терть *f*	**Tischdecke**
салфе́тка *f*	**Serviette**
све́ча *f*; **подсве́чник** *m*	**Kerze; Kerzenständer**

3.4 Когда что едят
Wann man was isst

есть * / **съесть***	**essen**
Она́ не ест мя́со.	Sie isst kein Fleisch.
Он всё съе́л.	Er hat alles aufgegessen.
Мне хо́чется есть / пить.	**Ich möchte etwas essen / trinken.** *Auch im Sinne von* **Ich bin hungrig / durstig.**
ку́шать *1* / **ску́шать** *1*	**essen**
Ку́шайте, пожа́луйста.	Bitte, greifen Sie zu / essen Sie.
пое́сть / поку́шать – попи́ть *1*	etwas essen – trinken
наеда́ться *1* / нае́сться*	sich satt essen / satt sein
Она́ нае́лась.	Sie ist satt.
за́втрак *m*	**Frühstück**
Я пью ко́фе на за́втрак.	Ich trinke zum Frühstück Kaffee.
за́втракать *1* / **поза́втракать** *1*	**frühstücken**
Когда́ мы бу́дем за́втракать?	Wann frühstücken wir?

i *Das russische Frühstück fällt in der Regel kräftig aus und umfasst neben* бутербро́ды с колбасо́й и́ли сы́ром *auch warme Speisen, wie* ка́ша, варённые и́ли жа́ренные соси́ски, яи́чница-глазу́нья и́ли яи́чница-болту́нья. *Dazu trinkt man* сок, чай и́ли ко́фе.

обе́д *m*	**Mittagessen**
обе́дать *1* / **пообе́дать** *1*	**zu Mittag essen**
Прия́тного аппети́та!	**Guten Appetit!**

i *Das* обе́д *besteht aus wenigstens zwei Gängen, einer Suppe und dem Hauptgericht, an Feiertagen auch mehr. Zu allen Gerichten, außer dem Dessert, wird Brot gereicht. Anschließend wird* чай или ко́фе *getrunken.*

у́жин *m*	**Abendessen**
у́жинать *1* / **поу́жинать** *1*	**zu Abend essen**
К нам на у́жин приду́т го́сти.	Wir bekommen Gäste zum Abendessen.
Мы сего́дня идём у́жинать в рестора́н.	Wir gehen heute Abend ins Restaurant essen.

3.5 В ресторане Im Restaurant

Где мóжно поéсть (= *Wo man essen kann*):
ресторáн *m* (= *Restaurant)* • закýсочная *f* (= *Schnellimbiss*) • кафé *n* (= *kleines Restaurant / Cafe*) • кафé-морóженое *n* (= *Eiscafe*) • буфéт *m* (= *Imbiss, oft in Hotels, auf Bahnhöfen*) • столóвая *f* (= *Kantine / Mensa*) • вагóн-ресторáн *m* (= *Speisewagen*) • придорóжный ресторáн *m* (= *Raststätte*) • пельмéнная *f* (= *Gaststätte, in der in erster Linie Pelmeni angeboten werden*) • пиццерúя *f* • бар *m*

i *Wussten Sie, dass die Bezeichnung* бистрó *n* (= *Bistro*) *der Legende nach aus dem Russischen kommt? Nach dem Sieg über Napoleon hielten sich viele russische Offiziere in Paris auf. In den Cafés forderten sie die Kellner mit* „Бы́стро, бы́стро!“ *(= schnell, schnell) auf, sie zügiger zu bedienen. Durch die Endbetonung im Französischen entstand daraus* бистрó.

закáзывать *1* / **заказáть** *1* стол	einen Tisch **bestellen**
Нам стóило бы заказáть стол.	Wir hätten besser einen Tisch bestellen sollen.
Вы закáзывали стол?	Haben Sie einen Tisch reserviert?
гардерóб *m*	**Garderobe**
менió *n*	**Speisekarte**
Бýдьте добры́, принесúте менió.	Bringen Sie bitte die Speisekarte.
кáрта *f* **вин**	**Weinkarte**
блю́да и напúтки	**Gerichte und Getränke**
закáз *m*	**Bestellung**
Что вы бýдете закáзывать?	Was möchten Sie bestellen?
Разрешúте принятъ закáз?	Darf ich Ihre Bestellung aufnehmen?
закýска *f*	**Vorspeise; kleine Mahlzeit**
пéрвое *n*	**1. Gang,** meistens Suppe
вторóе *n*	**Hauptgericht**
десéрт *m*	**Dessert; Nachtisch**
Что желáете заказáть на закýску / пéрвое / десéрт?	Was hätten Sie gern als Vorspeise / 1. Gang / Dessert?
Что вы бýдете на вторóе?	Was nehmen Sie als Hauptgericht?
перекусúть *2*; закусúть *2*	eine Kleinigkeit essen; etwas dazu essen (zum Alkohol)
Я хотéла бы пельмéни со сметáной.	Ich nehme Pelmeni mit sauerer Sahne.
гарнúр *m*	**Beilage**

мясно́е / ры́бное / вегетариа́нское блю́до — Fleisch- / Fischgericht / vegetarisches Gericht

выбира́ть *1* / **вы́брать*** — wählen; auswählen

Вы вы́брали вино́? — Haben Sie einen Wein gewählt?

рекомендова́ть *1* / **порекомендова́ть** *1* — empfehlen

Что вы порекоменду́ете? — Was würden Sie empfehlen?

Э́того у нас, к сожале́нию, в меню́ нет. — Das haben wir leider nicht im Angebot.

А моро́женное у вас есть? — Haben Sie auch Eis?

счёт *m* — **Rechnung**

Принеси́те, пожа́луйста, счёт. — Bringen Sie bitte die Rechnung!

пла́та *f* за обслу́живание / чаевы́е — Bedienungsgeld / Trinkgeld

Чаевы́е не вхо́дят в счёт. — Bedienung nicht inbegriffen. *(Es ist in Russland üblich, je nach Restaurant 5 – 15% Trinkgeld zu geben.)*

ме́неджер / управля́ющий *m* — **Geschäftsführer**

Позови́те, пожа́луйста, управля́ющего. — Ich möchte bitte den Geschäftsführer sprechen.

рабо́тники рестора́на (= ***Restaurantpersonal*****)**
метрдоте́ль *m* (= *Maitre d`hotel*) • гардеро́бщик *m* – гардеро́бщица *f* (= *Garderobier – Garderobenfrau*) • официа́нт *m* – официа́нтка *f* (= *Kellner – Kellnerin*) • ста́рший официа́нт (= *Oberkellner*) • помо́щник *m* официа́нта (= *Hilfskellner*) • ба́рмен *m* (= *Barkeeper*) • по́вар (= *Koch – Köchin*) • шеф-по́вар (= *Küchenchef*) • конди́тер *m* (= *Konditor – Konditorin*) • пе́карь (= *Bäcker – Bäckerin*) • буфе́тчик *m* – буфе́тчица *f (= Bedienung im* буфе́т) • мо́йщик *m* – мо́йщица *f* посу́ды (= *Abwäscher – Abwäscherin*)

шве́дский стол *m* — **Büfett**

Гости́ница предлага́ет отли́чный шве́дский стол. — Das Hotel bietet ein ausgezeichnetes Frühstücksbüfett.

сала́тный бар *m* — **Salattheke**

по́рция *f* — **Portion**

подходи́ть *2* / **подойти́*** — **passen**

К ры́бе лу́чше всего́ подхо́дит бе́лое вино́. — Zum Fisch passt am besten Weißwein.

К ры́бе я хоте́л бы сухо́е вино́. — Zum Fisch hätte ich gern einen trockenen Wein.

Блю́да (= *Gerichte*)

Холо́дные заку́ски (= *kalte Vorspeisen*)
сала́т весе́нний (= *Frühlingssalat*) • винегре́т с се́льдью (= *Rote-Beete-Salat mit Hering*) • грибы́ марино́ванные (= *marinierte Pilze*) • ква́шеная капу́ста (= *Sauerkraut*) • сала́т «Столи́чный» (= *Kartoffelsalat mit Fleisch*) • мясно́е / ры́бное ассорти́ (= *Wurst- / Fischplatte*)

Горя́чие заку́ски (= *warme Vorspeisen*)
блины́; бли́нчики (= *flache Pfannkuchen*) • ола́дьи из морко́ви (= *Fladen aus Möhren*) • сы́рники / дра́ники (= *Fladen aus Quark / Kartoffeln*) • гре́нки со шпина́том (= *Toast mit Spinat*) • грибно́й жюлье́н (= *Pilz-Julienne*)

Пе́рвые блю́да (= *1. Gang*)
грибно́й бульо́н (= *Pilzbouillon*) • щи (= *Weißkrautsuppe*) • борщ (= *Krautsuppe mit roten Rüben*) • рассо́льник (= *Fleischsuppe mit Salzgurken*) • карто́фельная похлёбка (= *Kartoffelsuppe*) • кури́нный суп (= *Hühnersuppe*) • сы́рный суп по-францу́зски (= *französische Käsesuppe*)

Вторы́е блю́да (= *Hauptgang*)
котле́та по-ки́евски (= *paniertes Hühnerfleisch*) • жарко́е из у́тки (= *Entenbraten*) • беф-стро́ганов / мя́со по-стро́гановски (= *Beaf Stroganow*) • ро́стбиф (= *Rostbeaf*) • филе́ жа́реное (= *gebratenes Filet*) • гуля́ш (= *Gulasch*) • антреко́т (= *Minutensteak*) • вы́резка (= *Lende*)

Гарни́ры (= *Beilagen*)
карто́фель, запечённый в фольге́ (= *Folienkartoffel*) • карто́фельное пюре́ (= *Kartoffelpürée*) • кроке́ты (= *Kroketten*) • макаро́ны (= *Makkaroni*) • ри́совые котле́ты (= *Reisklopse*) • цветна́я капу́ста (= *Blumenkohl*) • тушёные о́вощи (= *gedämpftes Gemüse*) • гре́ча (= *Buchweizen*)

Десе́рты (= *Dessert*)
кисе́ль клю́квенный (= *Moosbeerkissél*) • сала́т из ды́ни (= *Salat aus Zuckermelone*) • запечёные я́блоки (= *gebackene gefüllte Äpfel*) • фрукто́вый сала́т (= *Obstsalat*) • творо́г с абрико́сами (= *Quark mit Aprikosen*) • моро́женое с фру́ктами (= *Eis mit Früchten*)

3.6 Одежда Kleidung

одéжда *f*	**Kleidung; (Anzieh-)Sachen**
жéнская и мужскáя одéжда	Damen- und Herrenbekleidung
одевáть *1* **/ одéть** *1* ребёнка	das Kind **anziehen**
раздевáть *1* **/ раздéть** *1* ребёнка	das Kind **ausziehen**
Онá былá одéта в чёрное.	Sie war schwarz gekleidet.
одевáться *1* **/ одéться** *1*	**sich anziehen, kleiden**
Онá всегдá одевáется **мóдно**.	Sie kleidet sich immer **modisch**.
раздевáться *1* **/ раздéться** *1*	**sich ausziehen**
Раздевáйтесь, пожáлуйста!	Bitte, legen Sie ab.
надевáть *1* **/ надéть** *1*	**etw. anziehen, aufsetzen**
Надéнь пальтó!	Zieh einen Mantel an!
снимáть *1* **/ снять*** пальтó	den Mantel ablegen.
ткань *f*; трикотáж *m*	Stoff; Trikotage

пальтó, пиджакú и костю́мы (= ***Mäntel, Jacken und Anzüge*****)**
пальтó *n* (= *Mantel*) • пиджáк *m* (= *Jackett / Sakko*) • жакéт *m* (= *Damenjacke*) • кýртка *f* (= *wärmere Jacke / Anorak*) • плащ *m* (= *Regenmantel*) • шýба *f* (= *Pelzmantel*) • костю́м *m* (= *Anzug / Kostüm*) • костю́м-двóйка / костю́м-трóйка (= *2teiliger / 3teiliger Anzug*) • брю́чный костю́м (= *Hosenanzug*) • жилéт *m* (= *Weste*) • спортúвный / тренирóвочный костю́м (= *Trainingsanzug*)

плáтья (= ***Kleider*****)**
плáтье *n* (= *Kleid*) • плáтье с разрéзом (= *Kleid mit Gehschlitz*) • вечéрнее плáтье (= *Abendkleid*) • плáтье-костю́м (= *Jackenkleid*)

блýзки, рубáшки и т.п. (= ***Blusen, Hemden usw.*****)**
блýзка *f* (= *Bluse*) • свúтер *m* / пулóвер *m* (= *Pullover*) • водолáзка *f* (= *Rollkragenpullover*) • рубáшка *f* (= *Oberhemd / Hemdbluse*) • сорóчка *f* (= *Oberhemd*) • рубáшка пóло (= *Polohemd*) • футбóлка *f* (= *T-Shirt*) • кóфточка *f* (= *leichte Jacke / Pulli*)

брю́ки, ю́бки и т.п. (= ***Hosen, Röcke usw.*****)**
Alle *Bezeichnungen für Hosen sind im Russischen Pluraletanti. Um zu unterstreichen, dass es sich um* **eine** *Hose handelt, verwendet man* **однú брю́ки** *oder* **однá пáра брюк** (2 – 4 Hosen: двóе, трóе, чéтверо брюк *oder* две/три/четы́ре пáры брюк).
брю́ки / штаны́ (= *Hose*) • вельвéтовые брю́ки (= *Cordhose*) • джúнсы (= *Jeans*) • шóрты (= *kurze Hose, Shorts*) • ю́бка *f* (= *Rock*)

ни́жнее бельё *n*, **купа́льники (=** ***Unterwäsche, Badebekleidung*****)**
трусы́ (= *Unterhose*) • тру́сики (= *Slip*) • бо́ксеры (= *Boxershorts*) • кальсо́ны (= *lange Unterhose*) • термобельё (= *Thermounterwäsche*) • ма́йка *f* / футбо́лка *f* (= *Unterhemd*) • бюстга́льтер *m* / ли́фчик *m* (= *BH*) • пла́вки (= *Badehose*) • купа́льник *m* (= *Badeanzug*)

о́бувь *f* **(=** ***Schuhe*****)** *(In der Regel bilden Schuhe ja Paare und werden im Plural benannt. In einigen Fällen ist es aber wichtig,* **einen** *Schuh zu benennen, deshalb wird der Sg. hier in [ ] angeführt.)*
полуботи́нки [полуботи́нок *m*] / ту́фли [ту́фля *f*] на шнуро́вке (= *geschnürte Halbschuhe*) • ту́фли на высо́ком каблуке́ (= *hochhackige Schuhe*) • балери́нки [балери́нка *f*] (= *flache Damenschuhe, Slipper*) • ло́дочки [ло́дочка *f*] (= *Pumps*) • кроссо́вки [кроссо́вка *f*] (= *Sportschuhe / Laufschuhe*) • сандале́ты [сандале́та *f*] (= *Sandaletten*) • дома́шние та́пки [та́пка *f*] (= *Hausschuhe*) • боти́нки [боти́нок *m*] (= *feste Halbschuhe*) • лы́жные боти́нки (= *Skischuhe*)

головно́й убо́р *m* **(=** ***Kopfbedeckung*****)**
шля́па *f* (= *Hut*) • шля́пка *f* (= *Damenhut*) • мехова́я ша́пка *f* (= *Pelzmütze*) • бейсбо́лка *f* (= *Baseballmütze*) • ке́пка *f* (= *Schirmmütze*)

други́е предме́ты оде́жды и аксессуа́ры (= ***andere Kleidungsstücke und Accessoires*****)**
га́лстук *m* (= *Schlips*) • (га́лстук)-ба́бочка *f* (= *Fliege*) • шарф *m* (= *Schal / Halstuch*) • ва́режки [ва́режка *f*] (= *Fausthandschuhe*) • перча́тки [перча́тка *f*] (= *Fingerhandschuhe*) • чулки́ [чуло́к *m*] (= *Strümpfe*) • колго́тки *Plt* (= *Strumpfhose*) • носки́ [носо́к *m*] (= *Socken / Söckchen*) • хала́т *m* (= *Kittel / Kittelschürze / Bademantel*) • реме́нь *m* (= *Gürtel*) • пу́говица *f* (= *Knopf*) • (застёжка)-мо́лния *f* (= *Reißverschluss*) • носово́й плато́к *m* (= *Taschentuch*)

цвета́, рису́нки и покро́й (= ***Farben, Muster und Schnitt*****)**
кра́сный (= *rot*) • ро́зовый (= *rosa*) • кре́мовый (= *cremefarben*) • жёлтый (= *gelb*) • зелёный (= *grün*) • голубо́й (= *hellblau*) • си́ний (= *blau*) • се́рый (= *grau*) • чёрный (= *schwarz*) • бе́лый (= *weiß*) • фиоле́товый (= *violett*) • кори́чневый (= *braun*) • цветно́й (= *farbig*) • одноцве́тный (= *einfarbig*)
пла́тье в кле́тку / в горо́шек / в поло́ску / в цвето́чек (= *ein kariertes / gepunktetes / gestreiftes / geblümtes Kleid*) • костю́м в то́нкую поло́ску (= *Nadelstreifenanzug*)
с дли́нными рукава́ми / с коро́ткими рукава́ми / без рукаво́в (= *langärmelig / kurzärmelig / ärmellos*)

4.1 Болезни и симптомы
Krankheiten und Symptome

боле́знь *f*	**Krankheit**

> боле́знь Альцге́ймера (= *Alzheimer-Krankheit*) • психи́ческие боле́зни (= *Geisteskrankheiten*) • инфекцио́нные / тропи́ческие боле́зни (= *Infektions- / Tropenkrankheiten*) • лучева́я боле́знь (= *Strahlenkrankheit*) • морска́я боле́знь (= *Seekrankheit*)

боле́ть *1*	**krank sein**
боле́ть *2*	**schmerzen**
У меня́ всё боли́т.	Mir tut alles weh.
боль *f*	Schmerz
заболева́ние *n* – **заболе́ть** *1*	**Erkrankung – erkranken**
Она́ заболе́ла гри́ппом.	Sie bekam die Grippe.
заража́ться *1* / **зарази́ться** *2*	sich **anstecken**
аллерги́я *f* – **аллерги́ческий**	**Allergie – allergisch**
У неё аллерги́я на ко́шек.	Sie ist gegen Katzen allergisch.
температу́ра *f*; лихора́дка *f*	**Fieber**
У него́ (высо́кая) температу́ра.	Er hat Fieber / Temperatur.
тошнота́ *f*; **недомога́ние** *n*	**Übelkeit; Unwohlsein**
Меня́ тошни́т в маши́не.	Mir wird beim Autofahren übel.
Меня́ ча́сто ука́чивает.	Ich werde oft seekrank.
рво́та *f*	**Erbrechen**
Меня́ постоя́нно рвёт.	Ich muss ständig brechen.
припа́док *m*; **при́ступ** *m*	**Anfall**
при́ступ а́стмы / мигре́ни	Asthma- / Migräneanfall
симпто́м *m*; **при́знак** *m*	**Symptom; Anzeichen**

> **боле́зни** (= ***Krankheiten***):
> скарлати́на *f* (= *Scharlach*) • корь *f* (= *Masern*) • красну́ха *f* (= *Röteln*) • (ветряна́я) о́спа *f* (= *(Wind-)Pocken*) • ко́клюш *m* (= *Keuchhusten*) • дифтери́я *f* (= *Diphtherie*) • желту́ха *f* (= *Gelbsucht*) • рахи́т *m* (= *Rachitis*)

приви́вка *f*	**Impfung**
кровь *f*	**Blut**
гипертони́я *f*; гипотони́я *f*	Hypertonie; Hypotonie
зараже́ние *n* кро́ви / се́псис *m*	Blutvergiftung
пищево́е отравле́ние *n*	**Lebensmittelvergiftung**
отравле́ние гриба́ми	Pilzvergiftung

заболева́ние дыха́тельных путе́й	**Atemwegserkrankung**
просту́да *f* – простуди́ться *2*	**Erkältung** – sich erkälten
грипп *m*	**Grippe**
У меня́ боли́т го́рло.	Ich habe Halsschmerzen.
ка́шель *m;* на́сморк *m*	**Husten;** Schnupfen
ка́шлять *1*; чиха́ть *1*	husten; niesen
воспале́ние *n* **лёгких**	**Lungenentzündung**
туберкулёз *m*	Tuberkulose
заболева́ние желу́дочно-кише́чного тра́кта	**Erkrankung des Magen-Darm-Traktes**
желу́док *m*	Magen
гастри́т *m*; я́зва (желу́дка) *f*	Gastritis; (Magen-)Geschwür
стул *m*; испражне́ния *Pl*	Stuhl; Kot
кишка́ *f* **/ кише́чник** *m*	**Darm / Darmtrakt**
аппендици́т *m*	Blinddatmentzündung
пе́чень *f*; желчь *f*	**Leber**; Galle (Sekret)
по́чка *f*	**Niere**
же́лчные / по́чечные ка́мни	Gallen- / Nierensteine
поно́с *m*; **запо́р** *m*	**Durchfall; Verstopfung**
дизентери́я *f*; тиф *m*	**Ruhr;** Typhus
се́рдце *n*	**Herz**
боле́зни се́рдца	**Herzkrankheiten**
Он перенёс серде́чный при́ступ.	Er erlitt einen Herzanfall.
инфа́ркт *m* **(миока́рда)**	**Herzinfarkt**
Он перенёс два инфа́ркта.	Er hat zwei Infarkte überlebt.
сердцебие́ние *n*; **тахикарди́я** *f*	**Herzklopfen; Herzjagen**
апоплекси́ческий уда́р *m*; **инсу́льт** *m*	**Schlaganfall**
теплово́й / со́лнечный уда́р *m*	Hitzschlag / Sonnenstich
о́бморок *m*; **ко́лапс** *m*	**Zusammenbruch; Kollaps**
Он упа́л в о́бморок на у́лице.	Er brach auf der Straße zusammen.
без созна́ния	**bewusstlos**
Он до́лго был без созна́ния.	Er war lange bewusstlos.
су́дорога *f* **/ спазм** *m*	**Krampf**
У меня́ су́дорога – свело́ но́гу.	Ich habe einen Krampf im Bein.
пода́гра *f*; **ревмати́зм** *m*	**Gicht; Rheuma(tismus)**
и́шиас *m*; **люмба́го** *n*	**Ischias; Lumbago**
о́пухоль *f*	Tumor; Geschwulst
рак *m*	**Krebs**
рак желу́дка / лёгких / груди́	Magen- / Lungen- / Brustkrebs
СПИД *m*; **ВИЧ-инфе́кция** *f*	**AIDS; HIV**

4.2 Аварии и ранения
Unfälle und Verletzungen

ава́рия *f*; **катастро́фа** *f*	**Unfall**
несча́стный слу́чай *m*; бе́дствие *n*	Unglück; Katastrophe
е́сли случи́тся ава́рия	wenn es zu einem Unfall kommt
На у́лице Го́рького была́ ава́рия.	Auf der Gorkij-Strasse gab es einen Unfall.
Я хочу́ сообщи́ть об ава́рии.	Ich möchte einen Unfall melden.
Она́ была́ ра́нена при ава́рии.	Sie wurde bei einem Unfall verletzt.
ста́лкиваться *1* **/ столкну́ться** *1*	**zusammenstoßen**
разби́ться *1*	**abstürzen**
круше́ние *n* самолёта; авиакатастро́фа *f*	Flugzeugabsturz
(лобово́е) столкнове́ние *n*	**(Frontal-)Zusammenstoß**
нае́хать*; уда́рить *2*	auffahren; prallen

Einige Ausdrücke für Autounfälle:
Автомоби́ль нае́хал на столб. (= *Das Auto prallte gegen einen Laternenpfahl.*) • Такси́ столкну́лось с авто́бусом. (= *Ein Taxi war mit einem Bus zusammengestoßen.*) • При столкнове́нии / круше́нии поги́бло 6 челове́к. (= *Beim Zusammenstoß kamen sechs Menschen ums Leben.*) • На неё нае́хал авто́бус / она́ попа́ла под авто́бус / её раздави́л авто́бус. (= *Sie wurde von einem Bus angefahren.*) • Её перее́хал авто́бус. *(= Sie wurde von einem Bus überfahren.*)

неповреждённый	unverletzt
ра́нить *2* **/ пора́нить** *2*	**verletzen; verwunden**
Она́ была́ ра́нена при пожа́ре.	Sie wurde bei dem Brand verletzt.
ране́ния	**Verletzungen**
У него́ тяжёлые ране́ния.	Er hat schwere Verletzungen.
лома́ть *1* **/ слома́ть** *1*	**brechen**
Она́ слома́ла себе́ ру́ку.	Sie brach sich den Arm.
перело́м *m* (ко́сти)	(Knochen-)Bruch; Fraktur
сотрясе́ние *n* **мо́зга**	**Gehirnerschütterung**
получи́ть *2* сотрясе́ние мо́зга	eine Gehirnerschütterung bekommen
вы́вихнуть *1*	**ausrenken; auskugeln**
вы́вихнуть плечево́й суста́в	sich das Schultergelenk auskugeln
Она́ вы́вихнула себе́ но́гу.	Sie hat sich den Fuß vertreten.
растяже́ние *n* **– растяну́ть** *1*	**Verstauchung – verstauchen**
Она́ растяну́ла себе́ но́гу.	Sie hat sich den Fuß verstaucht.
растяну́ть *1* (мы́шцы)	(Muskel) zerren
синя́к *m*; гемато́ма *f*	**blauer Fleck;** Bluterguss
У неё везде́ бы́ли синяки́.	Sie hatte überall blaue Flecken.

уши́б *m*; ссáдина *f*	**Prellung**; Schürfwunde
рéзаные и кóлотые рáны	Schnitt- und Stechwunden
крóвотечéние *n* – кровотóчить *2*	**Blutung** – bluten
У мужчи́ны си́льное кровотечéние.	Der Mann blutet stark.
перевя́зывать *1* **рáну**	**eine Wunde verbinden**
повя́зка *f*	Verband
плáстырь *m*	**(Heft-)Pflaster**
Дай мне скорéй плáстырь!	Gib mir schnell ein Pflaster.
жéртва (авáрии); рáненый	(Unfall-)**Opfer**; Verletzte(r)
шок *m*	**Schock**
находи́ться *2* в шóке	unter Schock stehen
ожóг *m*	**Verbrennung**
ожóги вторóй стéпени	Verbrennungen zweiten Grades.
задохну́ться *1*	**ersticken**
Живóтные задохну́лись.	Die Tiere erstickten.
смерть от уду́шья	Tod durch Ersticken
Лю́ди у́мерли от уду́шья.	Die Menschen erstickten.
переохлаждéние *n*	**Unterkühlung**
умирáть *1* от переохлаждéния	an Unterkühlung sterben
замерзáть *1* / замёрзнуть *1*	erfrieren
оказáть пéрвую пóмощь	**Erste Hilfe leisten**
оживля́ть *1*	wiederbeleben
дыхáние рот-в-рот *n*	Mund-zu-Mund-Beatmung
лечи́ть *2*	(ärztlich) behandeln
маши́на *f* **скóрой пóмощи**	**Rettungswagen**
вы́звать *1* маши́ну скóрой пóмощи	einen Krankenwagen rufen
приноси́ть *2* носи́лки	Tragbahren bringen
э́кстренный слу́чай *m*	Notfall
врач *m* **скóрой пóмощи**	**Notarzt**
стáнция скóрой пóмощи	Rettungsstation
состоя́ние *n*	Zustand; Verfassung

Einige Ausdrücke für Unfallsituationen:

Он получи́л ожóги вторóй стéпени. (= *Er erlitt Verbrennungen zweiten Grades.*) • Я, навéрное, вы́вихнул ру́ку. (= *Ich muss mir den Arm verrenkt haben.*) • Он растяну́л себé мы́шцы спины́. (= *Er hat sich eine Rückenzerrung zugezogen.*) • Онá я́вно находи́лась в шóке. (= *Sie stand offensichtlich unter Schock.*) • Жéртвам былá окáзана врачéбная пóмощь на мéсте авáрии. (= *Die Opfer wurden an der Unfallstelle ärztlich versorgt.*) • Óба вы́живших пострадáли от переохлаждéния. (= *Die beiden Überlebenden litten an Unterkühlung.*) • Егó достáвили на стáнцию скóрой пóмощи. (= *Er wurde in die Rettungsstation gebracht.*) • Их отвезли́ в больни́цу. (= *Sie wurden ins Krankenhaus gebracht.*) • Её состоя́ние всё ещё крити́ческое. (= *Ihr Zustand ist immer noch kritisch.*)

4.3 Инвалиды Behinderte

инвали́дность *f*	**Invalidität**
инвали́д	**Invalide; Behinderte(r)**
обустро́ить *2* зда́ние для инвали́дов	ein Gebäude behindertengerecht umbauen
нетру́доспосо́бность *f*	**Erwerbsunfähigkeit**
недоста́ток *m*	**Behinderung;** Gebrechen
лицо́ *n* с тяжёлым физи́ческим недоста́тком	Schwerbehinderter
ребёнок *m* с физи́ческими недоста́тками	körperbehindertes Kind
врождённый недоста́ток *m*	**Geburtsfehler**
физи́ческая **отста́лость** *f*	körperliche Behinderung
у́мственная отста́лость	geistige Behinderung
функциона́льное наруше́ние *n*	**Funktionsstörung**
с физи́ческими наруше́ниями	körperlich behindert
с психи́ческими наруше́ниями	psychisch behindert
У неё наруше́ние зре́ния.	Ihre Sehkraft ist eingeschränkt.
отклоне́ние *n* разви́тия	Abweichung in der Entwicklung
заде́ржка *f* в разви́тии	Entwicklungsstörung
дефе́кт *m*	**Fehler**
дефе́кт ре́чи	Sprachfehler
глухо́й *m* – глуха́я *f*	der / die Taube
немо́й *m* – нема́я *f*	der / die Stumme
же́стовый язы́к *m*	Gebärdensprache
неспосо́бность к передвиже́нию	Gehbehinderung
искале́ченный	verkrüppelt
Он бо́лен психи́чески.	Er ist psychisch krank.
де́ти с пробле́мами обуче́ния	lernbehinderte Kinder

наруше́ния и отклоне́ния (= *Störungen und Behinderungen*):
дислекси́я *f* (= *Legasthenie*) • заика́ние *n* (= *Stottern*) • глухота́ *f* (= *Taubheit*) • глухонемота́ *f* (= *Taubstummheit*) • слепота́ *f* (= *Blindheit*) • синдро́м *m* Да́уна (= *Down-Syndrom; Mongolismus*) • горб *m* (= *Buckel*) • церебра́льный парали́ч *m* (= *Zerebrallähmung / -paralyse*)

парали́ч *m* – парализо́ванный	Lähmung – gelähmt
насле́дственный	erblich
генети́ческий	Erb- / genetisch
кре́сло-коля́ска *n-f;* инвали́дное кре́сло *n*	Rollstuhl
Он прико́ван к кре́слу.	Er ist an den Rollstuhl gefesselt.

4.4 У врача
Beim Arzt

До́ктор *ist das allgemeine, umgangssprachliche Wort für Arzt / Ärztin und auch die Anredeform* (Спаси́бо, до́ктор!). Врач *ist die förmliche Berufsbezeichnung, wird aber nie als Anrede verwendet. (Fach-)Ärztinnen werden ebenfalls* доктор, врач *genannt.*

врач о́бщей пра́ктики	**Arzt / Ärztin für Allgemeinmedizin**
семе́йный врач	**Hausarzt / Hausärztin**

врачи́-специали́сты (= *Fachärzte*):
терапе́вт (= *Internist*) • врач ЛОР – у́хо, го́рло, нос (= *Hals-Nasen-Ohren-Arzt*) • гинеко́лог (= *Frauenarzt*) • окули́ст (= *Augenarzt*) • ортопе́д (= *Orthopäde*) • педиа́тр (= *Kinderarzt*) • невропато́лог / невро́лог (= *Nervenarzt / Neurologe*) • фи́зиотерапе́вт (= *Physiotherapeut*) • хиру́рг (= *Chirurg*)

приём *m*	**Sprechstunde**
В сре́ду нет приёма.	Mittwochs keine Sprechstunde.
регистрату́ра *f*	**Anmeldung**
номеро́к *m*; вре́мя *n*	Termin
Вы записа́лись на приём?	Haben Sie einen Termin?
каби́нет *m* врача́	Behandlungsraum

i *In Russland arbeiten viele Ärzte verschiedener Fachrichtungen in Polikliniken* (поликли́ника), *die auch über ein eigenes Labor verfügen. Am Empfang gibt es eine gemeinsame Anmeldung* (регистрату́ра), *wo man Termine macht und wo die Patientenkartei geführt wird. Nach der Anmeldung geht man in die Behandlungsräume zu den Fachärzten.*

пацие́нт *m* – **пацие́нтка** *f*	**Patient(in)**
жа́лобы	Beschwerden
Что вас беспоко́ит?	**Was haben Sie für Beschwerden?**

боль *f* **– бо́ли (= *Schmerz(en)*):**
тупа́я / ре́зкая / жгу́чая / ко́лющая боль (= *ein dumpfer / heftiger / brennender / stechender Schmerz)*
У меня́ ча́стые, си́льные бо́ли в о́бласти груди́ / живота́ / ни́за живота́ *(= Ich habe oft starke Schmerzen in der Brust / im Bauch / im Unterleib.)*

боле́ть (= *weh tun*):
У меня́ **боли́т** живо́т / желу́док / в груди́ / се́рдце. (= *Mir tut der Bauch / der Magen / die Brust / das Herz weh.)*

У меня́ ча́сто / си́льно / постоя́нно / иногда́ боли́т... (= *Mir tut ... oft / stark / ständig / manchmal weh.*)

бо́льно при пальпа́ции (= *es schmerzt / tut weh beim Abtasten*) • Здесь бо́льно? (= *Tut es hier weh?*) • Тут бо́льно! (= *Da tut es weh!*)

У неё (высо́кая) температу́ра?	Hat sie Fieber?
головна́я боль *f*	**Kopfschmerzen**
душе́вное потрясе́ние *n*	**seelische Erschütterung**
Вас тошни́т?	Ist Ihnen übel?
расстро́йство желу́дка	eine Magenverstimmung
У вас регуля́рный стул?	Haben Sie regelmäßig Stuhlgang?
тру́дности при мочеиспуска́нии	Schwierigkeiten beim Wasserlassen
Я потолсте́л / похуде́л.	Ich habe zu- / abgenommen.
менструа́ция *f*; ме́сячные *Plt*	Periode; Monatsblutung
У вас регуля́рные меся́чные?	Bekommen Sie Ihre Regel pünktlich?
дыша́ть *2*	**atmen**
Дыши́те но́сом / ртом.	Atmen Sie durch die Nase / den Mund.
Глубоко́ вдохни́те! Не дыша́ть!	Holen Sie tief Luft! Nicht atmen!
изме́рить *2* **давле́ние** *n*	**Blutdruck messen**
рентге́н *m*; рентге́новский сни́мок	**Röntgenaufnahme**
эле́ктрокардиогра́мма *f*	Elektrokardiogramm
ультразвуково́е иссле́дование *n*	Ultraschalluntersuchung
осма́тривать *1* / осмотре́ть *2*	**untersuchen**
осмо́тр *m*	Voruntersuchung
раздева́ться *1*; одева́ться *1*	sich ausziehen; anziehen

Einige Aussagen während der Untersuchung:
Разде́ньтесь, пожа́луйста. (= *Würden Sie sich bitte ausziehen.*) • Ля́гте, пожа́луйста, сюда́ для осмо́тра. (= *Wollen Sie sich bitte hier für die Untersuchung hinlegen.*) • Тепе́рь вы мо́жете оде́ться. (= *Sie können sich jetzt wieder anziehen.*) • Вы принима́ете сейча́с каки́е-нибу́дь лека́рства? (= *Nehmen Sie derzeit irgendwelche Medikamente ein?*) • Я постоя́нно принима́ю э́ти табле́тки от гипертони́и. (= *Ich nehme ständig diese Tabletten gegen Bluthochdruck ein.*)

лече́ние *n* – **лечи́ть** *2*	**(ärztl.) Behandlung – behandeln**
медикаме́нт *m*; **лека́рство** *n*	**Medikament; Arzneimittel**
табле́тка *f*	Tablette; Pille
уко́л *m*; **инъе́кция** *f*	**Spritze; Injektion**
Врач сде́лал ей уко́л.	Der Arzt gab ihr eine Spritze.
реце́пт *m*	**Rezept**
продаю́тся то́лько по реце́пту	nur auf Rezept erhältlich
посеще́ние *n* врача́ на дому́	Hausbesuch

4.5 У зубного врача
Beim Zahnarzt

зубно́й врач *m*; стомато́лог *m*	**Zahnarzt – Zahnärztin**
стоматологи́ческая (поли)кли́ника *f*	Zahnklinik
зуб *m* – зу́бы	**Zahn** – Zähne
У меня́ боли́т зуб.	Ich habe Zahnschmerzen.
лече́ние *n* зубо́в	Zahnbehandlung
чувстви́телен	empfindlich
зубна́я боль *f*	**Zahnschmerzen**
о́страя боль *f*	**starke Schmerzen**
больно́й с о́строй бо́лью	Patient mit starken Schmerzen
боле́ть *2*	**schmerzen**
Сейча́с не боли́т.	Das tut jetzt nicht weh.
язы́к *m*	**Zunge**
десна́ *f*	Zahnfleisch

***Einige Ausdrücke bei Zahnschmerzen*:**
Зуб боли́т то́лько тогда́, когда́ я на него́ куса́ю. (= *Der Zahn tut nur weh, wenn ich auf ihn beiße.*) • Зуб кача́ется. (= *Der Zahn wackelt.*) • Зуб чувстви́телен к холо́дному / к горя́чему. (= *Der Zahn ist kälte-/wärmeempfindlich.*) • Бо́льно, когда́ вы каса́етесь зу́ба языко́м? (= *Spüren Sie den Schmerz, wenn Sie den Zahn mit der Zunge berühren?*) • У меня́ кровото́чит десна́, когда́ я чи́щу зу́бы. (= *Mein Zahnfleisch blutet, wenn ich mir die Zähne putze.*) • Вы почу́вствуете то́лько лёгкий уко́л в десну́. (= *Sie werden nur einen leichten Stich im Zahnfleisch spüren.*)

ве́рхняя че́люсть *f*	Oberkiefer
ни́жняя че́люсть *f*	Unterkiefer
отки́дываться *1* наза́д	sich zurücklehnen
полоска́ние *n* – полоска́ть *1*	Spülen – (aus)spülen
уко́л *m*	**Injektion; Spritze**
однора́зовый шприц *m*	Einwegspritze
стерилиза́ция *f*	Sterilisierung
пломбирова́ть *1*	füllen; plombieren
пло́мба *f*; вкла́дка *f*	Füllung / Plombe; Inlay
замени́ть *2* пло́мбу	Füllung ersetzen
вре́менная пло́мба *f*	eine provisorische Füllung

***Ausdrücke bei der Behandlung beim Zahnarzt*:**
Вы боле́ли гепати́том? (= *Haben Sie Hepatitis gehabt?*) • Отки́ньтесь, пожа́луйста, наза́д. (= *Lehnen Sie sich bitte zurück.*) • Пожа́луйста, прополощи́те как сле́дует. (= *Bitte gründlich ausspülen.*) • Ну́жно удали́ть э́тот зуб. (= *Wir müssen diesen Zahn ziehen.*) • Мне удали́ли зуб му́дрости. (= *Mir ist ein Weisheitszahn gezogen worden.*) • Э́тот зуб ну́жно пломбирова́ть. (= *Dieser Zahn muss plombiert werden.*) • Мне ну́жно немно́го посверли́ть, что́бы удали́ть ка́риес. (= *Ich muss noch etwas bohren, um die Karies zu entfernen.*) • Вы мо́жете сде́лать мне уко́л? (= *Können Sie mir eine Spritze geben?*)

ка́риес *m*	**Karies**
обрабо́тка *f* ко́рня	Wurzelbehandlung
коро́нка *f*	**Krone**
ста́вить *2* / поста́вить *2* коро́нку на зуб	einen Zahn überkronen
мост *m*	Brücke
ста́вить *2* мост	eine Brücke anbringen
зубно́й проте́з *m*	**Zahnersatz**
иску́сственный зубно́й проте́з *m*	Zahnprothese; künstliches Gebiss
по́лный / части́чный проте́з *m*	eine Voll- / Teilprothese
сле́пок *m* / о́ттиск *m*	Abdruck
сле́пок для вкла́дки	ein Abdruck für ein Inlay
зубно́й ка́мень *m*	Zahnstein
зубно́й налёт *m*	Zahnbelag

У вас мно́го зубно́го ка́мня. (= *Sie haben viel Zahnstein.*) • Испо́льзуйте зубны́е ни́ти для удале́ния налёта ме́жду зуба́ми. (= *Benutzen Sie Zahnseide, um den Belag zwischen den Zähnen zu entfernen.*) • Пожа́луйста, не е́шьте и не пе́йте горя́чего ещё два часа́! (= *Bitte weitere zwei Stunden nicht essen und keine warmen Getränke trinken!*)

4.6 В больнице
Im Krankenhaus

больни́ца *f*; кли́ника *f*	**Krankenhaus**; Klinik
лазаре́т *m*; (военный) го́спиталь *m*	Lazarett; Hospital
больни́чный свяще́нник *m*	Krankenhauspfarrer(in)

поступа́ть *1* **в бо́льницу** (**= *ins Krankenhaus gehen***):
Его́ госпитализи́ровали. (= *Er wurde ins Krankenhaus gebracht.*) • Его́ положи́ли в больни́цу. (= *Er kam (als Patient) ins Krankenhaus.*) • Её доста́вили в больни́цу сего́дня. (= *Sie wurde heute ins Krankenhaus gebracht.*) • Он ушёл из больни́цы в пя́тницу. (= *Er hat das Krankenhaus am Freitag verlassen.*) • Его́ вы́писали из больни́цы. (= *Er wurde aus dem Krankenhaus entlasssen.*) • Она́ неде́лями лежа́ла в больни́це. (= *Sie lag wochenlang im Krankenhaus.*)

направле́ние *n* в больни́цу	Einweisung ins Krankenhaus
амбулато́рный пацие́нт *m*	ambulanter Patient
амбулато́рное лече́ние *n*	ambulante Behandlung
стациона́рная пацие́нтка *f*	stationär behandelte Patientin

врачи́ и сотру́дники больни́цы (**= *Ärzte und Mitarbeiter im Krankenhaus***):
дежу́рный врач (= *der / die diensthabende Arzt / Ärztin*) • ле́чащий врач (= *der / die behandelnde Arzt / Ärztin*) • заве́дующий отделе́нием (*entspr. in etwa dem leitenden Facharzt*) • ста́рший врач (= *Oberarzt / -ärztin*) • гла́вный врач (= *Chefarzt / -ärztin*) • врач-ордина́тор (*entspr. in etwa Assistenzarzt / -ärztin*) • медсестра́ *f* (= *Krankenschwester*) • ста́ршая медсестра́ *f* (= *Oberschwester*) • медсестра́ *f* отделе́ния (= *Stationsschwester*) • сестра́-практика́нтка *f* (= *Lernschwester*) • санита́р *m* – санита́рка *f* (= *Pfleger – Pflegerin*)

Заве́дующий отделе́нием де́лает свой у́тренний обхо́д. (= *Der leitende Facharzt macht gerade seine Morgenvisite.*)

обхо́д *m* (врача́)	Visite
исто́рия *f* боле́зни	Krankengeschichte
враче́бное обсле́дование *n*	**ärztliche Untersuchung**
проходи́ть *2* / пройти́* медици́нское обсле́дование	sich einer ärztlichen Untersuchung unterziehen
сдава́ть *1* / сдать* **ана́лиз** (кро́ви)	eine (Blut-)**Probe abgeben**
по назначе́нию врача́	nach ärztlicher Vorschrift
принима́ть *1* / приня́ть* **лека́рства**	**Medikamente einnehmen**
отделе́ние *n*	**(Krankenhaus-)Station**
роди́льное отделе́ние	Entbindungsstation
терапевти́ческое отделе́ние	innere Station

хирурги́ческое отделе́ние	die chirurgische Station
травматологи́ческое отделе́ние	Unfallstation
отделе́ние интенси́вной терапи́и	Intensivstation
э́кстренная госпитализа́ция *f*	**Notaufnahme**
ране́ние *n*; тра́вма *f*	Verletzung
(тяжело́-)ра́неный / ра́неная	(Schwer-)Verletzte(r)
опера́ция *f*	**Operation**
ложи́ться *2* на опера́цию	sich einer Operation unterziehen
Мне на́до сде́лать опера́цию.	Ich muss mich operieren lassen.
опери́ровать *2*	**operieren**
опера́бельный – неопера́бельный	operabel – inoperabel
неопера́бельная о́пухоль *f* мо́зга	ein nicht operierbarer Gehirntumor
операцио́нная *f*	**Operationssaal**
операцио́нная медсестра́ *f*	Operationsschwester
хиру́рг	**Chirurg**
хирурги́я *f* се́рдца	Herzchirurgie
транспланта́ция *f* о́рганов	eine Organtransplantation
операти́вное удале́ние *n*	**operative Entfernung**
Ему́ удали́ли ...	Ihm wurde … entfernt.
анестези́я *f*	**Anästhesie**
анестези́ст *m*; анестезио́лог *m*	Anästhesist(in); Narkosearzt
анесте́тик *m*	Anästhetikum
нарко́з *m*; **обезбо́ливание** *n*	**Narkose; Betäubung**
ме́стное обезбо́ливание *n*	örtliche Betäubung
анальге́тик *m*	Analgetikum
реанимацио́нный зал *m*	**Wachraum; Wachstation**
ка́пельница *f*; инфу́зия *f*	Tropf; Infusion
Она́ всё ещё под ка́пельницей.	Sie hängt immer noch am Tropf.
хо́спис *m*	Sterbestation
неизлечи́мый	unheilbar
неизлечи́мо больны́е лю́ди	unheilbar kranke Menschen

воспале́ние *n* **(= *Entzündung*):**
аппендици́т *m (= Blinddarmentzündung)* • бронхи́т *m (= Bronchitis)* • гастри́т *m (= Magenschleimhautentzündung)* • ларинги́т *m (= Kehlkopfentzündung)* • менинги́т *m (= Hirnhautentzündung)* • неври́т *m (= Nervenentzündung)* • флеби́т *m (= Venenentzündung)* • тонзилли́т *m (= Mandelentzündung)*

4.7 Здоровый образ жизни
Gesunde Lebensweise

здоро́вье *n*	**Gesundheit**

Пла́вание поле́зно для здоро́вья. (= *Schwimmen ist gesundheitsfördernd.*) • Куре́ние вреди́т здоро́вью. (= *Rauchen gefährdet die Gesundheit.*)

куро́рт *m*; **санато́рий** *m*	**Kurort; Sanatorium**
диети́ческое пита́ние *n*	**Naturkost**
диети́ческий магази́н *m*	Naturkostladen
дие́та *f* для похуде́ния	**Diät;** Schlankheitskur
нове́йшая мо́дная дие́та *f*	die neuste Reformkostmode
вегетариа́нский	**vegetarisch**
вегетариа́нец *m* – вегетариа́нка *f*	Vegetarier – Vegetarierin
вегетариа́нская дие́та *f*	vegetarische Diät
пости́ться *2*; **голода́ть** *1*	**fasten; hungern**
план *m* лече́ния	Heilprogramm
план *m* дие́тотерапи́и	Diätplan

Не́которые выраже́ния о дие́те (= ***Einige Ausdrücke zur Diät*****):**
Мно́гие лю́ди живу́т на дие́те, что́бы ограни́чить приём холестери́на. (= *Viele Leute leben Diät, um ihre Cholesterinaufnahme zu beschränken.*) • Хорошо́ вре́мя от вре́мени пости́ться. (= *Es ist gut, wenn man gelegentlich fastet.*) • пита́ние с больши́м содержа́нием бала́стных веще́ств и ма́лым содержа́нием жиро́в (= *ballaststoffreiche und fettarme Kost*) • Бала́стные вещества́ важны́ для пита́ния, хотя́ они́ не поставля́ют пита́тельных веще́ств. (= *Ballaststoffe sind für die Ernährung wichtig, obwohl sie keine Nährstoffe liefern.*) • Счита́ется, что овся́ные о́труби понижа́ют у́ровень холестери́на. (= *Von Haferkleie wird angenommen, dass sie den Cholesterinspiegel senkt.*)

биопроду́кты *Pl*	**Biokost; Bio-Lebensmittel**
экологи́чески чи́стые проду́кты	ökologische Produkte
без хими́ческих доба́вок	frei von chemischen Zusätzen
воло́кна; бала́стные вещества́	Fasern; Ballaststoffe
овся́ные о́труби *Plt* – овся́ная ка́ша *f*	Haferkleie – Haferbrei
по́линенасы́щенные кисло́ты	mehrfach ungesättigte Säuren
жи́рные кисло́ты	Fettsäuren
полноце́нная дие́та *f*	Vollwertkost
разде́льное пита́ние *n*	Trennkost
хлеб *m* из муки́ гру́бого помо́ла	Vollkornbrot

травяно́й чай *m*	Kräutertee
витами́ны	**Vitamine**
бальнеологи́ческий куро́рт *m*	Bade(kur)ort
физиотерапи́я *f*	Physiotherapie
масса́ж *m* – масси́ровать *1*	**Massage** – massieren
масса́ж всего́ те́ла	Ganzkörpermassage
Мне помо́г масса́ж.	Die Massage hat mir gut getan.
са́уна *f*	Sauna
Мы пойдём ве́чером в са́уну.	Wir gehen am Abend in die Sauna.
ру́сская ба́ня *f*	russische Banja (Heißluftbad)
па́риться *2* ве́никами	mit Birkenbesen schlagen
со́лнечные ва́нны *Pl*	Sonnenbaden
ква́рцевая ла́мпа *f*	Höhensonne
соля́рий *m*	Bräunungsstudio
джаку́зи *f*	Whirlpool
движе́ние *n*; **упражне́ние** *n*	**Bewegung; Übung**
Вам ну́жно бо́льше дви́гаться.	Sie brauchen mehr Bewegung.
гимна́стика *f* для спины́	Rückengymnastik
укрепле́ние *n* мышц спины́	Stärkung der Rückenmuskulatur
у́тренняя заря́дка *f*	Frühsport

Ausdrücke mit «заниматься»:
занима́ться *1* спо́ртом (= *Sport treiben*) • занима́ться в спорти́вном за́ле (= *in der Turnhalle Sport treiben*) • занима́ться фи́тнессом (= *Fitnesstraining machen*) • занима́ться спорти́вной гимна́стикой (= *turnen*) • занима́ться лече́бной гимна́стикой (= *Heilgymnastik machen*) • занима́ться аэро́бикой (= *Aerobic machen*) • занима́ться пла́ванием (= *schwimmen*) • занима́ться спорти́вной ходьбо́й (= *Sportgehen ausüben*) • занима́ться бе́гом трусцо́й (= *joggen*) • занима́ться йо́гой (= *Joga machen*)

тре́нинг *m* – тренирова́ть *1*	Training – trainieren
спорти́вные упражне́ния	Turnübungen
де́лать *1* / сде́лать *1* упражне́ния	Übungen machen
дыха́тельные упражне́ния	Atemübungen
йо́га *f*	**Yoga**
упражне́ния йо́ги	Yoga-Übungen
прогу́лка *f*	Spaziergang
бе́гать *1* **трусцо́й**	joggen
дли́тельная пробе́жка *f*	Dauerlauf
упо́р *m* лёжа; отжима́ние *n*	Liegestütze

5.1 Квартиры и дома
Wohnungen und Häuser

квартира *f*	**Wohnung**
жить *; проживать *1*	**leben; wohnen**
Она живёт в Германии.	Sie lebt in Deutschland.

виды квартир (= *Arten von Wohnungen*)
однокомнатная квартира (= *Einzimmerwohnung*) • двух-/ трёх-/ четырёхкомнатная квартира (= 2-/ 3-/ 4-Zimmer-Wohnung)

частная квартира	**Eigentumswohnung**
наёмная / снимаемая квартира	**Mietwohnung**
снимать *1* / снять* квартиру	eine Wohnung mieten
сдавать *1* / сдать* квартиру	eine Wohnung vermieten
домовладелец *m*	**Vermieter; Hausbesitzer**
(квартиро)**съёмщик** *m* / жилец *m*	**Mieter** / Bewohner
договор *m* найма	Mietvertrag
жилище *n* / жильё *n*	Wohnraum / Unterkunft
жилая площадь *f*	Wohnfläche
помещение *n*	Raum; Räumlichkeit
новостройка *f*	Neubau
дом *m*	**Haus**
жилой дом / жилой комплекс *m*	Wohnhaus / Wohnblock
дома / домой	zu Hause / nach Hause
Чувствуйте себя как дома!	Fühlen Sie sich wie zu Hause!

виды зданий (= *Arten von Gebäuden*)
хижина *f* (= *Hütte*) • изба *f* (= *Holzhaus*) • лачуга *f* / развалюха *f ugs* / конура *f* (= *Bruchbude / Loch*) • бунгало *m* (= *Bungalow*) • коттедж *m* / особняк *m* / вилла *f* (= *Landhaus / Villa*) • усадьба *f* (= *Herrenhaus / Gutshof*) • таунхаус *m* (= *Stadthaus*) • двухквартирный дом (= *Zweifamilienhaus*) • высотное здание *n* (= *Hochhaus*) • небоскрёб *m* (= *Wolkenkratzer*)

Многие студенты снимают комнату.	Viele Studenten wohnen zur Untermiete.
общежитие *n*	Wohnheim; Internat
этаж *m*	**Stock**(werk); **Etage**
Они живут на третьем этаже.	Sie wohnen in der dritten Etage.
шестиэтажный дом	ein sechsgeschossiges Haus

i *Im Russischen ist das Erdgeschoss* пéрвый этáж. *Wenn Sie also zu Ihren russischen Bekannten* на третий (3.) этаж *eingeladen werden, müssen Sie nach deutscher Zählung in den 2. Stock gehen.*

подъéзд *m*	Eingang; Aufgang / Auffahrt
кóрпус *m*	Gebäude / Haus (*bei aus mehreren Gebäuden bestehenden Anlagen)*
перúла *Plt*	Geländer
резидéнция *f*	Amtssitz; Residenz
крéпость *f*	Festung; Burg
зáмок *m*	Schloss; Burg
дворéц *m*	**Palast; Schloss**
Зúмний дворéц	das Winterpalais

помещéния дóма или квартúры (= *Räume eines Hauses oder einer Wohnung*)
кóмната *f* (= *Zimmer / Raum*) • спáльня *f* (= *Schlafzimmer*) • большáя кóмната / гостúная *f* (= *Wohnzimmer*) • столóвая *f* (кóмната) (= *Esszimmer*) • рабóчая кóмната / кабинéт *m* (= *Arbeitszimmer*) • вáнная *f* (= *Badezimmer*) • туалéт *m* (= *Toilette*) • сáуна *f* (= *Sauna*) • кýхня *f* (= *Küche*) • кладовáя *f* (= *Abstellraum*) • вход *m* (= *Eingang*) • прихóжая *f* / перéдняя *f* / холл *m* (= *Diele; Korridor; Vorraum*) • коридóр *m* (= *Korridor / Gang*) • мансáрда *f* (= *Mansarde / Dachzimmer*) • чердáк *m* (= *Boden / Dachboden*) • подвáл *m* / хозэтáж *m* (= *Keller*) • лéстница *f* (= *Treppe*) • балкóн *m* (= *Balkon*) • верáнда *f* (= *Veranda*) • террáса *f* (= *Terrasse*) • зúмний сад *m* (= *Wintergarten*)

пол *m*	**Fußboden**
потолóк *m*	**(Zimmer-)Decke**
стенá *f*	**Wand**
дверь *f*	**Tür**
(двернóй) звонóк *m*	(Tür-)Klingel
Звонят (в дверь).	Es klingelt.
окнó *n*	**Fenster**
подокóнник *m*	Fensterbrett
крыша *f*; крóвля *f*	**Dach**; Dachbelag
лифт *m*	**Fahrstuhl; Lift**
эскалáтор *m*	Rolltreppe
двор *m*	Hof
огорóд *m*; сад *m*	Garten

5.2 Мебель и обстановка
Möbel und Ausstattung

Ме́бель f (= die Möbel) ist im Russischen ein Singularetantum:
Ме́бель была́ о́чень дорога́я. (= *Die Möbel waren sehr teuer.*)
Ein Möbelstück wird als предме́т ме́бели *bezeichnet.*

шкаф *m*	Schrank
встро́енный шкаф	Einbauschrank
ку́хонный шкаф	Küchenschrank
сте́нка *f*	Schrankwand

крова́ть *f* / посте́ль *f* (= *Bett*)
двуспа́льная крова́ть (= *Doppelbett*) • односпа́льная крова́ть (= *Einzelbett*) • раскладу́шка *f* (= *Klappbett*) • матра́с *m* (= *Matratze*) • поду́шка *f* (= *Kopfkissen*) • одея́ло *n* (= *Decke*) • посте́льное бельё *n* (= *Bettwäsche*) • простыня́ *f* (= *Laken*) • на́волочка *f* (= *Kopfkissenbezug*) • пододея́льник *m* (= *Bettbezug*) • покрыва́ло *n* (= *Überdecke*)

по́лка *f*	(Regal-)Brett; Bord
кни́жная по́лка	**Bücherbord; Bücherregal**
кни́жный шкаф *m*	**Bücherschrank**
ме́бель для прихо́жей	Garderobe
ту́мба *f*	Schränkchen
ту́мба под телеви́зор	TV-Schränkchen
ту́мбочка *f*	Nachttisch

столы́ (= *Tische*)
стол *m* (= *Tisch*) • журна́льный стол *m* (= *Couchtisch*) • обе́денный стол (= *Esstisch*) • ку́хонный стол (= *Küchentisch*) • складно́й стол / откидно́й стол (= *Klapptisch*) • пи́сьменный стол (= *Schreibtisch*)

ва́нна *f*	**Badewanne**
душ *m*	**Dusche**; Brause
унита́з *m*	Toilettenbecken
ра́ковина *f*	**Waschbecken**
(водопрово́дный) кран *f*	**Wasserhahn**
(ку́хонная) ра́ковина *f*; мо́йка *f*	Spülbecken; Spüle; Ausguss

бытова́я те́хника *f* (= *Haushaltsgeräte*)
стира́льная маши́на *f* (= *Waschmaschine*) • суши́льный автома́т *m* (= *Wäschetrockner*) • фен *m* (= *Fön*) • пылесо́с *m* (= *Staubsauger*) • утю́г *m* (= *Bügeleisen*) • кондиционе́р *m* (= *Klimaanlage*) • вентиля́тор *m* (= *Ventilator*)

свет *m*	**Licht**
ла́мпа *f* – абажу́р *m*	**Lampe** – Lampenschirm
насто́льная ла́мпа	Tischlampe
энергосберега́ющие ла́мпы	Energiesparlampen
лю́стра *f*	Kronleuchter
торше́р *m*	Stehlampe
розе́тка *f*	**Steckdose**
Где тут телефо́нная розе́тка?	Wo ist die Telefonsteckdose?
розе́тка для электробри́твы	Steckdose für Elektrorasierer

мя́гкая ме́бель / ме́бель для сиде́ния (= ***Polster- / Sitzmöbel*****)**
стул *m* (= *Stuhl*) • табуре́т *m* / табуре́тка *f ugs* (= *Hocker* / *Schemel*) • дива́н *m* (= *Sofa*) • куше́тка *f* (= *Couch* / *Liege*) • кре́сло *n* (= *Sessel*) • кре́сло-кача́лка *n-f* (= *Schaukelstuhl*) • дива́н-крова́ть *m-f* / кре́сло-крова́ть *n-f* (= *Schlafsofa* / *Schlafsessel*) • складно́й стул (= *Klappstuhl*) • шезло́нг *m* (= *Liegestuhl*)

Вы сиди́те (= *Sie sitzen ...*) **в** кре́сле, но **на** сту́ле, **на** дива́не, **на** куше́тке, **на** табуре́те.

насте́нные / напо́льные / насто́льные часы́ *Plt*	Wand- / Stand- / Tischuhr
буди́льник *m*	**Wecker**
зе́ркало *n*	**Spiegel**
занаве́ска *f*	**Vorhang**
што́ра *f*	**Übergardine**
задёргивать *1* / задёрнуть *1* што́ры	die Vorhänge zuziehen
тюль *f*	**Stores**
жалюзи́ / руло́нные жалюзи́ *n*	Jalousie / Rollo
опуска́ть *1* / опусти́ть *2* жалюзи́	die Jalousien runterlassen
решётки на о́кнах	Gitter vor den Fenstern
ковёр *m*	**Teppich**
ковроли́н *m*	Teppichboden / Auslegware
ко́врик *m*	**kleiner Teppich**; Läufer; Brücke
ко́врик для ва́нной	Badematte
обо́и *Plt*	Tapete
парке́т *m*	**Parkettfußboden**
укла́дывать *1* / уложи́ть *2* парке́т	Parkett verlegen
дымова́я труба́ *f*	Schornstein
(откры́тый) ками́н *m*	(offener) Kamin
центра́льное отопле́ние *n*	**Zentralheizung**
радиа́тор *m*; **батаре́я** *f*	**Heizkörper**
бо́йлер *m*; водонагрева́тель *m*	Boiler; Warmwasserbereiter
корзи́на *f* **для бума́г**	**Papierkorb**
му́сорное ведро́ *n*	**Mülleimer**
мусоропрово́д *m*	Müllschlucker

5.3 Домашняя работа
Hausarbeit

рабо́та *f* **по до́му / дома́шняя рабо́та**	**Hausarbeit**
занима́ться *1* дома́шней рабо́той	die Haus(halts)arbeit erledigen
убо́рка *f*	Aufräumen; Reinemachen
генера́льная убо́рка	Großreinemachen
убира́ть *1* **/ убра́ть***	sauber machen; putzen; aufräumen; wegräumen
Она́ по суббо́там убира́ет кварти́ру.	Sie macht samstags die Wohnung sauber.
наводи́ть *2* **/ навести́** *1* **поря́док** *m*	**Ordnung machen**
чи́стить *2* **/ вы́чистить** *2*; **мыть** *1* **/ вы́мыть** *1*	sauber machen; putzen
Он два ра́за в год мо́ет о́кна.	Er putzt zweimal im Jahr die Fenster.
подмета́ть *1* **/ подмести́*** пол на ку́хне	die Küche **fegen**
вытира́ть *1* **/ вы́тереть***	**(auf)wischen; abtrocknen**
вытира́ть пыль *f*	Staub wischen
пылесо́сить *2 ugs*	Staub saugen

предме́ты для убо́рки и чи́стящие сре́дства (= ***Reinigungsgeräte und -mittel*****)**
тря́пка *f* / салфе́тка *f* (= *Tuch* / *Lappen*) • тря́пка для (вытира́ния) пы́ли (= *Staubtuch*) • губка́ *f* (= *Schwamm*) • ку́хонное полоте́нце *n* (= *Geschirrtuch*) • щётка *f* (= *Bürste*) • мо́ющее / чи́стящее сре́дство *n* (= *Spül- / Reinigungsmittel*) • метла́ *f* (= *Besen*) • ве́ник *m* (= *Reisig- / Bastbesen*) • ручна́я щётка *f* и сово́к *m* (= *Handfeger und Kehrschaufel*) • ведро́ *n* (= *Eimer*) • шва́бра (= *Schrubber; Wischmopp*) • мы́ло *n* (= *Seife*) • стира́льный порошо́к *m* (= *Waschpulver*)

мыть *1* **/ вы́мыть** *1* **посу́ду**	**Geschirr abwaschen**
ополáскивать *1* / ополосну́ть *1*	spülen
сти́рка *f*	**Wäsche**
стира́ть *1* / вы́стирать *1*	Wäsche waschen
ве́шать *1* / пове́сить *2* бельё	Wäsche aufhängen
гла́дить *2* **/ вы́гладить** *2*	bügeln
протира́ть *1* **/ протере́ть***	blank putzen / sauber machen
чи́стить *2* / почи́стить *2* о́бувь *f*	Schuhe putzen
крем *m* для о́буви	Schuhcreme
прове́тривать *1* **/ прове́трить** *2*	lüften
стели́ть *1* / постели́ть *1* посте́ль	das Bett machen

6.1 Сообщества
Gemeinschaften

госуда́рство *n*	**Staat**
на́ция *f* – **национа́льность** *f*	**Nation – Nationalität**
Кто вы по национа́льности?	Welcher Nationalität sind Sie?
наро́д *m* – наро́дность *f*	**Volk** – Völkerschaft
о́бщество *n*	**Gesellschaft / Gemeinschaft**
роль же́нщины в о́бществе	die Rolle der Frau in der Gesellschaft
сооо́бщество *n*	Gemeinschaft; Verein
Содру́жество незави́симых госуда́рств (СНГ)	die **Gemeinschaft** unabhängiger Staaten (GUS)
сою́з *m*	**Union**
Сове́тский Сою́з	Sowjetunion
Европе́йский Сою́з / ЕС	**Europäische Union / EU**
импе́рия *f*	**Imperium**; Weltreich
ца́рская импе́рия / ца́рство *n*	Zarenreich
страна́ *f*	**Land**
восто́чноевропе́йские стра́ны	die osteuropäischen Länder
конфедера́ция *f*	**Staatenbund**; **Konföderation**
Швейца́рская конфедера́ция	die Schweizerische Eidgenossenschaft
федера́ция *f*	**Föderation;** Bund
Росси́йская Федера́ция	Russische Föderation
Федерати́вная Респу́блика Герма́ния	Bundesrepublik Deutschland
(федера́льная) земля́ *f*	**(Bundes-)Land** (*Deutschland*)
(автоно́мная) **респу́блика**	(autonome) **Republik**
росси́йский – герма́нский	**russisch – deutsch** (*bezogen auf den Staat*)
Моско́вская о́бласть	das Moskauer Gebiet
райо́н	Kreis / Gebiet / Stadtbezirk
областно́й / райо́нный центр *m*	Gebiets- / Kreisstadt
регио́н *m* – **региона́льный**	Region; Gebiet – regional
администра́ция *f*; **муниципалите́т** *m*	Verwaltung; Stadtverwaltung
го́род *m*	Stadt
ме́сто *n*	Gegend / Ort
ме́стный	örtlich; lokal
дере́вня *f* / **село́** *n*	Dorf
посёлок *m*	Siedlung
ро́дина *f*; оте́чество *n*	Heimat; Vaterland

6.2 Политические системы
Politische Systeme

демокра́тия *f*	**Demokratie**
парламента́рная демокра́тия	parlamentarische Demokratie
демократи́ческий	**demokratisch**
президе́нтская фо́рма *f* правле́ния	präsidiales Regierungssystem
респу́блика *f*	**Republik**
коммуни́зм *m*	**Kommunismus**
социали́зм *m*	**Sozialismus**
капитали́зм *m* – капитали́ст *m*	**Kapitalismus** – Kapitalist
капиталисти́ческий	**kapitalistisch**
либерали́зм – libера́льный	Liberalismus – liberal
полице́йское госуда́рство *n*	Polizeistaat
фаши́зм *m* – фаши́ст *m*	**Faschismus** – Faschist
фаши́стский	**faschistisch**
неофаши́стские гру́ппы	neofaschistische Gruppen
наци́зм *m*	**Nazismus**
Герма́ния во вре́мя наци́зма	Deutschland in der Zeit des Nazismus
неонаци́ст *m*	Neonazi
авторита́рный; тоталита́рный	**autoritär; totalitär**

фо́рмы правле́ния (= *Regierungsformen*)
абсолюти́зм *m* / **абсолю́тная мона́рхия** *f* (= *Absolutismus / absolute Monarchie*): Мона́рх име́ет неограни́ченную власть. *(= Der Monarch verfügt über uneingeschränkte Macht.)*
конституцио́нная мона́рхия *f* (= *konstitutionelle Monarchie*): Власть мона́рха ограни́чена парла́ментом. *(= Die Macht des Monarchen wird durch das Parlament begrenzt.)*
тоталитари́зм *m* (= *Totalitarismus*): Небольшо́й круг люде́й осуществля́ет по́лный контро́ль над все́ми сфе́рами жи́зни о́бщества. *(= Eine kleine Gruppe von Leuten übt die vollständige Kontrolle über alle Lebensbereiche der Gesellschaft aus.)*
теокра́тия *f* (= *Theokratie*): Глава́ госуда́рства одновре́менно явля́ется и религио́зной главо́й. *(= Das Staatsoberhaupt ist zugleich religiöses Oberhaupt.)*
аристокра́тия *f* (= *Adelsherrschaft*): Власть в рука́х представи́телей родово́й зна́ти. *(= Die Macht liegt in den Händen von Vertretern der Adelsstämme.)*
диктату́ра *f* (= *Diktatur*): Режи́м с неограни́ченной вла́стью дикта́тора. *(= Ein Regime mit uneingeschränkter Macht des Diktators.)*
демокра́тия *f* (= *Demokratie*): Управле́ние госуда́рством осуществля́ется и́збранными наро́дом представи́телями. *(= Die Leitung des Staates wird durch vom Volk gewählte Vertreter ausgeübt.)*

6.3 Партии и политика Parteien und Politik

поли́тика *f*	**Politik**
экономи́ческая / вну́тренняя / вне́шняя поли́тика	die Wirtschafts- / Innen- / Außenpolitik
поли́тик	**Politiker(in)**
полити́ческий	**politisch**
полити́ческая систе́ма *f*	ein politisches System
власть *f*	**Macht; Behörden**
приходи́ть *2* / прийти́* к вла́сти	an die Macht kommen
ме́стные вла́сти	örtliche Behörden
о́рганы (госуда́рственной) вла́сти	(staatliche) Machtorgane
па́ртия *f*	**Partei**
председа́тель па́ртии	**Parteivorsitzende(r)**
ли́дер *m* / член *m* па́ртии	Parteichef / -mitglied

кру́пные па́ртии Росси́и (= *Russlands große Parteien*)
Еди́ная Росси́я (= *Einheitliches Russland*) • Справедли́вая Росси́я (= *Gerechtes Russland*) • Сою́з пра́вых сил – СПС (= *Union rechter Kräfte*) • Яблоко (= *Jabloko* [*Apfel*]) • Коммунисти́ческая па́ртия Росси́йской Федера́ции – КПРФ (= *Kommunistische Partei der Russischen Föderation*) • Либера́льно-демократи́ческая па́ртия Росси́и – ЛДПР (= *Liberal-Demokratische Partei Russlands*)

Христиа́нско-Демократи́ческий Сою́з	die Christlich-Demokratische Union
Социа́л-демократи́ческая па́ртия	die Sozialdemokratische Partei
коали́ция *f*	**Koalition**
социали́ст *m* **– социали́стка** *f*	**Sozialist – Sozialistin**
социалисти́ческий	**sozialistisch**
коммуни́ст *m* **– коммуни́стка** *f*	**Kommunist – Kommunistin**
коммунисти́ческое движе́ние	kommunistische Bewegung
пра́вые; ле́вые	**die Rechten; die Linken**
пра́вые радика́лы / экстреми́сты	Rechtsradikale / -extremisten
вы́боры *Pl*	**Wahl**
предвы́борная / избира́тельная кампа́ния *f*	Wahlkampagne / Wahlkampf
победи́ть *2* – проигра́ть *1* на вы́борах	eine Wahl gewinnen – verlieren
баллоти́роваться *1* в депута́ты	als Abgeordneter **kandidieren**
кандида́т	**Kandidat(in)**
избира́тельная програ́мма *f*	**Wahlprogramm**
опро́с *m* **(населе́ния)**	**Meinungsumfrage**

6.4 Законодательная власть
Die Legislative

конститу́ция *f*	**Verfassung**
парла́мент *m*	**Parlament**
Па́ртия получи́ла 270 мест в парла́менте.	Die Partei errang 270 Sitze im Parlament.
вы́боры в Госуда́рственную Ду́му	Wahl der Staatsduma
пала́та *f*	**Kammer**
ве́рхняя / ни́жняя пала́та	die erste / zweite Kammer; Ober- / Unterhaus

> i *Das* росси́йский парла́мент (= *das russische Parlament*) *ist die* Федера́льное Собра́ние (= *Föderationsversammlung*). *Sie besteht aus der ersten Kammer, dem* Сове́т Федера́ции (= *Föderationsrat*) *und der* Госуда́рственная Ду́ма (= *Staatsduma*), *kurz auch* Госду́ма *genannt*.

депута́т Госду́мы	**Abgeordnete(r) der Staatsduma**
Депута́ты Госду́мы избира́ются сро́ком на 4 го́да.	Die Abgeordneten der Staatsduma werden auf vier Jahre gewählt.
распуска́ть *1* **/ распусти́ть** *2* **Ду́му**	die Duma auflösen
глава́ *f* **/ ли́дер** *m* **оппози́ции**	der / die Oppositionsführer(in)
большинство́ – меньшинство́ *n*	Mehrheit – Minderheit
созы́в *m*	Legislaturperiode
Госуда́рственная Ду́ма четвёртого созы́ва	die Staatsduma der vierten Legislaturperiode
се́ссия *f*	**Sitzung(speriode) / Tagung**
заседа́ние *n*	Sitzung
пре́ния *Plt* **/ деба́ты** *Plt*	**Debatte**
обсужда́ть *1* / обсуди́ть *2*	debattieren; erörtern
парла́ментские слу́шания	parlamentarische Anhörungen
зако́н *m*	**Gesetz**
принима́ть *1* / приня́ть* зако́н	ein Gesetz verabschieden
издава́ть *1* / изда́ть* зако́н	ein Gesetz erlassen
вступи́ть в си́лу	in Kraft treten
предложе́ние *n* об измене́нии зако́на	Abänderungsantrag (zu einem Gesetz)
Ду́ма рассма́тривает зако́н в пе́рвом чте́нии.	Die Duma erörtert das Gesetz in erster Lesung.
дополни́тельная статья́ *f*	Zusatzartikel
вноси́ть *2* **законопрое́кт** *m*	einen **Gesetzentwurf** einbringen
Ду́ма обсужда́ет законопрое́кт.	Die Duma berät einen Gesetzentwurf.
хода́тайство *n*	**Antrag**
подава́ть *1* / пода́ть* хода́тайство	einen Antrag stellen

рассма́тривать *1* / рассмотре́ть *2* хода́тайство	einen Antrag prüfen
ве́то *n*	**Veto**
Президе́нт мо́жет наложи́ть ве́то на зако́н.	Der Präsident kann gegen ein Gesetz sein Veto einlegen.
бюдже́т *m*	**Haushalt(splan); Etat**
баланси́ровать *1* / сбаланси́ровать *1* бюдже́т	den Haushalt ausgleichen
рефере́ндум *m*	**Referendum; Volksentscheid**
проводи́ть *2* / провести́ *1* рефере́ндум по объедине́нию областе́й	einen Volksentscheid über den Zusammenschluss von Gebieten durchführen
протоко́л *m*	**Protokoll**
протоко́л про́шлого заседа́ния	das Protokoll der letzten Sitzung
речь *f*	**Rede**
выступа́ть *1* / вы́ступить *2* с ре́чью	eine Rede halten
ратифици́ровать *1*	**ratifizieren**
Междунаро́дные догово́ры подлежа́т ратифика́ции Госуда́рственной Ду́мой.	Internationale Verträge müssen durch die Staatsduma ratifiziert werden.
комите́т *m*	**Ausschuss**
Она́ рабо́тает в не́скольких комите́тах.	Sie ist in mehreren Ausschüssen tätig.
Комите́т по бюдже́ту и нало́гам	Haushalts- und Finanzausschuss
Комите́т по безопа́сности	Sicherheitsausschuss
Комите́т заседа́ет два ра́за в год.	Der Ausschuss tagt zweimal im Jahr.
лобби́ст *m*	**Lobbyist**
го́лос *m*; **голосова́ние** *n*	**Stimme; Abstimmung**
Это нам сле́дует поста́вить на голосова́ние.	Darüber sollten wir abstimmen.
голосова́ние по по́чте	Briefwahl
голосова́ть *1* / проголосова́ть *1*	(ab)stimmen; wählen
Я бу́ду голосова́ть за …	Ich werde für … stimmen.
голосова́ть по законопрое́кту	über einen Gesetzentwurf abstimmen
возде́рживаться *1* / **воздержа́ться** *2*	**sich (der Stimme) enthalten**
при двух воздержа́вшихся	bei zwei Stimmenthaltungen
депута́тское ме́сто *n* / депута́тский (парла́ментский) манда́т *m*	(Parlaments-)Sitz / Mandat
во́тум *m* недове́рия	Misstrauensvotum

6.5 Исполнительная власть
Die Exekutive

правительство *n*	**Regierung**
Федеральное правительство	die Bundesregierung / die Regierung der Föderation
формировать *1* / сформировать *1* правительство	eine Regierung bilden
администрация *f*; **управление** *n*	**Verwaltung**
Кремль *m*	Kreml (*Amtssitz des russischen Präsidenten*)
Дом правительства; Белый Дом *m ugs.*	Haus der Regierung; Weißes Haus
президент	**Präsident(in)**
выборы в президенты	Präsidentschaftswahl
Путин был избран президентом в 2000 году.	Putin wurde im Jahr 2000 zum Präsidenten gewählt.
президентский срок *m*	die Amtszeit des Präsidenten
Канцлер ФРГ	**Bundeskanzler(in) der BRD**
глава *f* **государства**	**Staatsoberhaupt**
король *m* – **королева** *f*	**König – Königin**
император *m* – **императрица** *f*	**Kaiser – Kaiserin**
губернатор	**Gouverneur(in)**
министр	**Minister(in)**
премьер-министр	**Premierminister(in)**
кабинет *m* **министров**	**Ministerkabinett**
заседание кабинета	Kabinettssitzung
министерство *n*	**Ministerium**
Министерство внутренних дел (МВД)	das Innenministerium
должность *f* / **пост** *m*	**Amt; Funktion; Posten**
служба *f*	**Behörde; Amt; Dienst**
Он вступил в должность.	Er trat sein Amt / seinen Dienst an.
учреждение *n*; **ведомство** *n*	**Dienststelle; Behörde / Amt**
назначение *n*	**Ernennung**
назначать *1* / **назначить** *2*	**ernennen**
Его назначили министром образования и науки.	Er wurde zum Bildungs- und Wissenschaftsminister ernannt.
отставка *f*	**Rücktritt**
уходить *2* / уйти* в отставку	zurücktreten
Премьер-министр ушёл в отставку.	Der Premierminister ist zurückgetreten.
агентство *n*	**Behörde; Agentur**
комиссия *f*	**Kommission; Ausschuss**

6.6 Судебная власть и милиция
Judikative und Polizei

пра́во *n*; зако́н *m*	**Recht;** Gesetz
проводи́ть *2* / провести́ *1* зако́н	ein Gesetz durchführen
суд *m*	**Gericht**
суде́бный проце́сс *m*	**(Gerichts-)Verfahren**
суде́бное разбира́тельство *n*	**Gerichtsverhandlung**
судья́	**Richter(in)**
прися́жный заседа́тель *m*	geschworener Beisitzer
подава́ть *1* **/ пода́ть* в суд**	**verklagen**
Она́ грози́ла ему́ пода́ть на него́ в суд.	Sie drohte, ihn zu verklagen.
суди́ться *2*	**einen Prozess führen**
осужда́ть *1* **/ осуди́ть** *2*	**verurteilen; missbilligen**
Их осуди́ли за кра́жу.	Sie wurden wegen Diebstahls verurteilt.
Мы осужда́ем их поведе́ние.	Wir verurteilen ihr Verhalten.
показа́ние *n*	**Aussage**
Он дава́л показа́ния в су́де.	Er hat vor Gericht ausgesagt.
привлека́ть *1* / привле́чь* к суде́бной отве́тственности	gerichtlich belangen / zur Verantwortung ziehen
иск *m*	**Klage**
предъявля́ть *1* **/ предъяви́ть** *2* **иск**	**verklagen**
Нам предъяви́ли иск о возмеще́нии уще́рба / вреда́.	Sie verklagten uns auf Schadenersatz.
суде́бное де́ло *n*	**Gerichtsverhandlung; Verfahren; Akte**
вы́играть *1* де́ло в су́де	einen Prozess gewinnen
возбужда́ть *1* / возбуди́ть *2* иск / де́ло	Klage erheben / ein Verfahren einleiten
прокуро́р	**Staatsanwalt / Staatsanwältin**
прокурату́ра *f*	**Staatsanwaltschaft**
адвока́т	**Verteidiger(in); Rechtsanwalt- / -anwältin**
защи́та *f*	**die Verteidigung**
обвине́ние *n*	**Anklage**
свиде́тель *m* защи́ты / обвине́ния	Entlastungs- / Belastungszeuge
обвиня́ть *1* **/ обвини́ть** *2*	**anklagen; beschuldigen**
Его́ обвини́ли в уби́йстве.	Er wurde des Totschlags angeklagt.
сле́дствие *n*; дозна́ние *n*	**Ermittlungsverfahren**
быть* под сле́дствием	in ein Ermittlungsverfahren verwickelt sein
производи́ть *2* / произвести́ *1* дозна́ние	eine Ermittlung führen

Милúция ведёт рассле́дование по убúйству …	Die Miliz ermittelt im Mordfall …
правонарушúтель *m*	**Straftäter**
несовершеннолéтняя правонарушúтельница	jugendliche / minderjährige Straftäterin
залóжник *m* – **залóжница** *f*	**(männl. / weibl.) Geisel**
брать* / взять* залóжников	Geiseln nehmen
коррýпция *f*	**Korruption**
борьбá с коррýпцией	Bekämpfung der Korruption
взя́тка *f*	**Bestechungsgeld**
винóвный – невинóвный	**schuldig – unschuldig**
Человéк считáется невинóвным, покá не докáзана егó **винá**.	Bis die **Schuld** erwiesen ist, gilt man als unschuldig.
подсудúмый *m* – **подсудúмая** *f*	**Angeklagte(r)**
отвéтчик *m* – отвéтчица *f*	Beklagter – Beklagte
истéц *m* – истúца *f*	Kläger – Klägerin
признáние *n*	**Geständnis**
Он признáл себя́ винóвным.	Er bekannte sich schuldig.
приговóр *m*	**Urteil** (*strafrechtl.*)
выносúть *2* / вы́нести *1* приговóр	ein Urteil fällen
мировóе соглашéние *n*	**Vergleich**
прийтú* к соглашéнию	einen Vergleich schließen
наказáние *n* – в наказáние	**Strafe** – zur Strafe
услóвное наказáние	Bewährungsstrafe
накáзывать *1* **/ наказáть** *1*	**bestrafen**
отбывáть *1* / отбы́ть* наказáние	eine Strafe verbüßen
Ему грозúт **смéртная казнь** *f*.	Ihm droht die **Todesstrafe**.
(дéнежный) штраф *m*	**Geldstrafe; Bußgeld**
С неё взыскáли штраф в размéре 5000 рублéй.	Sie musste 5000 Rubel Strafe zahlen.
лишéние *n* **свобóды**	**Freiheitsentzug**
заключéние *n*	**Gefängnis(strafe); Haft**
пожúзненное заключéние	lebenslange Haft
услóвия заключéния	Haftbedingungen
предварúтельное заключéние *n*	Untersuchungshaft
заключённый; зек (*jarg.*)	**Häftling**

Местá отбывáния наказáния (= ***Orte der Haftverbüßung*****)**
тюрьмá *f* (= *Gefängnis*) • колóния *f* óбщего / стрóгого режúма (= *Strafanstalt mit durchschnittlichen / strengen Haftbedingungen*) • исправúтельная колóния *f* (= *Besserungsanstalt*) • слéдственный изоля́тор *m* / СИЗО (= *Untersuchungsgefängnis*)
Bedeutsam für die Geschichte: ссы́лка *f* (= *Verbannung*) • кáторга *f* (= *Zuchthaus; Zwangsarbeit*) • концентрациóнный лáгерь *m* (= *Konzentrationslager*) • ГУЛАГ (Глáвное Управлéнис лагерéй) *(= GULAG, Hauptverwaltung der Lager)*

освобождéние *n*	**Freilassung; Entlassung**
освобождать *1* **/ освободи́ть** *2* (усло́вно-досро́чно)	(vorzeitig / auf Bewährung) **entlassen**
усло́вно осуждённый	ein auf Bewährung Verurteilter
поручи́тельство *n*; **зало́г** *m*	**Sicherheitsleistung**; **Kaution**
Подсуди́мый был освобождён под зало́г.	Der Angeklagte wurde gegen Kaution freigelassen.
доказа́тельство *n*	**Beweis**
ули́ка *f*	**Indiz**(ienbeweis); **Beweisstück**
обжа́лование *n*	**Anfechtung; Berufung**
обжа́ловать *1* пригово́р	ein Urteil anfechten
пересмо́тр *m* **дéла**	**Revision**
апелляцио́нная жа́лоба *f*	**Berufung**
Он пода́л аппеляцио́нную жа́лобу в Верхо́вный суд.	Er legte Berufung beim Obersten Gericht ein.
исполнéние *n* пригово́ра	Urteilsvollstreckung
поли́ция *f* – полицéйский	**Polizei** – Polizist
мили́ция *f*	**Miliz;** Polizei (*in Russland*)
Мили́ция разы́скивает кра́сную маши́ну Форд.	Die Miliz sucht einen roten Ford.
отделéние *n* **мили́ции**	**Polizei-/ Milizwache;** Revier
милиционéр	**Milizionär;** Polizist(in)
уча́стко́вый инспéктор *m*	Kontaktbereichsbeamter (*Dtschl.*) / Reviermilizinspektor (*Russl.*)
кримина́льная мили́ция *f*	**Kriminalpolizei**
уголо́вный ро́зыск *m*	**Fahndungsabteilung** (*ein Bereich der Kriminalpolizei*)
слéдователь *m*	Ermittlungsbeamter; Fahnder
ча́стный детекти́в *m*	Privatdetektiv
подозрéние *n*	**Verdacht**
подозрева́емый	**(Tat-)Verdächtiger**
Её подозрева́ют в уби́йстве.	Sie wird des Mordes verdächtigt.
о́рдер *m* на о́быск	Durchsuchungsbefehl
допро́с *m*	**Verhör**
арéст *m*	**(Polizei-)Gewahrsam; Haft; Beschlagnahme**
о́рдер на арéст	Haftbefehl
арéст (ба́нковского) счёта	Kontensperre
арестóвывать *1* **/ арестова́ть** *1*	**verhaften; beschlagnahmen**
конфискóвывать *1* / конфискова́ть *1*	beschlagnahmen
Его́ арестова́ли.	Er wurde in Haft genommen.
задéрживать *1* / задержа́ть *2*	festhalten; vorläufig festnehmen
ОМОН (**о**тделéние **м**или́ции **о**со́бого **н**азначéния)	Spezialeinheit der Miliz

6.7 Налоги
Steuern

нало́г *m* – **нало́ги**	**Steuer – Steuern**
платёж *m*	**Zahlung**
по́шлина *f*	**Steuer; Abgabe**
тамо́женная по́шлина *f*	Zoll(abgabe)
Это облага́ется по́шлиной?	Muss man darauf Zoll zahlen?
сбор *m*	**Abgabe / Gebühr; Erhebung**
сбор нало́гов	Steuererhebung
повыша́ть *1* / повы́сить *2* нало́ги	die Steuern erhöhen
снижа́ть *1* / сни́зить *2* нало́ги	die Steuern senken
повыше́ние *n* **/ сниже́ние** *n* **нало́гов**	**Steuererhöhung / -senkung**
нало́гообложе́ние *n* – нало́говое обложе́ние *n*	**Besteuerung**; Steuerveranlagung
облага́ть *1* **/ обложи́ть** *2* **нало́гом**	**besteuern**
су́мма, не облага́емая нало́гом	Steuerfreibetrag
о́бщий / чи́стый дохо́д *m*	**Brutto- / Nettoeinkommen**
нало́говая деклара́ция *f*	**Steuererklärung**
деклара́ция о дохо́де	**Einkommensteuererklärung**
заполня́ть *1* / запо́лнить *2* деклара́цию о дохо́де	eine Einkommensteuererklärung ausfüllen
нало́г на доба́вленную сто́имость / НДС	**Mehrwertsteuer**
Це́ны включи́тельно (вкл.) НДС.	Alle Preise verstehen sich einschließlich Mehrwertsteuer.
нало́гоплате́льщик *m*	**Steuerzahler**
нало́говое управле́ние n	**Finanzamt**
нало́говый инспе́ктор *m*	Steuerprüfer; Wirtschaftsprüfer
нало́говая поли́ция *f*	Steuerfahndung

нало́ги в Росси́и (= *Steuerarten in Russland*):
подохо́дный нало́г (= *Einkommenssteuer; Lohnsteuer*) • нало́г на при́быль *f* (= *Gewinnsteuer*) • нало́г на иму́щество *n* (= *Vermögenssteuer*) • социа́льный нало́г (= *Sozialsteuer*) • акци́з *m* / акци́зный нало́г (= *Akzise*)

ауди́т *m*	**Buchprüfung**
проводи́ть *2* / провести́ *1* ауди́т	(die Bücher) prüfen
ауди́тор *m*	Wirtschafts- / Rechnungsprüfer
бухгалте́рия *f*	**Buchhaltung(sabteilung)**
бухга́лтерский учёт *m*	Buchführung; Buchhaltung
Поже́ртвования мо́жно вычита́ть из нало́говой ба́зы.	**Spenden** sind steuerlich absetzbar.

6.8 Социальная защита Soziale Sicherheit

Социа́льная защи́та *f (= sozialer Schutz) im weiteren Sinne umfasst die staatliche Umsetzung der Sozialpolitik und die gesetzlich festgelegten wirtschaftlichen, politischen und sozialen Garantien zur Wahrung der sozialen Rechte der Bürger. Im engeren Sinne werden damit konkrete, zielgerichtete Maßnahmen zur Unterstützung der schwächeren Bevölkerungsschichten gemeint.*

социа́льная защищённость *f* / обеспе́ченность *f*	soziale Abgesichertheit
социа́льное обеспе́чение *n*	soziale Absicherung
Большинство́ рабо́чих социа́льно обеспе́чены.	Die meisten Arbeitnehmer sind sozial abgesichert.
социа́льное посо́бие *n*	**Sozialhilfe**
Она́ с детьми́ живёт на социа́льное посо́бие.	Sie lebt mit den Kindern von Sozialhilfe.
матери́нское посо́бие *n*	**Mutterschaftsgeld**
посо́бие *n* **на ребёнка**	**Kindergeld**
жили́щная субси́дия *f* / **компенса́ция** *f*	**Wohngeld**
посо́бие по боле́зни	**Krankengeld**
Вы име́ете пра́во на посо́бие.	Sie haben Anspruch auf Beihilfe.
прове́рка *f* нужда́емости	Überprüfung der Bedürftigkeit
сокраще́ние *n* социа́льных вы́плат	Streichungen von Sozialleistungen
социа́льная рефо́рма *f*	Sozialreform
социа́льное госуда́рство *n*	der Wohlfahrtsstaat / Sozialstaat
медици́нское страхова́ние *n*	**Krankenversicherung**
больни́чная ка́сса *f*	Krankenkasse (*Dtschl. und hist. in Russland*)
страхова́я компа́ния *f*	Versicherung; Krankenkasse
страхова́ние по ухо́ду при боле́зни и́ли по ста́рости	Pflegeversicherung (*Dtschl.*)
пе́нсия *f*	**Rente; Pension; Ruhegehalt**
пе́нсия по ста́рости	Altersrente
пе́нсия по инвали́дности	Invalidenrente
пенсио́нный фонд *m* / пенсио́нная ка́сса	Rentenfonds / Pensionskasse

6.9 Междунаро́дные отноше́ния
Internationale Beziehungen

вне́шняя поли́тика *f*	**Außenpolitik**
мини́стр иностра́нных дел	**Außenminister(in)**
междунаро́дная поли́тика *f*	**internationale Politik**
междунаро́дные организа́ции	internationale Organisationen
междунаро́дные **отноше́ния**	internationale **Beziehungen**
восстана́вливать *1* / **восстанови́ть** *2*	**wiederherstellen**
прерыва́ть *1* / **порва́ть** *1*	**abbrechen**
восстанови́ть / порва́ть дипломати́ческие отноше́ния	die diplomatischen Beziehungen wiederherstellen / abbrechen
госуда́рственный визи́т *m*	Staatsbesuch
диплома́тия *f*	**Diplomatie**
дипломати́ческое призна́ние *n*	diplomatische Anerkennung
диплома́т	**Diplomat(in)**
посо́л – **посо́льство** *n*	**Botschafter(in) – Botschaft**
сою́з *m*	**Bündnis; Allianz**
сою́зник *m*	Verbündeter; Bündnispartner
суверените́т *m* – **сувере́нный**	**Souveränität** – (*Staat*) **souverän**
госуда́рственная **грани́ца** *f*	**Staatsgrenze**
находи́ться *2* **за рубежо́м**	sich **im Ausland** aufhalten
стра́ны бли́жнего зарубе́жья	das nahe Ausland (*in Russland Bezeichnung für die ehemaligen Sowjetrepubliken*)
кри́зис *m*	**Krise**
полити́ческое реше́ние кри́зиса	eine politische Lösung der Krise
разногла́сие *n*	**Meinungsverschiedenheit**
спо́рный вопро́с *m*; **конфли́кт** *m*	**Streit(igkeit); Auseinandersetzung; Konflikt**
экономи́ческие са́нкции	**Wirtschaftssanktionen**
эмба́рго *n*	**Embargo**
наложи́ть *2* эмба́рго на ввоз ору́жия	ein Waffenembargo verhängen
план *m* **достиже́ния ми́ра**	**Friedensplan**
ула́живать *1* / ула́дить *2* конфли́кт	einen Konflikt beilegen
перегово́ры *Plt*	**Verhandlungen**
вести́ *1* / провести́ *1* перегово́ры	verhandeln
соглаше́ние *n*	**Abkommen**
договорённость *f*	**Vereinbarung**

Организа́ция Объединённых На́ций / ООН (= ***die Vereinten Nationen / UNO*****)** • Сове́т *m* безопа́сности (= *Sicherheitsrat*) • Генера́льная ассамбле́я *f* (= *Vollversammlung*) • Генера́льный секрета́рь *m* (= *Generalsekretär*)

6.10 Оборона, война, вооружённые силы
Verteidigung, Krieg, Militär

оборо́на *f*	**Verteidigung**
обороня́ть *1* **/ обороня́ться** *1*	**verteidigen / sich verteidigen**
мини́стр *m* оборо́ны	Verteidigungsminister
защи́та *f*	**Schutz**
НАТО	**NATO**
слу́жба *f* **безопа́сности**	**Sicherheitsdienst**
секре́тная слу́жба; разве́дывательная слу́жба	Geheimdienst; Nachrichtendienst
Федера́льная слу́жба безопа́сности (ФСБ)	Föderaler Sicherheitsdienst (*der russische Geheimdienst*)
контро́ль *f* **за вооруже́нием**	**Rüstungskontrolle**
пакт *m* **о ненападе́нии**	**Nichtangriffspakt**
во́инская обя́занность *f*	**Wehrpflicht**
Он (служи́т) в а́рмии.	Er ist beim Militär. / Er leistet seinen Wehrdienst.
призы́в *m* **– призы́вник** *m*	**Einberufung – Einberufener**
солда́т; вое́ннослу́жащий	**Soldat(in); Militärangehöriger**
офице́р *m*	**Offizier**
генера́л *m* – Генера́льный штаб *m*	General – der Generalstab
вое́нный	Militär(angehöriger) / Armeeangehöriger; Militär-; militärisch
кома́ндование *n*	**Kommando**
под кома́ндованием	unter dem Kommando
команди́р *m*	Kommandeur
войска́	**Truppen; Streitkräfte**
инжене́рные / деса́нтные войска́	Pionier- / Landetruppen
война́ *f* и **мир** *m*	**Krieg** und **Frieden**
переми́рие *n*	Waffenstillstand
коне́ц *m* войны́	Kriegsende
Пе́рвая / Втора́я **Мирова́я война́**	der Erste / Zweite **Weltkrieg**
Вели́кая Оте́чественная война́	der Große Vaterländische Krieg (*russ. Bezeichnung für den Abschnitt des 2. Weltkrieges von 1941 bis 1945*)
Оте́чественная война́ 1812 го́да	der Vaterländische Krieg 1812 (*russ. Bezeichnung für den Krieg gegen Napoleon*)
объявля́ть *1* / объяви́ть *2* войну́ друго́й стране́	einem anderen Land den Krieg erklären
агре́ссор *m* **– агре́ссия** *f*	**Aggressor – Aggression**
вторже́ние *n*	Invasion

нападáть *1* **/ напáсть** *1*	**überfallen**
нападéние *n*	**Überfall; Angriff**
наступлéние *n*	**Vormarsch; Angriff; Offensive**
начинáть *1* / начáть* наступлéние	einen Angriff beginnen
кóнтрнаступлéние *n* / кóнтратáка *f*	Gegenangriff / Gegenoffensive
отступлéние *n*	**Rückzug**
В 1994 г. был завершён **вы́вод** *m* рýсских войск из Гермáнии.	1994 war der **Abzug** der russischen Truppen aus Deutschland abgeschlossen.
би́тва *f* за Москвý	die **Schlacht** um Moskau
бой *m*; сражéние *n*	Kampf; Gefecht
Он пал в бою́.	Er ist im Kampf gefallen.
оккупи́ровать *1* странý	ein Land besetzen
оккупáция *f*	**Besetzung**
захвáтывать *1* / захвати́ть *2*	einnehmen; erobern; gefangen nehmen
враг *m*; **проти́вник** *m*	**Feind; Gegner**
сопротивлéние *n*; **отпóр** *m*	**Widerstand**
пехóта *f*; **артиллери́я** *f*; **танк** *m*	**Infanterie; Artillerie; Panzer**
ракéта *f*	**Rakete**
я́дерное орýжие *n*	**(Kern-)Waffen**
орýжие мáссового уничтожéния	Massenvernichtungswaffen
(я́дерная) подвóдная лóдка *f*	(Atom-)U-Boot
винтóвка *f*; **пистолéт** *m*	**Gewehr; Pistole**
(áтомная) бóмба *f*	**(Atom-)Bombe**
бомбардирóвка *f* промы́шленных объéктов	das Bombardieren von Industrieanlagen
аэродрóм *m*; **авиабáза** *f*	**Luftwaffenstützpunkt**
налёт *m* авиáции	Luftangriff
бóмбоубéжище *n*	Luftschutzbunker / -raum
парашюти́ст-десáнтник *m*	Fallschirmjäger
партизáн *m*	**Partisan; Guerillakämpfer**
разрушéния	**Zerstörungen**
разрушáть *1* **/ разрýшить** *2*	**zerstören**
потéри	**Verluste**
рáненые; уби́тые	**Verwundete; Tote**
воéннопле́нный	**Kriegsgefangener**
побéда *f* **– поражéние** *n*	**Sieg – Niederlage**
освобождéние *n* от фаши́зма	**Befreiung** vom Faschismus
(безоговóрочная) **капитуля́ция** *f*	(bedingungslose) **Kapitulation**
Междунарóдный воéнный трибунáл *m* в Ню́рнберге	Internationales Kriegsgericht in Nürnberg
воéнное преступлéние *n*	**Kriegsverbrechen**

7.1 Жилищный кризис Wohnungsnot

кварти́ра *f*	**Wohnung**
жильё *n*	**Wohnungen; Wohnraum**
Он стои́т в о́череди на жильё.	Er steht auf der Warteliste für eine Wohnung.
по́иски жилья́	**Wohnungssuche**
жила́я пло́щадь *f* / жилпло́щадь *f*	Wohnraum; Wohnfläche
нехва́тка *f* жилья́; нужда́ в жилпло́щади	Wohnungsknappheit; Bedarf an Wohnraum
жили́щный	**Wohnungs-; Wohn-**
развива́ть *1* жили́щное строи́тельство	den Wohnungsbau fördern
стро́ить *2* / постро́ить *2* недороги́е кварти́ры	preiswerte Wohnungen bauen
жили́щное управле́ние *n*	Wohnungsamt
жили́щно-строи́тельная компа́ния *f*	Wohnungs(bau)gesellschaft
пла́та *f* **за кварти́ру / квартпла́та** *f*	**Miete**
рост *m* пла́ты за кварти́ру / рост квартпла́ты	das Ansteigen der Mieten
после́днее повыше́ние *n* квартпла́ты	die jüngste Mieterhöhung
совме́стно прожива́ть в кварти́ре	in einer Wohngemeinschaft leben
сосе́д *m* – **сосе́дка** *f*	**Nachbar – Nachbarin**
сосе́д – сосе́дка по ко́мнате	Zimmergenosse / -genossin
кров *m*; **жили́ще** *n*	eine Bleibe
Ты́сячам люде́й не́где жить.	Tausende haben keine Bleibe.
тре́бовать *1* освобожде́ния кварти́ры	einen Mieter zur Räumung auffordern
бездо́мный	**obdachlos**
размеща́ть *1* / размести́ть *2* бездо́мных	Obdachlose unterbringen
бомж *m* (**б**ез **о**пределённого **м**еста **ж**и́тельства)	*Bezeichnung für Obdachlose* (wörtl.: ohne festen Wohnsitz)
прию́т *m* для бездо́мных / ночле́жка *f*	Obdachlosenheim
жить* на у́лице	auf der Straße schlafen / leben
Он и́щет убе́жища.	Er sucht eine Zuflucht.
предоставля́ть *1* / предоста́вить *2* прию́т / вре́менное жильё	eine Notunterkunft bereitstellen

7.2 Безработица
Arbeitslosigkeit

безрабóтный	**arbeitslos**; erwerbslos
безрабóтный *m* – безрабóтная *f*	der / die Arbeitslose
долговрéменные безрабóтные	Langzeitarbeitslose
сокращáть *1* / сократи́ть *2* количество безрабóтных	die Arbeitslosenzahlen senken
безрабóтица *f*	**Arbeitslosigkeit**
безрабóтица растёт / сокращáется	die Arbeitslosigkeit nimmt zu / geht zurück
страховáние *n* от безрабóтицы	Arbeitslosenversicherung
посóбие *n* по безрабóтице	Arbeitslosengeld; Arbeitslosenhilfe
рабóта *f*	**Arbeit**
Я без рабóты.	Ich bin **arbeitslos.**
выходнóе посóбие *n*	**Abfindung**
план *m* социáльной защи́ты	Sozialplan
сокращéние *n* **рабóчих мест / сокращéние штáтов**	**Stellen- / Personalabbau**
увольнéние *n*	Entlassung
увольня́ть *1* / увóлить *2*	entlassen
взять* расчёт	(selbst)kündigen
улучшéние *n* **– улучшáться** *1*	**Verbesserung – sich verbessern**
ухудшéние *n* **– ухудшáться** *1*	**Verschlechterung – sich verschlechtern**
подъём *m* **/ взлёт** *m* **/ бум** *m*	**Aufschwung**
экономи́ческий рост	Wirtschaftswachstum
замедлéние *n* **разви́тия; спад** *m*	**Abschwächung; Abschwung**
ры́нок *m* **трудá**	**Arbeitsmarkt**
зáнятость *f*	**Beschäftigung**
На предприя́тии зáняты 150 рабóчих.	Der Betrieb beschäftigt 150 Arbeiter.
Положéние с зáнятостью улу́чшилось / уху́дшилось.	Die Beschäftigungssituation hat sich gebessert / verschlechtert.
непóлная зáнятость	Kurzarbeit
вакáнсия *f*	freie Stelle; Stellenangebot
резюмé *n*	Lebenslauf (*als Anlage zu einer Bewerbung*)
рассылáть резюмé при пóиске рабóты	Bewerbungen verschicken
центр *m* зáнятости	Stellenvermittlung
би́ржа трудá	Arbeitsamt
нанимáть *1* **/ наня́ть*** рабóтников	Arbeitskräfte **einstellen**

7.3 Злоупотребление наркотиками и спиртными напитками
Drogen- und Alkoholmissbrauch

нарко́тик *m*	**Droge; Rauschgift**
злоупотребле́ние *n* нарко́тиками	Drogenmissbrauch
возбужда́ющий нарко́тик / стимуля́тор *m*	Aufputschmittel
успока́ивающий нарко́тик / депресса́нт *m*	Beruhigungsmittel
легализа́ция *f* нарко́тиков	Legalisierung / Freigabe von Drogen
число́ *n* уме́рших от нарко́тиков	die Zahl der Drogentoten
наркома́ния *f*	**Drogensucht**; Drogenabhängigkeit
наркоры́нок *m*; ры́нок нарко́тиков	Drogenmarkt
торго́вля *f* нарко́тиками	der Drogen- / Rauschgifthandel
вещество́ *n*	**Stoff**
наркоти́ческое вещество́	Rauschgift
кокаи́н *m* – **герои́н** *m*	**Kokain – Heroin**
гаши́ш *m* – **крэк** *m*	**Haschisch – Crack**
Он лови́л кайф от **ЛСД**. *ugs*	Er war auf einem **LSD**-Trip.
метадо́н *m*	Methadon
до́за *f* – **передозиро́вка** *f* / передо́за *f*	**Dosis – Überdosis**
Он у́мер от передозиро́вки герои́на.	Er starb an einer Überdosis Heroin.
вма́зка *f ugs*	Schuss (= *Drogeninjektion*)
Она сде́лала / вве́ла золоту́ю вма́зку. *ugs*	Sie setzte / drückte sich den goldenen Schuss.
Ты всё ещё ко́лешься? *ugs*	Fixt du immer noch?
переста́ть *1* употребля́ть нарко́тики	von der Sucht loskommen
вы́леченные наркома́ны	Süchtige, die geheilt wurden
детоксика́ция *f*	**Entgiftung**
отвыка́ние *n*	Entwöhnung; Entzug
наркологи́ческий диспансе́р *m*	Entziehungsanstalt
синдро́м *m* абстине́нции / ло́мка *f ugs*	Entzugserscheinungen
чи́стый	**sauber** (= *nicht mehr drogenabhängig*)
алкоголи́зм *m* – **алкого́лик** *m*	**Alkoholkrankheit – Alkoholiker**
пья́ница	Trinker(in) / Säufer(in)
пья́ный – пья́ная	betrunken; Betrunkene(r)
пья́нствовать *1*; запи́ть *1*	saufen
протрезвля́ться *1* / протрезви́ться *2*	seinen Rausch ausschlafen; nüchtern werden
ка́мера *f* вытрезви́теля	Ausnüchterungszelle

7.4 Бедность
Armut

бéдность *f*	**Armut**
беднéть *1* / обеднéть *1*	arm werden; verarmen
бéдный *m* **– бéдные**	**arm – die Armen**
Эти лю́ди ужáсно бéдные.	Diese Menschen sind schrecklich arm.
бедня́к *m*	Armer; Mittelloser
нищетá *f*	**äußerste Armut; Elend**
ни́щий *m* **– ни́щая** *f*	**Bettler – Bettlerin**
нуждá *f*	**Entbehrung; Armut**
обделённые сéмьи / дéти	benachteiligte Familien / Kinder
социáльно незащищённые	die sozial Schwachen
неиму́щие / социáльно неблагополу́чные сéмьи	mittellose Familien
чрезвычáйно ни́зкий **у́ровень** *m* **жи́зни**	ein extrem niedriger **Lebensstandard**
основны́е ну́жды / потрéбности	**Grundbedürfnisse**
прожи́точный ми́нимум *m*	**Existenzminimum**
жить* на прожи́точном ми́нимуме	am Rand des Existenzminimums leben
ни́же прожи́точного ми́нимума	unterhalb der Armutsgrenze
устанáвливать *1* / установи́ть *2* минимáльную зарплáту	einen Mindestlohn festsetzen
гóлод *m* **– голóдный**	**Hunger – hungrig**
голодáть *1*	**hungern**
Они́ у́мерли от гóлода.	Sie sind verhungert.
(недостáточное / неполноцéнное) питáние	(Mangel-)Ernährung
нуждáться *1* в социáльной пóмощи	auf Sozialhilfe angewiesen sein
социáльная / благотвори́тельная столóвая *f*	Suppenküche
сокращéния в социáльной сфéре	Sozialabbau
ни́зкая **продолжи́тельность** *f* **жи́зни**	niedrige **Lebenserwartung**
высóкая **смéртность** *f* **младéнцев**	hohe **Säuglingssterblichkeit**
беспризóрник *m*	**Straßenkind**
дéтский труд – дéтская прострату́ция	Kinderarbeit – Kinderprostitution
безгрáмотность *f* среди́ бéдных	**Analphabetentum** unter den Armen
страдáние *n*	**Leiden; Qual**
отчáяние *n*; **безнадёжность** *f*	**Verzweiflung; Hoffnungslosigkeit**

7.5 Преступления и насилие Verbrechen und Gewalttätigkeit

престýпность *f*	**Kriminalität**
преступлéние *n*	**Straftat; Verbrechen**
совершáть *1* / совершúть *2* преступлéние	ein Verbrechen begehen
жéртвы преступлéний	Opfer von Straftaten
престýпник *m*	**Verbrecher(in); Straftäter(in)**
привы́чный / профессионáльный престýпник	Gewohnheits- / Berufsverbrecher
престýпный	**kriminell**
простýпок *m*	**Vergehen**; Übertretung
правонарушéние *n*; делúкт *m*	Rechtsverletzung; Delikt

преступлéния (= ***Verbrechen*****):**
убúйство *n* (= *allg. für Tötung, Mord, Totschlag*) • умы́шленное убúйство (= *Mord*) • непреднамéренное убúйство (= *nicht vorsätzlicher Totschlag*) • покушéние *n* на убúйство (= *Mordversuch*) • шантáж *m*; вымогáтельство *n* (= *Erpressung*) • грабёж *m* (= *Raub / Plünderung*) • похищéние *n* (= *Entführung*) • телéсные поврежд́ения *Pl* (= *Körperverletzung*) • изнасúлование *n* (= *Vergewaltigung*) • угóн *m* / захвáт *m* самолёта (= *Flugzeugentführung*) • захвáт *m* залóжников (= *Geiselnahme*) • поджóг *m* (= *Brandstiftung*) • поддéлка *f* (= *Fälschung*) • взя́точничество *n* (= *Bestechung*) • присвоéние *n* / растрáта *f* (= *Unterschlagung / Veruntreuung*) • обмáн *m* / мошéнничество *n* (= *Betrug*) • контрабáнда *f* (= *Schmuggel*) • вандалúзм *m* (= *Vandalismus / mutwillige Beschädigung / Zerstörung fremden Eigentums*) • нарушéние *n* неприкосновéнности жилúща (= *Hausfriedensbruch*) • хулигáнство *n* (= *grober Unfug*)

престýпники (= ***Straftäter*****):**
убúйца / кúллер *m* (= *Mörder*) • шантажúст *m*; вымогáтель *m* (= *Erpresser*) • грабúтель *m* (= *Räuber / Plünderer*) • ýличный грабúтель *m* (= *Straßenräuber*) • похитúтель *m* (= *Entführer*) • насúльник *m* (= *Vergewaltiger*) • хулигáн *m* (= *Rowdy*) • футбóльный хулигáн *m* (= *Fußballrowdy*) • вандáл *m* (= *mutwilliger Zerstörer*) • угóнщик *m* самолёта (= *Flugzeugentführer*) • гáнгстер *m* / бандúт *m* (= *Gangster*) • рэкетúр *m* (= *Ganove / Gangster / Erpresser*) • поджигáтель *m* (= *Brandstifter*) • фальшúвщик *m* (= *Fälscher*) • мошéнник *m* / аферúст *m* (= *Betrüger / Hochstapler*) • кóнтрабандúст *m* (= *Schmuggler*)

угонять *1* / **угнать*** самолёт	ein Flugzeug **entführen**
Они завладели автобусом.	Sie brachten einen Bus in ihre Gewalt.
ограбление *n* **банка**	**Bankraub**
два вооружённых грабителя в масках	zwei bewaffnete und maskierte Räuber
разбойное **нападение** *n*	räuberischer **Überfall**
На неё напали двое мужчин.	Sie wurde von zwei Männern überfallen.

воровство и воры (= *Stehlen und Diebe*)
воровать *1*; красть *1* / украсть *1* (= *stehlen*) • воровство *n*; кража *f* (= *Diebstahl*) • карманная кража (= *Taschendiebstahl*) • кража сумки (= *Handtaschenraub*) • магазинная кража (= *Ladendiebstahl*) • кража / угон *m* автомобиля (= *Autodiebstahl*) • взлом *m* (= *Einbruch*) • кража со взломом (= *Einbruchsdiebstahl*) • вор *m* – воровка *f* (= *Dieb – Diebin*) • воровская шайка *f* (= *Diebesbande*) • вор-карманник *m* (= *Taschendieb*) • взломщик *m* (= *Einbrecher*)

(ручное) огнестрельное оружие *n*	**(Hand-)Feuerwaffe**
Его приговорили за незаконное хранение оружия.	Er wurde wegen unerlaubten Waffenbesitzes verurteilt.

Его ранили. (= *Er wurde angeschossen / verletzt.*) • Его застрелили. (= *Er wurde erschossen.*) • Его расстреляли. (= *Er wurde hingerichtet durch Erschießen.*) • В него стреляли. (= *Es wurde auf ihn geschossen.*)

бдительность *f* – бдительный	Wachsamkeit – wachsam
насилие *n*	**Gewalt(tätigkeit)**
насильственный	**gewalttätig**
драка *f*; **побои** *Plt*	**Schlägerei; Prügelei**
бить *1*; **драться***	**sich prügeln; schlagen**
Дети постоянно дерутся.	Die Kinder prügeln sich ständig.
бить *1* / побить *1*	schlagen; hauen
избитая жена	misshandelte Ehefrau
Её закололи.	Sie wurde erstochen.
задушить *2*; **удушить** *2*	**erwürgen; erdrosseln**
связывать *1* / **связать** *1*	**fesseln**
Её связали.	Sie wurde gefesselt
Ей заткнули рот.	Sie wurde geknebelt.
сопротивляться *1*	**sich zur Wehr setzen**
клевета *f*; навет *m*	Verleumdung

8.1 История Geschichte

история *f* — **Geschichte**

> дрéвняя истóрия (= *alte Geschichte*) • новéйшая истóрия (= *neuere Geschichte*) • истóрия развúтия óбщества (= *Sozialgeschichte*) • истóрия крáя (= *Heimatgeschichte*)

истори́ческий — **historisch; geschichtlich**
истори́ческие свидéтельства — historische Zeugnisse

> ***Unterschiede zwischen:* стáрый – стари́нный – анти́чный:**
> **стáрый** (= *alt*): стáрая кни́га *f* (= *ein altes Buch*) • стáрый человéк *m* (= *ein alter Mensch)*
> **стари́нный** (= *alt / altertümlich*): стари́нный обы́чай *m* (= *ein alter Brauch*) • стари́нная мéбель *f* (= *altertümliche Möbel*)
> **анти́чный** (= *antik, nur für die antike Epoche*): анти́чный Рим *m* (= *antikes Rom*) • анти́чное искýсство *n* Дрéвней Грéции (= *antike Kunst des alten Griechenland*)

истóрик — **Historiker(in)**
генеалóгия *f* — **Genealogie**
перви́чные истóчники — Primärquellen
докумéнт *m*; **свидéтельство** *n* — **Dokument; Urkunde**
пи́сьменные свидéтельства — schriftliche Überlieferungen
запи́ски совремéнников — zeitgenössische Berichte
ýстные предáния — **mündliche Überlieferungen**
дáнные из церкóвных книг — Daten aus Kirchenbüchern
расшифрóвка *f* нáдписей — das Entziffern von Inschriften
хрóника *f*; **áвтор** *m* **хрóники** — **Chronik; Chronist**
переселéние *n* **нарóдов** — **Völkerwanderung**
истóрия *f* **первобы́тного óбщества** — **Vorgeschichte**
крестóвые похóды — die Kreuzzüge
Средневекóвье *n* — das **Mittelalter**
эпóха *f*; **век** *m*; **э́ра** *f* — **Epoche; Zeitalter**
в эпóху Возрождéния — während der Renaissance
Просвещéние *n* — die **Aufklärung**
Реформáция *f* — die **Reformation**
Францýзская революция *f* — die Französische Revolution
промы́шленная революция *f* — die industrielle Revolution

8.2 Психология Psychologie

психоло́гия *f* — **Psychologie**

прикладна́я п. (= *angewandte P.*) • клини́ческая / медици́нская п. (= *klinische / medizinische P.*) • сравни́тельная п. (= *vergleichende P.*) • педагоги́ческая п. (= *pädagogische Psychologie*) • п. разви́тия (= *Entwicklungspsychologie*) • п. обуче́ния (= *Lernpsychologie*)

психо́лог	**Psychologe**
психологи́ческий	psychologisch
психоана́лиз *m*	**Psychoanalyse**
психоанали́тик	Psychoanalytiker
психотерапе́вт	Psychotherapeut(in)
поведе́ние *n*	**Verhalten**
психоло́гия *f* поведе́ния	Verhaltenspsychologie
мотива́ция *f*; **сти́мул** *m*	**Motivation; Verhaltensantrieb**
раздраже́ние *n* и реа́кция *f*	Reiz und Reaktion
индиви́д *m*; **ли́чность** *f*	**Individuum; Persönlichkeit**
челове́ческий **ра́зум** *m*	der menschliche **Verstand**
созна́тельное / бессозна́тельное *n*	das Bewusste / Unbewusste
подсозна́тельно; бессозна́тельно	unterbewusst; unbewusst
па́мять *f*	**Gedächtnis**
кратковре́менная па́мять	Kurzzeitgedächtnis
долговре́менная па́мять	Langzeitgedächtnis
мышле́ние *n*	das **Denken**
логи́ческое мышле́ние	logisches Denken
интелле́кт *m*; **ум** *m*	**Intellekt; Verstand; Intelligenz**
показа́тель *m* у́мственного разви́тия / IQ	Intelligenzquotient / IQ
восприя́тие *n*; **ощуще́ние** *n*	**Wahrnehmung; Empfindung**
чу́вство *n*	**Gefühl**
подавле́ние *n* чувств	Unterdrückung der Gefühle
сон *m* – ви́деть *2* сон	Traum – träumen
кошма́р *m*; **страх** *m*	**Albtraum; Angst**
изму́ченный стра́хами	von Angstgefühlen geplagt
психопатоло́гия *f*	**Psychopathologie**
психи́чески больно́й	psychisch krank
невро́з *m*; психо́з *m*	Neurose; Psychose
тру́дотерапи́я *f*	**Beschäftigungstherapie**
игротерапи́я *f*	Spieltherapie
релакса́ция *f*; расслабле́ние *n*	Entspannung
консульта́ция *f* по вопро́сам бра́ка	Eheberatung
психологи́ческие те́сты	psychologische Tests

8.3 Религии и конфессии
Religionen und Konfessionen

рели́гия *f*	**Religion**
религио́зный	**religiös**
религио́зные убежде́ния	religiöse Überzeugungen
ве́ра *f*	**Glaube**
ве́роисповеда́ние *n*	**Glaubensbekenntnis**
свобо́да *f* ве́роисповеда́ния	Religionsfreiheit
христиа́нство *n*	**Christenheit / Christentum**
христиа́нский	christlich
христиани́н *m* – христиа́нка *f*	Christ – Christin
Иису́с Христо́с	Jesus Christus
исла́м *m*	der **Islam**
мусульма́нин *m* – мусульма́нка *f*	Mohammedaner(in) / Muslim – Muslime
исла́мисты-фундаментали́сты	islamische Fundamentalisten
индуи́зм *m* – индуи́стский	der **Hinduismus**; hinduistisch
инду́с *m* – инду́ска *f*	Hindu
будди́зм *m* – будди́стский	der **Buddhismus**; buddhistisch
будди́ст *m* – будди́стка *f*	Buddhist(in)
иудаи́зм *m*	der **Judaismus** (*Religion*)
евре́йство *n*	das **Judentum** (*Volk*)
иуде́йский – евре́йский	jüdisch
иуде́й *m* – иуде́йка *f*	Jude – Jüdin (*Glauben*)
евре́й *m* – евре́йка *f*	Jude – Jüdin (*Nationalität*)
ортодокса́льные евре́и	orthodoxe Juden

Крест – си́мвол христиа́нства. (= *Das Kreuz ist das Symbol des Christentums.*) • Христиа́не ве́рят, что Христо́с – месси́я. (= *Die Christen glauben, dass Jesus der Messias ist.*) • После́дователи исла́ма называ́ются мусульма́нами. (= *Anhänger des Islams heißen Muslime.*) • В индуи́зме почита́ется коро́ва. (= *Im Hinduismus wird die Kuh verehrt.*) • Инду́сы ве́рят в реинкарна́цию. (= *Die Hindus glauben an Reinkarnation.*) • Будди́зм популя́рен в Евро́пе. (= *Der Buddhismus ist in Europa populär.*) • Си́мвол иудаи́зма – Звезда́ Дави́да. (= *Das Symbol des Judaismus ist der Davidstern.*)

конфе́ссия *f*	**Konfession**
Како́й вы ве́ры?	Welche Konfession haben Sie?
конфессиона́льная шко́ла *f*	Konfessionsschule
католици́зм *m*	der **Katholizismus**
(ри́мско-)католи́ческий	(römisch-)katholisch
като́лик *m* **– католи́чка** *f*	**Katholik – Katholikin**
католи́ческая общи́на *f*	die katholische Gemeinde

Она́ ста́ла католи́чкой. — Sie wurde katholisch.
переходи́ть *2* **/ перейти́*** — **konvertieren**
обраща́ть *1* **/ обрати́ть** *2* — **bekehren**

Он перешёл в католи́ческую ве́ру. (= *Er konvertierte zum Katholizismus.*) • Их обрати́ли в христиа́нство. (= *Sie wurden zum Christentum bekehrt.*)

правосла́вная це́рковь *f* — **orthodoxe Kirche**
гре́ческая правосла́вная це́рковь — griechisch-orthodoxe Kirche
ру́сская правосла́вная це́рковь — russisch-orthodoxe Kirche
старове́р *m* — Altgläubiger
реформа́тская це́рковь *f* — **reformierte Kirche**
протестанти́зм *m* — der **Protestantismus**
протеста́нтский — protestantisch; evangelisch
Он протеста́нт. — Er ist Protestant.
лютера́нский — **lutheranisch**
лютера́нская це́рковь *f* — die lutherische Kirche
лютера́нин *m* **– лютера́нка** *f* — **Lutheraner – Lutheranerin**
кальвини́зм *m* — der **Kalvinismus**
англика́нский — **anglikanisch**
англика́нская це́рковь *f* — die anglikanische Kirche
англика́нец *m* **– англика́нка** *f* — **Anglikaner – Anglikanerin**
бапти́ст *m* **– бапти́стка** *f* — **Baptist – Baptistin**
Она́ методи́стка / бапти́стка. — Sie ist Methodistin / Baptistin.
А́рмия *f* спасе́ния — Heilsarmee

Госпо́дствующей рели́гией в По́льше явля́ется католици́зм. (= *In Polen ist der Katholizismus die vorherrschende Religion.*) • Лютера́нство – одно́ из основны́х направле́ний протестанти́зма. (= *Das Luthertum ist einer der Hauptzweige des Protestantismus.*) • На Се́вере Евро́пы распространена́ протеста́нская це́рковь. (= *Im Norden Europas ist die protestantische Kirche verbreitet.*) • Мно́гие пурита́не вы́ехали в Но́вый свет. (= *Viele Puritaner wanderten in die Neue Welt aus.*)

пурита́нский — **puritanisch**
пурита́нин *m* **– пурита́нка** *f* — **Puritaner – Puritanerin**
Он евангели́ст. — Er ist Evangelist.
се́кта *f* — **Sekte**
опа́сные се́кты — gefährliche Sekten
секта́нт *m* — **Sektierer**
неве́рующий *m* **– неве́рующая** *f* — **Ungläubiger – Ungläubige**
атеист *m* **– атеистка** *f* — **Atheist – Atheistin**

8.4 Религиозные обычаи
Religiöse Bräuche

учéние *n*; при́нципы *Pl*	Lehre; Lehrmeinung; Grundsatz
дóгма *f*; **тéзис** *m* **вéры**	**Dogma; Glaubensgrundsatz**
Би́блия *f*	**Bibel**
толковáние *n* Би́блии	Exegese; (Bibel-)Auslegung
Вéтхий / Нóвый завéт *m*	das **Alte / Neue Testament**
при́тчи Христá	die Gleichnisse Jesu
Евáнгелие *n*	Evangelium
псалóм *m*	**Psalm**
небесá *Plt*; **рай** *m*; **ад** *m*	Himmel; **Paradies**; **Hölle**
вознести́сь *1* на небесá	zum Himmel auffahren
áнгел *m*; **архáнгел** *m*	**Engel; Erzengel**
апóстол Пётр / апóстол Пáвел	**Apostel Peter / Apostel Paul**
святáя *f* – святóй *m*	Heilige – Heiliger
святóй Геóргий / св. Геóргий	der heilige Georg / Sankt Georg
дья́вол *m*; чёрт *m*	Teufel
дéсять зáповедéй	die **Zehn Gebote**
воскресéние *n* **Христá**	die **Auferstehung Christi**
святóй дух *m*	der heilige Geist
(перворóдный) грех *m*	die (Erb-)Sünde
смéртный грех *m*	eine Todsünde
добродéтель *f*	Tugend
цéрковь *f*	**Kirche**
ходи́ть *2* в цéрковь	in die Kirche gehen
собóр *m*	**Dom; Kathedrale**
храм *m*	Tempel; Kathedrale
богослужéние *n*; мéсса *f*; слу́жба *f*	(die) Messe; Gottesdienst
учáствовать *1* **в богослужéнии**	**an einem Gottesdienst** teilnehmen
Онá регуля́рно ходи́ла на слу́жбу.	Sie ging regelmäßig zum Gottesdienst.
стáвить *2* / постáвить *2* свéчи	Kerzen aufstellen

> Христиáне прóводят своё богослужéние в цéркви, иудéи – в синагóге, а мусульмáне – в мечéти. (= *Christen halten Gottesdienst in einer Kirche, Juden in einer Synagoge und Muslime in einer Moschee.)*

проповéдовать *1*; проповéдник *m*	predigen; Prediger / Priester
прóповедь *f*	**Predigt**
алтáрь *m*	Altar
святы́ня *f*	**Heiligtum**
(Святáя) вéчеря *f*	das (heilige) Abendmahl
тáинство *n*	Sakrament

моли́тва *f*	**Gebet**
«О́тче наш»	das Vaterunser
ами́нь	**Amen**
креще́ние *n* – **кре́стить** *2*	**Taufe – taufen**
При креще́нии ей да́ли и́мя Мари́я.	Sie wurde auf den Namen Maria getauft.
крещёный	getauft
покая́ние *n*	**Buße / Beichte; Reue**
и́споведь *f*	Beichte
отпуще́ние *n* грехо́в	Absolution (*kath.*)
церко́вная общи́на *f* / прихо́д *m*	Kirchengemeinde
(свято́е) прича́стие *n*	die **(heilige) Kommunion**
конфирма́ция *f*	Konfirmation; Einsegnung

В ру́сской правосла́вной це́ркви богослуже́ния веду́тся на ста́рославя́нском языке́. (= *In der russisch-orthodoxen Kirche wird der Gottesdienst in der altkirchenslawischen Sprache gehalten.*)

монасты́рь *m*	**Kloster**
мона́х *m* – мона́шка *f*	Mönch – Nonne
духо́вная семина́рия *f*	geistliches Seminar
богосло́вие *n*; **теоло́гия** *f*	**Theologie**
катехи́зис *m*	Katechismus
духове́нство *n*	die **Geistlichkeit**; der **Klerus**
патриа́рх *m*; **митрополи́т** *m*	**Patriarch; Metropolit**
(а́рхи-)епи́скоп *m*	**(Erz-)Bischof**
Па́па Ри́мский *m*	**Papst**

Bezeichnungen für Geistliche:
свяще́нник *m* (= *allg. Geistlicher; Priester (kath.)*) • вика́рий *m* (= *Vikar*) • па́стор *m* (= *Pfarrer / Pastor (ev.)*) • иере́й *m* / поп *m* (= *Priester / Pope (orth.)*) • дья́кон *m* / диа́кон *m* – диакони́ца *f* (= *Diakon – Diakonin / Diakonisse*) • равви́н *m* (= *Rabbi(ner)*) • мулла́ *m* (= *Mullah*)

То́ра *f* (пятикни́жие Моисе́я)	die **Thora** (die 5 Bücher Mose)
Талму́д *m*	der **Talmud**
Кора́н *m*	der **Koran**
Рамада́н *m*	Ramadan (islam. Fastenmonat)

9.1 Учебные заведения Bildungseinrichtungen

де́тский сад *m*	**Kindergarten**
общеобразова́тельная **шко́ла** *f*	allgemeinbildende **Schule**
нача́льная шко́ла	**Grundschule** (Klassen 1-4)
о́бщая шко́ла	Hauptschule (Klassen 5-9)
сре́дняя шко́ла	**Mittelschule** (Klassen 10-11)
гимна́зия *f*	**Gymnasium**
лице́й *m*	**Lyzeum**
спецшко́ла с углублённым изуче́нием матема́тики	Mathematikspezialschule
музыка́льная шко́ла	**Musikschule**
профессиона́льно-техни́ческое учи́лище *n*	**Berufsschule** *(berufliche Grundausbildung)*
профессиона́льный лице́й *m*	**Berufsoberschule**
те́хникум *m*; **ко́лледж** *m*	Technikum; College *(mittlere techn. Berufsausbildung)*
вы́сшее образова́ние *n*	**Hochschul(aus)bildung**
вуз *m* (**в**ы́сшее **у**чёбное **з**аведе́ние *n*)	**Hochschule**

институ́т *m* (= ***Hochschule***):
медици́нский институ́т (= *Medizinische Hochschule*) • педагоги́ческий институ́т (= *Pädagogische Hochschule*) • строи́тельный институ́т (= *Hochschule für Bauwesen*)

университе́т *m*	**Universität**
поступа́ть *1* / поступи́ть *2* в университе́т	an die Universität gehen (studieren)
учи́ться *2* **в университе́те**	**an der Universität studieren**
око́нчить *2* университе́т	die Universität abschließen
отделе́ние *n*	**Abteilung; Fachbereich**
филологи́ческий факульте́т *m*	**philologische Fakultät**
ка́федра *f* **неме́цкого языка́**	**Lehrstuhl für deutsche Sprache**
специа́льность *f*	Fachgebiet
специализа́ция f	Spezialisierung
учёба *f*	**Studium**
бро́сить *2* учёбу	das Studium abbrechen
обуче́ние *n*	**Ausbildung; Lehre; Studium**
о́чное / зао́чное обуче́ние	Direkt- / Fernstudium
вече́рнее обуче́ние	Abendstudium

9.2 Предметы, навыки и умения
Fächer, Fertigkeiten und Fähigkeiten

предме́т *m*	(Unterrichts-)**Fach**
Мой люби́мый предме́т – фи́зика.	Mein Lieblingsfach ist Physik.
обяза́тельный предме́т *m*	**Pflichtfach**
предме́т по вы́бору	Wahlpflichtfach
факультати́вный предме́т *m*	**Wahlfach / Zusatzfach**
дисципли́на *f*	**Fach; Disziplin**
курс *m* обуче́ния	**Kurs**(us); **Lehrgang**
(ба́зисный) **учёбный план** *m*	(Rahmen-)**Lehrplan**
програ́мма *f* **обуче́ния**	**Lehrplan; Stoffplan**
обще́ственные / гуманита́рные нау́ки	Gesellschaftswissenschaften
филоло́гия *f*	Philologie
ру́сский язы́к *m* **и литерату́ра** *f*	**Russische Sprache und Literatur**
исто́рия *f*	**Geschichte**
иску́сство *n*	**Kunst**
обществове́дение *n*	Sozialkunde
естествозна́ние *n*	Naturwissenschaften
матема́тика *f*	**Mathematik**
хи́мия *f*; **фи́зика** *f*	**Chemie; Physik**
биоло́гия *f*; **эколо́гия** *f*	**Biologie; Ökologie**
техноло́гия *f*	Technik
информацио́нные техноло́гии	Informationstechnologien
физкульту́ра *f*	**Sport**
осно́вы рели́гии	Grundlagen der Religion (*Wahlfach*)
иностра́нный язы́к *m*	**Fremdsprache**
ру́сский / неме́цкий язы́к *m*	**russische / deutsche Sprache**
говори́ть *2* **по-ру́сски / по-неме́цки**	**Russisch / Deutsch sprechen**
Вы говори́те **по-англи́йски**?	Sprechen Sie **Englisch**?
Она́ свобо́дно говори́т **по-францу́зски**.	Sie spricht fließend **Französisch**.
понима́ть *1* по-италья́нски / по-шве́дски	Italienisch / Schwedisch verstehen
Я понима́ю по-ру́сски о́чень пло́хо.	Ich verstehe sehr schlecht Russisch.
Я вас по́нял / поняла́.	**Ich habe Sie verstanden.**
оши́бка *f*	**Fehler**
де́лать *1* / сде́лать *1* оши́бки	Fehler machen
говори́ть без оши́бок	fehlerfrei sprechen

9.3 Удостоверения и квалификации
Abschlüsse und Qualifikationen

экза́мен *m*	**Prüfung**
вступи́тельный экза́мен	Zulassungsprüfung
выпускно́й экза́мен	Abschlußprüfung
у́стный / пи́сьменный экза́мен	mündliche / schriftliche Prüfung
сдава́ть *1* **/ сдать*** экза́мен	eine Prüfung **ablegen**
Студе́нт идёт сдава́ть экза́мен.	Der Student geht zur Prüfung.
Она́ сдала́ экза́мен.	Sie hat die Prüfung bestanden.
сдать экза́мен на «отли́чно»	die Prüfung mit Auszeichnung bestehen
гото́виться *2* к экза́менам	**sich** auf die Prüfungen **vorbereiten**
провали́ться *2* на экза́мене	bei der Prüfung durchfallen

отме́тки (= *Noten*):
Die beste Note ist die пятёрка *f* (= *Fünf*), *die der Bewertung* отли́чно (= *ausgezeichnet*) *entspricht. Dann folgen* четвёрка *f* – хорошо́ (= *Vier – gut*), тро́йка *f* – удовлетвори́тельно (= *Drei – befriedigend*) *und* дво́йка *f* – неудовлетвори́тельно (= *Zwei – unbefriedigend*).

се́ссия *f*	**Prüfungszeit**
зачёт *m*	**Testat; Zwischenprüfung; Schein**
У меня́ зачёт по ру́сскому языку́.	Ich habe einen Schein in Russisch
аттеста́т *m*	Zeugnis
аттеста́т о по́лном сре́днем образова́нии	**Zeugnis** über den mittleren Schulabschluss
экза́мен на аттеста́т зре́лости	Abiturprüfung / Reifeprüfung
выпускни́к *m* **– выпускни́ца** *f* ву́за	Hochschul**absolvent / -absolventin)**
специали́ст с вы́сшим образова́нием	Akademiker(in)
дипло́м *m*	**Diplom**; Zeugnis; Abschluss
Он дипломи́рованный фи́зик.	Er ist Diplomphysiker.
бакала́вр *m*	**Bachelor**
маги́стр *m*	**Magister**
защи́та *f* дипло́мной / маги́стерской рабо́ты	Verteidigung der Diplom- / Magisterarbeit
учёный *m* **– учёная** *f*	**Wissenschaftler(in)**
учёная сте́пень *f*	wissenschaftlicher Grad
аспиранту́ра *f*	Promotion
кандида́т нау́к / до́ктор нау́к	*entspr. Dr. / Dr. sc.*
профе́ссор	Professor(in) (*als wiss. Grad*)
акаде́мик – член Акаде́мии нау́к	*Mitglied der Akademie der Wissenschaften*

9.4 Преподавание и учёба
Lehren und Lernen

учени́к *m* – **учени́ца** *f*	**Schüler – Schülerin**
шко́льник *m* – **шко́льница** *f*	**Schüler – Schülerin**
студе́нт *m* – **студе́нтка** *f*	**Student – Studentin**
уча́щийся *m* – уча́щаяся *f*	Lernender; Studierender – Lernende; Studierende
учи́тель *m* – **учи́тельница** *f*	**Lehrer – Lehrerin**
преподава́тель *m*	**(Hochschul-)Lehrer(in); Dozent(in)**
инстру́ктор; ма́стер	**Ausbilder(in)**
доце́нт	Dozent(in) *wiss. Titel*
изуча́ть *1* / **изучи́ть** *2*	**lernen; studieren; erforschen**
Он изуча́ет информа́тику.	Er studiert Informatik.
учи́ться *2*	**lernen / studieren**
учи́ться хорошо́ / пло́хо	gut / schlecht lernen
Ей тру́дно учи́ться.	Das Lernen fällt ihr schwer.
учи́ть *2* / **вы́учить** *2*	**lernen**
Он долго учи́л стихотворе́ние, но так и не вы́учил его.	Er hat lange an dem Gedicht gelernt, und kann es doch nicht.
учи́ть *2* / **научи́ть** *2*	**lehren; beibringen**
Оте́ц научи́л его́ пла́вать.	Der Vater hat ihm das Schwimmen beigebracht.
обуча́ть *1* / **обучи́ть** *2*	**ausbilden; unterrichten; beibringen**
обуча́ть детей пла́ванию	Kindern schwimmen beibringen
преподава́ть *1*	**unterrichten; lehren**
Она́ преподаёт ру́сский язы́к де́тям.	Sie unterrichtet Kinder in Russisch.
Он преподаёт биоло́гию.	Er unterrichtet Biologie.
класс *m*	**Klasse; Klassenraum**
заня́тие *n*; **уро́к** *m*	**Unterricht; Stunde**
ле́кция *f*	**Vorlesung**
дома́шнее зада́ние *f*	**Hausaufgabe**
Вы до́ма хорошо́ занима́лись?	Habt ihr zu Hause gut gelernt?
кла́ссная рабо́та *f*	**Klassenarbeit**
изуче́ние *n*	**Studium; Erlernen**
самостоя́тельное изуче́ние	Selbststudium
преподава́ние *n*	**Unterrichten; Lehren**
переподгото́вка *f*	Umschulung
повыше́ние *n* квалифика́ции	Weiterbildung
курс *m*	**Studienjahr; Kurs**
Он зако́нчил тре́тий курс.	Er beendete das 3. Studienjahr.
учё́бник *m*	**Lehrbuch**
тетра́дь *f*	Heft

9.5 Школьная и вузовская жизнь
Das Leben an Schule und Hochschule

директор шко́лы	**Schuldirektor(in)**
ре́ктор университе́та	**Rektor(in)** der Universität
учи́тельская *f*	**Lehrerzimmer**
учи́тельская конфере́нция *f*	Lehrerkonferenz
педагоги́ческий сове́т *m* / педсове́т *m*	pädagogischer Rat
роди́тельское собра́ние *n*	Elternabend /-versammlung
аудито́рия *f*	Hörsaal; Vorlesungssaal
студе́нческая гру́ппа *f*	Seminargruppe
общежи́тие *n*	**Wohnheim**; Internat
декана́т *m*	Dekanat
студе́нческий биле́т *m*	Studentenausweis
уче́бный год *m*	**Schuljahr**
нача́ло *n* / коне́ц *m* уче́бного го́да	Beginn / Ende des Schuljahres
День зна́ний	Tag des Wissens (*wird in Russland zum Schul- / Studienanfang am 1. September begangen*)

i *Die Schüler der 1. Klassen werden mit einer feierlichen Veranstaltung, dem* „Пе́рвый звоно́к» (= *Das erste Klingeln*), *in der Schule begrüßt. Die 11. Klassen werden mit dem Fest des* „После́дний звоно́к» (= *Das letzte Klingeln*) *aus der Schule verabschiedet.*

спортза́л *m*	**Turnhalle; Sporthalle**
шко́льный двор *m*	Schulhof
переме́на *f*; **переры́в** *m*	**Pause**
На переме́нах ученики́ выхо́дят во дво́р.	In den Pausen gehen die Schüler auf den Hof.
Тре́тьим уро́ком у нас бу́дет му́зыка.	In der 3. Stunde haben wir Musik.
Кого́ сего́дня нет?	Wer fehlt heute?
записа́ть *1* в **кла́ссный журна́л**	etwas im **Klassenbuch** vermerken

Die Pluralform des Imperativs hat im Deutschen zweierlei Bedeutung: читай**те** – *1.* **Lest** *(eine Gruppe von Personen, die man mit Du anredet); 2.* **Lesen Sie** *(eine Person / eine Gruppe von Personen, die man mit Sie anspricht).*

Дава́йте начнём!	Wir wollen anfangen.
Поти́ше, пожа́луйста!	Bitte (etwas) Ruhe.
разда́ть* те́ксты	die Texte austeilen

Возьми́те ва́ши учéбники.	**Nehmen Sie** Ihre Lehrbücher.
Откро́йте учéбник на страни́це 31.	**Öffnen Sie** das Lehrbuch auf Seite 31.
Закро́йте учéбник.	**Schließen Sie** das Lehrbuch.
Это наверху́ / внизу́ на страни́це.	Es ist oben / unten auf der Seite.
чита́ть диало́г по роля́м	einen Dialog in Rollen lesen
чита́ть вслух	**laut lesen / vorlesen**
чита́ть про себя́	**leise / für sich lesen**
Посмотри́те второ́й абза́ц.	Schauen Sie den zweiten Absatz an.
Де́лайте себе́ поме́тки.	Machen Sie sich Notizen.
передава́ть *1* / переда́ть* содержа́ние	die Handlung zusammenfassen
кра́ткое изложе́ние те́кста	eine kurze Zusammenfassung des Textes
Вы всё по́няли?	Haben Sie alles verstanden?
Всё я́сно?	Ist alles klar?
Пиши́те, пожа́луйста, разбо́рчиво.	Bitte schreiben Sie leserlich.
Подчеркни́те глаго́лы.	**Unterstreichen** Sie die Verben.
Вы́делите местоиме́ния.	**Markieren** Sie die Pronomen.
Отме́тьте кре́стиком прилага́тельные.	**Kreuzen** Sie die Adjektive an.
Назови́те существи́тельные.	**Nennen** Sie die Substantive.
Тепе́рь чья о́чередь?	Wer ist als Nächster dran?
Рабо́тайте вдвоём.	Arbeiten Sie zu zweit.
рабо́тать в гру́ппах по 4 челове́ка	in Vierergruppen arbeiten
Говори́те, пожа́луйста, погро́мче.	Sprechen Sie bitte lauter.
Постара́йтесь говори́ть отчётливее.	Versuchen Sie deutlicher zu sprechen.
Повтори́те за мной …	**Sprechen Sie mir nach** …
Повтори́те, пожа́луйста, ещё раз.	Sagen Sie das bitte noch einmal.
Пожа́луйста, не подска́зывайте!	Bitte nicht vorsagen.
Иди́те, пожа́луйста, к доске́.	Gehen Sie bitte zur Tafel.
мел *m*	Kreide
ма́ркер *m* **для магни́тной доски́**	**Stift (Marker) für Magnettafeln**
стира́ть *1* / стере́ть* сло́во с доски́	ein Wort von der Tafel abwischen
вытира́ть *1* / вы́тереть* доску́	die Tafel abwischen
(слайд-)прое́ктор *m*	Projektor
Вы зако́нчили? / Вы гото́вы?	**Sind Sie fertig?**
На сего́дня мы зако́нчим.	**Das wär's für heute.**
Мы продо́лжим в сле́дующий раз.	Wir machen nächstes Mal weiter.

10.1 Живопись и скульптура
Malerei und Bildhauerei

рисова́ть *1* / **нарисова́ть** *1*	**malen; zeichnen**
писа́ть *1* / **написа́ть** *1*	**malen**
писа́ть **портре́т** *m* / **ландша́фт** *m*	ein **Porträt** / eine **Landschaft** malen
Жи́вопись *f* – это прекра́сное хо́бби.	**Malen** ist ein herrliches Hobby.
живопи́сец *m*	**Maler**
Брюлло́в – изве́стный ру́сский живопи́сец.	Brjullow ist ein bekannter russischer Maler.
рису́нок *m*	**Zeichnung; Bild**
На рису́нке изображены́ три же́нщины.	Auf dem Bild sind drei Frauen dargestellt.
гра́фик *m*; рисова́льщик *m*	**Grafiker(in);** Zeichner(in)
худо́жник *m* – худо́жница *f*	**Künstler;** Maler – **Künstlerin;** Malerin
карти́на *f*	**Bild; Gemälde**
вы́ставка *f*	**Ausstellung**
выставля́ть *1* / **вы́ставить** *2*	**ausstellen**
экспона́т *m*	Ausstellungsstück
вы́ставленные здесь карти́ны	die hier ausgestellten Bilder
худо́жественный сало́н *m*	(Kunst-)Galerie
Национа́льная галере́я *f*	**Nationalgalerie**
музе́й *m*	**Museum**
Музе́й совреме́нного иску́сства	das Museum für moderne Kunst
ателье́ *n*	**Atelier**
рисова́ть на нату́ре	im Freien malen / zeichnen
ма́сло *n*	**Ölfarbe**
больша́я карти́на ма́слом	ein großes Ölgemälde
акваре́ль *f*	**Aquarell**
полотно́ *n* / **холст** *m*	**Leinwand / Gemälde**
эски́з *m*	Skizze; Entwurf
кисть *f*	**Pinsel**
не́сколькими мазка́ми ки́сти	mit wenigen Pinselstrichen
кра́ска *f*; **каранда́ш** *m*	**Farbe; Bleistift**
наноси́ть *2* / нанести́ *1* кра́ску на холст	auf eine Leinwand Farbe auftragen
пали́тра *f*	Palette
ра́ма *f* для карти́ны	**Bilderrahmen**
предме́т *m* изображе́ния	Gegenstand der Darstellung

автопортре́т *m*	**Selbstporträt / Selbstbildnis**
натюрмо́рт *m*	**Stillleben**
натюрмо́рт Левита́на „Сире́нь“	Levitans Stillleben „Flieder“
обнажённая нату́ра *f* **/ акт** *m*	**Akt**
изображе́ние *n* обнажённого челове́ческого те́ла	Aktmalerei
рисова́ть обнажённую нату́ру	einen Akt zeichnen / malen
пози́ровать *1* в ка́честве обнажённой нату́ры	Akt stehen
расположе́ние *n* фигу́р	Anordnung der Personen
перспекти́ва *f*	**Perspektive**
перспекти́ва ве́рная / неве́рная	die Perspektive ist richtig / falsch
компози́ция *f*	**Komposition; Aufbau**
произведе́ние *n* **иску́сства**	**Kunstwerk**
произведе́ния иску́сства анти́чности	Kunstwerke der Antike
репроду́кция *f*	**Reproduktion**
репроду́кции изве́стных карти́н	Reproduktionen bekannter Bilder
скульпту́ра *f*	**Skulptur** / Plastik / Bildhauerei
мра́морная скульпту́ра	eine Marmorskulptur / -plastik
скульпту́ры из слоно́вой ко́сти	Plastiken aus Elfenbein
ску́льптор	**Bildhauer(in)**
со́зданный ску́льптором бюст	eine vom Bildhauer geschaffene Büste
скульпту́рный	**plastisch; bildhauerisch**
скульпту́рное тво́рчество *n* Микела́нджело	Michelangelos plastisches Werk
ре́зать *1* **/ вы́резать** *1* **по де́реву**	**schnitzen** (Holz)
высека́ть *1* **/ вы́сечь* из ка́мня**	**meißeln** (Stein)
резьба́ *f* **по де́реву / ка́мню**	**Holzschnitzerei** (*Handl.*)/ **Steinmetzarbeiten**
ка́менная скульпту́ра	Steinskulptur / -plastik
деревя́нная скульпту́ра	Holzschnitzerei
вы́сеченный из известняка́	aus Kalkstein gearbeitet
статуэ́тка *f*, отли́тая в бро́нзе	eine in Bronze gegossene **Statuette**
вы́лепленная из глины́ фигу́рка *f*	eine in Ton modellierte Figurine
мра́морная ста́туя *f*	eine Marmorstatue
бро́нзовый бюст *m*	eine Bronzebüste
ги́псовая фигу́рка *f*	eine Gipsfigur
релье́ф *m*	**Relief**
горелье́ф *m* / барелье́ф *m*	Hoch- / Flachrelief
моза́ика *f*	**Mosaik**
украше́ние *n*	**Schmuck; Verzierung**
укра́шенный мра́морными инкруста́циями	mit Marmorintarsien verziert

10.2 Фотография Fotografie

фотогра́фия *f*	**Fotografie** (*Kunst / Verfahren*); **Fotografie / Aufnahme**
фото́граф	**Fotograf(in)**
фотографи́ровать *1* **/ сфотографи́ровать** *1*	**fotografieren**
фотографи́ческий	**fotografisch; Foto-**
фотока́мера *f*; **фотоаппара́т** *m*	**Kamera; Fotoapparat**
автомати́ческий фотоаппара́т	eine vollautomatische Kamera
зерка́льная ка́мера	Spiegelreflexkamera
цифрово́й фотоаппара́т	Digitalkamera
вспы́шка *f*	**Blitzlicht**
объекти́в *m*	**Objektiv**
плёнка *f*; **ка́др**	**Film; Bild / Aufnahme**
плёнка на 36 ка́дров	ein Film für 36 Aufnahmen
вставля́ть *1* **/ вста́вить** *2*	**einlegen; einsetzen**
вста́вить плёнку / батаре́йку	einen Film einlegen / eine Batterie einsetzen
сетево́й ада́птер *m*	**Netzadapter**
аккумуля́тор *m*	**Akku**
заря́дное устро́йство *n*	**Ladegerät**
ка́рта *f* **па́мяти**	**Speicherkarte**
опти́ческий / цифрово́й зум *m*	**optischer / digitaler Zoom**
чувстви́тельность *f* плёнки	**Empfindlichkeit** des Films
высокочувстви́тельная плёнка	ein hochempfindlicher Film
автофо́кус *m*	**Autofokus**
ре́зкость *f*	**Schärfe**
фокусиро́вка *f*	**Schärfeneinstellung**
устана́вливать *1* / установи́ть *2* **расстоя́ние** *n*	die **Entfernung** einstellen
вы́держка *f*	**Belichtungszeit**
отве́рстие *n* **диафра́гмы**	**Blende(nöffnung)**
разреше́ние *n* 6 мегапи́кселей	**Auflösung** von 6 Megapixeln
отпеча́ток *m*; ко́пия *f*	**Abzug**
цветны́е / чёрно-бе́лые отпеча́тки	Farb- / Schwarzweißabzüge
гля́нцевый / ма́товый отпеча́ток	Hochglanz- / Mattabzug
проявля́ть *1* **/ прояви́ть** *2* плёнку	einen Film **entwickeln**
цветно́й диапозити́в *m*	**Farbdia**
фотока́рточка *f* **для па́спорта**	**Passfoto**
фотора́мка *f*	**Bilderrahmen**
портфе́ль *m*; чехо́л *m* для фотоаппара́та	Fotokoffer; Kameratasche

10.3 Музыка и танец
Musik und Tanz

му́зыка *f*	**Musik**
класси́ческая / эстра́дная му́зыка	klassische / leichte Musik
Я ча́сто слу́шаю му́зыку.	Ich höre oft Musik.
занима́ться *1* **му́зыкой**	**musizieren / Musik machen**
музыка́льный	**musikalisch; Musik-**
но́тный лист *m*	**Notenblatt**
партиту́ра *f*	**Partitur**
музыка́нт	**Musiker(in)**
петь* / спеть*	**singen**
пе́вец *m* – **певи́ца** *f*	**Sänger – Sängerin**
пе́сня *f*	**Lied**
хор *m*	**Chor**
сопра́но *n* – **ко́нтра́льто** *n*	**Sopran – Alt**
тено́р *m* – **бас** *m*	**Tenor – Bass**
мело́дия *f*	**Melodie**
па́ртия *f*	**Rolle; Partie**
пиани́ст *m* – **пиани́стка** *f*	**Pianist – Pianistin**

музыка́льные инструме́нты (= ***Musikinstrumente*****):**
кларне́т *m* (= *Klarinette*) • фле́йта *f* (= *Flöte*) • попере́чная фле́йта (= *Querflöte*) • саксофо́н *m* (= *Saxophon*) • гобо́й *m* (= *Oboe*) • труба́ *f* (= *Trompete*) • тромбо́н *m* (= *Posaune*) • ту́ба *f* (= *Tuba*) • рог; рожо́к; горн *m* (= *Horn*) • скри́пка *f* (= *Geige; Violine*) • виолонче́ль *f* (= *Cello*) • контраба́с *m* (= *Kontrabass*) • гита́ра *f* (= *Gitarre*) • а́рфа *f* (= *Harfe*) • уда́рные (= *Schlagzeug*) • роя́ль *m* (= *Flügel*) • пиани́но *n* (= *Klavier*) • орга́н *m* (= *Orgel*) • бая́н *m* (*Ziehharmonika*) • балала́йка *f* (*russ. Saiteninstrument mit 3 Saiten*)

игра́ть *1* **/ сыгра́ть** *1* **на** скри́пке	Geige **spielen**
шо́у-бизнес *m*	Showgeschäft
эстра́дный анса́мбль *m*	**Band**
орке́стр *m*	**Orchester**
симфони́ческий орке́стр	**Sinfonieorchester**
исполня́ть *1* **/ испо́лнить** *2*	**vortragen; spielen**
Орке́стр исполня́ет пье́су Чайко́вского.	Das Orchester spielt ein Stück von Tschaikowski.
компози́тор	**Komponist(in)**
сочиня́ть *1* **/ сочини́ть** *2* **му́зыку**	**komponieren**
музыка́льное произведе́ние	**Komposition /** musikalisches Werk
консервато́рия *f*	**Konservatorium**
учи́ться *2* в консервато́рии	am Konservatorium studieren
аранжиро́вка *f*	**Arrangement; Bearbeitung**

дирижёр	**Dirigent(in)**
концéрт *m*	**Konzert**
Мы бы́ли на концéрте.	Wir waren in einem Konzert.
концéрт для скри́пки	Violinkonzert
стру́нный квартéт *m*	**Streichquartett**
пéрвый / вторóй **гóлос** *m*	erste / zweite **Stimme**

нóты (= ***Noten*****):**
до (= C) • ре (= D) • ми (= E) • фа (= F) • соль (= G) • ля (= A) • си (= H) • до (= C)
диéз *m* (= Erhöhungszeichen) • бемóль *m* (= Erniedrigungszeichen) • фа диéз (= fis) • ми бемóль (= es)
цéлая (нóта) *f* (= *ganze Note*) • полови́на *f* (= *halbe Note*) • четвéртная (нóта) / чéтверть *f* (= *Viertelnote*) • (однá) восьмáя *f* (= *Achtelnote*) • (одна) шестнáдцатая *f* (= *Sechzehntelnote*)

скрипи́чный ключ *m*	Notenschlüssel
высотá *f* звýка	Tonhöhe / -lage
реги́стр *m*	Stimmlage
аккóрд *m* – гармóния *f*	Akkord – Harmonie
такт *m*	**Takt**
такт в три чéтверти	Dreivierteltakt
ритм *m* – ритми́ческий	**Rhythmus** – rhythmisch
звукоря́д *m* / **гáмма** *f*	**Tonleiter**
мажóр *m* – **минóр** *m*	**Dur – Moll**
гáмма до-мажóр	die C-Dur-Tonleiter
мажóрная / минóрная тонáльность *f*	Dur- / Molltonart
увертю́ра *f*; симфóния *f*	Ouvertüre; Sinfonie
сонáта *f*	Sonate

музыкáльные жáнры (= ***Musikgenres*****):**
мю́зикл *m* (= *Musical*) • эстрáда *f* (= *Schlager*) • óпера *f* (=*Oper*) • оперéтта *f* (= *Operette*) • рок-мýзыка *f* (= *Rockmusik*) • хáрд-рок *m* (= *Hardrock*) • поп-мýзыка / попсá *f* (= *Popmusik*) • джаз *m* (= *Jazz*) • блюз *m* (= *Blues*) • тéхно *n* (= *Techno*)

тáнец *m*	**Tanz**
танцевáть *1* / **потанцевáть** *1*	**tanzen**
Онá очень люби́ла танцевáть **вальс**.	Sie tanzte sehr gern **Walzer**.
шкóла *f* тáнцев	Tanzschule
танцóр *m*	**Tänzer** *allg.*
танцóвщик *m* – танцóвщица *f*	**Tänzer – Tänzerin** *prof.*
балéт *m*	**Ballett**
при́ма-балери́на *f*	Primaballerina
премьéр *m* трýппы	erster Tänzer

10.4 Кинематография и театр
Film und Theater

кинó *n* / **кинотеáтр** *m*	**Kino**
фильм *m* / **кинолéнта** *f*	**(Kino-)Film**
снимáть *1* / снять* фильм	einen Film drehen
съёмка *f*	**Aufnahme; Dreharbeiten**
короткометрáжный фильм	Kurzfilm
мультфи́льм	Trickfilm

жáнры фи́льмов (= *Filmgenres*):
худóжественный фильм / игровóй фильм (= *Spielfilm*) • документáльный фильм (= *Dokumentarfilm*) • истори́ческий фильм (= *historischer Film*) • вéстерн *m* / ковбóйский фильм (= *Western*) • фильм-скáзка (= *Märchenfilm*) • боеви́к *m* (= *Actionfilm*) • фильм ýжасов (= *Horrorfilm*) • три́ллер *m* (= *Thriller*) • воéнный фильм (= *Kriegsfilm*) • детекти́в / кинодетекти́в *m* (= *Krimi*)

кинофестивáль *m*	Filmfestival
субти́тр *m*	**Untertitel**
экрáн *m*	**Leinwand / Bildschirm**
(кино)**сценáрий** *m*	(*Film*) **Drehbuch**
экранизи́ровать *1* ромáн	einen Roman **verfilmen**
фильм по ромáну Акýнина	ein Film nach einem Roman von Akunin
синхронизи́ровать *1* **фильм**	einen Film synchronisieren
покáз *m* / демонстрáция *f* фи́льма	Filmvorführung
смотрéть *2* / **посмотрéть** *2* **фильм**	**sich einen Film ansehen**
премьéра *f*	**Premiere; Ur- / Erstaufführung**
теáтр *m*	**Theater**
Они́ лю́бят ходи́ть в теáтр.	Sie gehen gern ins Theater.
теáтр кýкол / кýкольный теáтр	Puppentheater
сцéна *f*	**Bühne; Szene**
спектáкль *m*; (кино)сеáнс *m*	**Aufführung; Vorstellung**
пьéса *f*	**Stück / Schauspiel**
В э́том теáтре чáсто покáзывают пьéсы Чéхова.	In diesem Theater werden oft Tschechows Stücke gespielt.
пéрвый акт *m* трéтья сцéна	1. Akt 3. Szene
стáвить *2* / **постáвить** *2* пьéсу	ein Stück **inszenieren**
постанóвка *f*; **инсценирóвка** *f*	**Aufführung; Inszenierung**
отли́чная инсценирóвка	eine hervorragende Inszenierung
драматýрг	**Bühnenautor(in); Dramatiker(in)**
режиссёр фи́льма / спектáкля	(Film- / Theater-)**Regisseur(in)**
продю́сер	**Produzent(in)**
оперáтор	**Kameramann / -frau**

театра́льные жа́нры (= *Theaterstücke*):
дра́ма *f* (= *Drama*) • траге́дия *f* (= *Tragödie*) • трагикоме́дия *f* (= *Tragikomödie*) • мелодра́ма *f* (= *Melodrama*) • коме́дия *f* (= *Komödie*) • музыка́льная коме́дия *f* (= *musikalische Komödie*) • пантоми́ма *f* (= *Pantomime*)

персона́ж *m*	**handelnde Person; Rolle**
игра́ть *1* **/ сыгра́ть** *1*	**spielen**
исполня́ть *1* / испо́лнить *2* роль	die Rolle spielen
исполни́тель *m*	**Darsteller**
в гла́вной ро́ли	in der Hauptrolle
актёр *m* **– актри́са** *f*	**Schauspieler – Schauspielerin**
ко́мик	Komiker(in)
геро́й *m* **– геро́иня** *f*	**Held – Heldin**
злоде́й *m*	**Schurke**
каскадёр *m*	**Stuntman**
диало́г *m* **– моноло́г** *m*	**Dialog – Monolog**
гастро́ли *Plt*	**Gastspiel / Konzertreise**
выступа́ть *1* / вы́ступить *2* на гастро́лях	gastieren; ein Gastspiel geben
(генера́льная) **репети́ция** *f*	(General-)**Probe**
пу́блика *f*; **зри́тель** *m*	**Publikum; Zuschauer**
аплодисме́нты *Plt*	**Applaus; Beifall; Klatschen**
театра́льный кри́тик	**Theaterkritiker(in)**
кинокри́тик	**Filmkritiker(in)**
успе́х *m* **– прова́л** *m*	**Erfolg – Reinfall**
кинозвезда́ *f*	**Filmstar**
Фильм удосто́ен при́за.	Der Film erhielt einen Preis.
осви́стывать *1* / освиста́ть *1*	auspfeifen
ка́сса *f* **теа́тра / кинотеа́тра**	**Theater- / Kinokasse**
театра́льная ка́сса	Vorverkaufskasse
биле́т *m* **в теа́тр / в кино́**	**Theater- / Kinokarte**
ме́сто *n* **– ряд** *m*	(Sitz-)**Platz – Reihe**
Како́й у нас ряд?	In welcher Reihe sitzen wir?
парте́р *m* **– ло́жа** *f*	**Parkett – Loge**
я́рус *m* **/ балко́н** *m*	**Rang**
антра́кт *m*	**Pause**
програ́мма *f*	**Programm**
репертуа́р *m*; **афи́ша** *f*	**Spielplan; Spielplanplakat**
декора́ция *f*; кули́сы *Pl*	Bühnenbild; Kulissen
костю́м *m*	**Kostüm**
грим *m*	**Maske**
реквизи́т *m*	Requisite

10.5 Архитектура и строительство Architektur und Bauwesen

архите́ктор	**Architekt(in)**
зака́зчик *m* строи́тельных рабо́т	Bauherr
архитекту́ра *f*	**Architektur**
архитекту́ра / диза́йн *m* интерье́ра	Innenarchitektur
архитекту́рный	**architektonisch; Architektur-**
архитекту́рный стиль *m*	Architektur-/ Baustil
па́мятник *m* архитекту́ры	Architektur-/ Baudenkmal
строи́тельство *n*	**Bauwesen; das Bauen**
строи́тельные рабо́ты	Bauarbeiten; Baumaßnahmen
строи́тельная промы́шленность *f*	Bauindustrie
план *m* **строи́тельства**	**Bauplan**
прое́кт *m*	**Entwurf; Gestaltung; Plan**
прое́кт но́вого зда́ния	der Entwurf für das neue Gebäude
проекти́ровать *1* / спроекти́ровать *1*	entwerfen
плани́рование *n*; **проекти́рование** *n*	**Planung**
на ста́дии *f* проекти́рования	im Planungsstadium
проектиро́вщик	Planer; Projektant
чертёж	Plan (techn. Zeichnung)
разреше́ние *n* **на строи́тельство**	**Baugenehmigung**
стро́ить *2* / **постро́ить** *2*	**bauen**
Зда́ние ещё стро́ится.	Das Gebäude ist noch im Bau.
дом *m*	**Haus**
зда́ние *n*	**Gebäude**
ба́шня *f*	**Turm**
стро́йка *f*	**Baustelle**
стройплоща́дка *f*	**Baustelle; Bauplatz**
строи́тельная фи́рма *f*	**Baufirma**
фаса́д *m*	**Fassade**
стена́ *f*	**Wand; Mauer**
свод *m*	**Gewölbe**
коло́нна *f*	**Säule**
строи́тельные материа́лы	Baumaterialien / -stoffe
кирпи́ч *m*	**Ziegelstein; Backstein**
ка́мень *m*; **стекло́** *n*	**Stein; Glas**
железобето́н *m*	Stahlbeton
строи́тельный раство́р *m*	Mörtel
штукату́рка *f*	Putz; Stuck
ка́менная кла́дка *f*	Mauerwerk
кирпи́чная кла́дка *f*	Backsteinmauerwerk
деревя́нное зо́дчество *n*	Holzbaukunst
церко́вная архитекту́ра	Sakral- / Kirchenbaukunst

10.6 Литература
Literatur

литерату́ра *f*	**Literatur**
совреме́нная ру́сская литерату́ра	russische Gegenwartsliteratur
мирова́я литерату́ра	Weltliteratur
древнеру́сская литерату́ра	altrussische Literatur
литерату́рная кри́тика *f*	Literaturkritik
литерату́рные эпо́хи	Literaturepochen
жанр *m*	**Literaturgattung; Genre**
расска́з *m*; **по́весть** *f*	**Erzählung**
расска́зчик *m*; повествова́тель *m*	Erzähler
беллетри́стика *f*	Belletristik
худо́жественная литерату́ра	**schöngeistige Literatur**
сочине́ние *n*	Werk; Aufsatz
по́лное собра́ние *n* сочине́ний	Gesamtausgabe der Werke
отры́вок *m*	Auszug
Во вре́мя фестива́ля а́вторы чита́ют отры́вки из свои́х произведе́ний.	Während des Festivals lesen die Autoren Auszüge aus ihren Werken.

повествова́тельные жа́нры (= ***belletristische Genres*****):**
рома́н *m* (= *Roman*) • истори́ческий рома́н (= *historischer Roman*) • любо́вный рома́н (= *Liebesroman*) • три́ллер *m* / рома́н у́жасов (= *Thriller / Schauerroman*) • кримина́льный рома́н (= *Kriminalroman*) • детекти́в *m* (= *Detektivgeschichte; Krimi*) • нау́чно-фантасти́ческий рома́н (= *science-fiction-Roman*) • о́черк *m* (= *Essay*) • нове́лла *f* (= *Novelle*)

ко́микс *m*	Comic
ба́сня *f*	**Fabel**
ба́сни Крыло́ва	Krylows Fabeln
ска́зка *f*	**Märchen**
леге́нда *f*; были́на *f*	Legende; Heldensage
дневни́к *m*	Tagebuch
биогра́фия *f*	**Biografie**; Lebensbeschreibung
автобиогра́фия *f*	**Autobiografie**
био́граф	Biograf(in)
(авто)биографи́ческий	**(auto)biografisch**
коми́зм *m* – коми́чный; коми́ческий	Komik – komisch
сати́ра *f* – сатири́ческий	**Satire** – satirisch
рома́нтика *f* – романти́ческий	Romantik – romantisch
паро́дия *f*	Parodie
про́за *f* – прозаи́ческий	**Prosa** – prosaisch; Prosa-
прозаи́ческое произведе́ние *n*	Prosawerk

ли́рика *f* – лири́ческий	**Lyrik** – lyrisch; Lyrik-
антоло́гия *f* совреме́нной ли́рики	eine Anthologie moderner Lyrik
эпи́ческая поэ́зия *f* – эпи́ческий	Epik – episch
э́пос *m*	**Epos**

лири́ческие произведе́ния (= *lyrische Werke*):
стихотворе́ние *n* (= *Gedicht*) • балла́да *f* (= *Ballade*) • соне́т *m* (= *Sonett*) • о́да *f* (= *Ode*) • часту́шка *f* (*gereimter Vierzeiler scherzhaften Inhalts, der für besondere Anlässe verfasst und als Liedchen vorgetragen wird*)

стих *m*; **строфа́** *f*	**Vers; Strophe**
«Евге́ний Оне́гин» – э́то рома́н в стиха́х.	„Eugen Onegin" ist ein Roman in Versform.
сочиня́ть *1* / сочини́ть *2* стихи́	Gedichte schreiben / verfassen
сбо́рник *m* **стихо́в**	**Gedichtband**
пе́рвая / после́дняя строфа́	die erste / letzte Strophe
припе́в *m*	**Refrain**
ри́фма *f* – рифмова́ть *1*	**Reim** – reimen
«свобо́да» рифму́ется с «приро́да»	„свобо́да" reimt sich auf „приро́да"
стопа́ *f*; разме́р *m* сти́ха	Metrum; Versmaß
ли́рик; проза́ик	**Lyriker(in); Prosaiker(in)**
поэ́т *m* **– поэте́сса** *f*	**Dichter – Dichterin**
писа́тель *m* **– писа́тельница** *f*	**Schriftsteller – Schriftstellerin**
а́втор	**Autor(in); Verfasser(in)**
рома́нтик	**Romantiker(in)**
кла́ссик *m* ру́сской литерату́ры	ein **Klassiker** der russischen Literatur
кла́ссика *f*	die **Klassik**
бестсе́ллер *m*	**Bestseller**
интерпрета́ция *f*; толкова́ние *n*	Interpretation; Auslegung
де́йствие *n*	**Handlung**
ме́сто *n* де́йствия	Schauplatz; Ort der Handlung
вре́мя *n* де́йствия	Zeit der Handlung
обстано́вка *f*	Atmosphäre
рема́рка *f*	Bühnenanweisung
увлека́тельная / захва́тывающая кни́га *f*	ein spannendes Buch
кульмина́ция *f*	Höhepunkt
ритори́ческое сре́дство *n*	ein rhetorisches Mittel
иро́ния *f*	**Ironie**
игра́ *f* **слов** / каламбу́р *m*	**Wortspiel**
цензу́ра *f*	**Zensur**
плагиа́т *m* – соверши́ть *2* плагиа́т	Plagiat – plagiieren

10.7 Общие понятия Allgemeine Begriffe

тво́рчество *n*	**Schaffen; Werk**
иску́сство *n*	**Kunst**
изобрази́тельные иску́сства	die bildenden Künste
изя́щные иску́сства	die schönen Künste
зре́лищные иску́сства	die darstellenden Künste
прикладно́е иску́сство	angewandte Kunst
декорати́вно-прикладно́е иску́сство	Kunstgewerbe
худо́жественный стиль *m*	Kunststil
худо́жественное направле́ние *n*	Kunstrichtung

худо́жественные направле́ния и сти́ли (= *Kunstrichtungen und -stile*):
абстра́ктное иску́сство *n* (= *abstrakte Kunst*) • абстра́ктная скульпту́ра *f* из ути́ля (= *junk art*) • ампи́р *m* (= *Empirestil*) • баро́кко *n* (= *Barock*) • Ба́ухаус (= *Bauhaus*) • возрожде́ние *n* / ренесса́нс *m* (= *Renaissance*) • го́тика (= *Gotik*) • импрессиони́зм *m* (= *Impressionismus*) • классици́зм *m* (= *Klassizismus*) • куби́зм *m* (= *Kubismus*) • моде́рн *m* (= *Jugendstil*) • натурали́зм *m* (= *Naturalismus*) • неого́тика *f* (= *Neogotik*) • неоклассици́зм *m* (= *Neoklassizismus*) • перфо́рманс *m* (= *Performance Art*) • поп-арт *m* (= *Pop Art*) • постмoдерни́зм *m* (= *Postmoderne*) • просвеще́ние *n* (= *Aufklärung*) • реали́зм *m* (= *Realismus*) • рококо́ *n* (= *Rokoko*) • рома́нский стиль *m* (= *Romanik*) • романти́зм *m* (= *Romantik*) • сентиментали́зм *m* (= *Sentimentalismus*) • символи́зм *m* (= *Symbolismus*) • сюрреали́зм *m* (= *Surrealismus*) • экспрессиони́зм *m* (= *Expressionismus*)

Bezeichnung von Künstlern: реали́ст • импрессиони́ст • сюрреали́ст • экспрессиони́ст • худо́жник эпо́хи возрожде́ния (= *Künstler der Epoche der Aufklärung*) • худо́жник по́п-арта / перфо́рманса (= *Künstler der Pop Art / Performance-Künstler*)

Oftmals wird den Bezeichnungen das Wort худо́жник *vorangestellt*: худо́жник-живопи́сец • худо́жник-гра́фик • худо́жник-экспрессиони́ст • худо́жник-импрессиони́ст

Adjektive: баро́чный (= *barock*) • готи́ческий (= *gotisch*) • импрессионисти́ческий / импрессиони́стский (= *impressionistisch*) • класси́ческий (= *klassisch*) • классицистический (= *klassizistisch*) • реалисти́ческий (= *realistisch*) • ренесса́нсный (= *Renaissance-*) • сюрреалисти́ческий (= *surrealistisch*) • экспрессионисти́ческий / экспрессиони́стский (= *expressionistisch*)

11.1 Праздники и отпуск Feiertage und Urlaub

пра́здник *m*; выходно́й (день) *m* — **Feiertag**; arbeitsfreier Tag
9 ма́я в Росси́и пра́здник. — Der 9. Mai ist in Russland Feiertag.
официа́льные (госуда́рственные) выходны́е — gesetzliche Feiertage (*die arbeitsfrei sind*)

> **официа́льные выхо́дные дни в Росси́и (=** ***gesetzliche Feiertage in Russland*****):**
> Но́вый год (= *Neujahr*) • День защи́тника Оте́чества (= *Tag der Verteidiger der Heimat – 23. Februar*) • Междунаро́дный же́нский день (= *Internationaler Frauentag – 8. März*) • Первома́йский пра́здник / Пра́здник весны́ и труда́ (= *Maifeiertag – 1. Mai*) • День Побе́ды (= *Tag des Sieges – 9. Mai*) • День Росси́и (= *Tag Russlands – 12. Juni*) • День наро́дного еди́нства (= *Tag der Einheit des Volkes – 4. November*)

> **церко́вные пра́здники (=** ***kirchliche Feiertage*****):**
> Па́сха *f* (= *Ostern*): Стра́стная пя́тница *f* (= *Karfreitag*), Вели́кая суббо́та *f* (= *Ostersamstag*), Воскресе́ние *n* Христо́во (= *Ostersonntag*) • Свята́я Тро́ица *f* (= *Pfingsten*): День свято́й тро́ицы / Пятидеся́тница *f* (= *Pfingstsonntag*), День Свято́го ду́ха (= *Pfingstmontag*) • Рождество́ *n* (= *Weihnachten*): рожде́ственский соче́льник *m* (= *Heiligabend*), Рождество́ Христо́во (= *1. Weihnachtstag*)

> *i* *Ostern, Pfingsten und Weihnachten werden in der russisch-orthodoxen Kirche nach dem Julianischen Kalender begangen. Christi Geburt – der 1. Weihnachtstag – fällt demzufolge auf den 7. Januar.*

выходны́е; уик-энд *m* — **Wochenende**
На выхо́дные обеща́ют хоро́шую пого́ду. — Für das Wochenende wird schönes Wetter vorausgesagt.
отмеча́ть *1* / отме́тить *2* — begehen
В э́тот день отмеча́ют День Побе́ды. — An diesem Tag wird der Tag des Sieges begangen.
о́тпуск *m* — **Urlaub**
быть в о́тпуске — im Urlaub sein
кани́кулы *Plt* — **Ferien**
во вре́мя ле́тних кани́кул — in den Sommerferien

11.2 Развлечения Vergnügungen

цирк *m* — **Zirkus**
В ка́ждом ци́рке есть кло́ун. — Jeder Zirkus hat einen Clown.
у́личный музыка́нт *m* — Straßenmusikant
гру́ппа *f* / **анса́мбль** *m* — **Gruppe / Band**
Там игра́ют живу́ю му́зыку. — Dort wird Live-Musik gespielt.
та́нец *m* – **танцева́ть** *1* — **Tanz – tanzen**
По суббо́там там устра́ивают дискоте́ку. — Samstags ist dort Disko.
ночно́й рестора́н *m*; **ночно́й клуб** *m* — **Nachtlokal; Nachtklub**
Они́ смотре́ли шоу в ночно́м клу́бе. — Sie sahen sich die Show in einem Nachtklub an.
казино́ *n* — (Spiel-)**Kasino**; Spielbank
соревнова́ние *n*; **ко́нкурс** *m* — **Wettkampf; Wettbewerb**
ко́нкурс красоты́ — Schönheitswettbewerb
наро́дное гуля́ние *n*; **я́рмарка** *f* — **Volksfest**; (Jahr-)Markt
карусе́ль *f* — **Karussell**
Мы ката́лись на карусе́ли. — Wir sind Karussell gefahren.

> **аттракцио́ны (= *Jahrmarktsattraktionen*):**
> чёртово колесо́ *n* / колесо́ обозре́ния (= *Riesenrad*) • ру́сские го́рки *Pl* (= *Achterbahn*) • тир *m* (= *Schießstand / Schießbude*) • пещёра *f* у́жасов (= *Geisterbahn*) • электромоби́ль *m* (= *Autoscooter*)

парк *m* **развлече́ний и о́тдыха** — **Freizeitpark**
пока́з *m* мод — Modenschau
ку́кольный теа́тр *m*; теа́тр марионе́ток — Puppenspiel / Kasperletheater; Marionettentheater
музе́й *m* **восковы́х фигу́р** — **Wachsfigurenkabinett**
В 1990 году́ в па́рке Петерго́фа была́ откры́та вы́ставка восковы́х фигу́р. — 1990 wurde im Park von Peterhof eine Wachsfigurenausstellung eröffnet.
бега́ *Pl*; **ска́чки** *Pl* — **Rennen; Lauf** (*Pferde*)
Они́ ча́сто хо́дят на ска́чки. — Sie gehen oft zum Pferderennen.
пари́ *n* – спорти́вные пари́ — Wette – Sportwetten
заключи́ть *2* пари́ — wetten; Wetten abschließen

11.3 Путешествия и туризм
Reisen und Tourismus

путеше́ствие *n*	**Reise**
путеше́ствие на самолёте	Flugreise
идти́* в бюро́ путеше́ствий	zum Reisebüro gehen
путеше́ствовать *1*	reisen
Он лю́бит путеше́ствовать по стране́.	Er reist gern im Land herum.
тури́ст *m* – **тури́стка** *f*	**Tourist – Touristin**
тури́зм *m*	**Tourismus / Touristik**
туристи́ческий рекла́мный проспе́кт *m*	Reiseprospekt
туристи́ческое бюро́ *n*	Reisebüro
брони́ровать *1* **/ заброни́ровать** *1*	**buchen; reservieren**
брони́ровать биле́т на самолёт	einen Flug buchen
отменя́ть *1* **/ отмени́ть** *2*	**streichen; stornieren**
Рейс отмени́ли.	Der Flug wurde gestrichen.
поéздка *f*; тур *m*	**Reise; Fahrt;** Tour
ко́мплексный тур	eine Pauschalreise
поéздка за грани́цу	eine Auslandsreise
соверша́ть *1* / соверши́ть *2* **круи́з** *m* по Во́лге	eine **Kreuzfahrt** auf der Wolga machen
маршру́т *m* **поéздки**	**Reiseroute**
Счастли́вого пути́!	**Gute Reise**!
экску́рсия *f*	**Ausflug**
поéхать* на экску́рсию	einen Ausflug machen
экску́рсия по го́роду	**Stadtrundfahrt**
экску́рсия с ги́дом / экскурсово́дом по Кремлю	eine Führung durch den Kreml
достопримеча́тельность *f*	Sehenswürdigkeit
Сего́дня мы осмо́трим достопримеча́тельности.	Heute schauen wir uns die Sehenswürdigkeiten an.
путеводи́тель *m* по Москве́	ein Reiseführer für Moskau (*Buch*)
идти* в **похо́д** *m*	eine **Wanderung** machen
осмотре́ть *2*	**besuchen; besichtigen**
посеще́ние *n* музея	Museums**besuch**
посеща́ть *1* / посети́ть *2*	besuchen
пребыва́ние *n*	Aufenthalt
во вре́мя на́шего пребыва́ния в Москве́	während unseres Aufenthalts in Moskau
ме́сто *n* **о́тдыха**	**Urlaubsort**
вре́мя *n* **рабо́ты**	**Öffnungszeiten**
Когда́ рабо́тает музе́й?	Wann ist das Museum geöffnet?

тамо́женный контро́ль *m*	Zollabfertigung
тамо́женная деклара́ция *f*	Zollerklärung
по́шлина *f*	**Zoll**(abgabe)
За э́то ну́жно плати́ть по́шлину?	Muss ich hierauf Zoll bezahlen?
беспо́шлинный	**zollfrei**
това́ры, не облага́емые по́шлиной	**zollfreie Waren**
магази́н Duty-Free	**Duty-Free-Shop**
загранѝчный / вну́тренний паспорт *m*	**Reisepass / Personalausweis**
идти́* че́рез пограни́чный контро́ль	durch die Passkontrolle gehen
приглаше́ние *n*	**Einladung**
На́ши друзья́ офо́рмили для нас пригла́шение.	Unsere Freunde haben für uns eine Einladung besorgt.
ви́за *f*	**Visum**; Sichtvermerk
пода́ть зая́вку на оформле́ние ви́зы	ein Visum beantragen
действи́телен	**gültig**
Ви́за действи́тельна в тече́ние 90 дней.	Das Visum ist 90 Tage gültig.

i *Bei Reisen nach Russland wird der Aufenthalt von Ausländern genau registriert. Bei der Einreise erhält man eine* миграцио́нная ка́рта *(= Einreisebescheinigung), die man bei der Ausreise wieder vorlegen muss. Bei Übernachtungen im Hotel übernimmt das Hotel die polizeiliche Anmeldung, bei Privatreisen muss man sich innerhalb von drei Tagen an jedem Aufenthaltsort beim örtlichen* ОВИР *melden und kostenpflichtig seinen Aufenthalt registrieren lassen.*

(генера́льное) **ко́нсульство** *m*	(General-)**Konsulat**
посо́льство *n*	**Botschaft**
Посо́льство ФРГ в Москве́	die deutsche Botschaft in Moskau
профилакти́ческая **приви́вка** *f*	(Schutz-)**Impfung**
противоо́спенная приви́вка	Pockenschutzimpfung
спра́вка *f* / свиде́тельство *n* о приви́вках	Impfzeugnis
страхова́ние *n* **от** уще́рба ...	**Versicherung** gegen den Verlust von …
страхово́й по́лис *m*; **страхо́вка** *f*	Versicherungsschein
автопо́лис *m ugs*	Autoversicherung
доро́жный чек *m*	Reisescheck
Я хочу́ получи́ть де́ньги по че́ку.	Ich möchte einen Reisescheck einlösen.
бага́ж *m* – **ручна́я кладь** *f*	**Gepäck – Handgepäck**
Вы сдаёте бага́ж?	Geben Sie Gepäck auf?
доро́жная су́мка *f*	**Reisetasche**
чемода́н *m*; **чемода́н на колёсиках**	**Koffer; Rollkoffer**

11.4 Размещение Unterkunft

гости́ница *f* / **оте́ль** *m*	**Hotel**
В како́й гости́нице вы прожива́ете?	In welchem Hotel wohnen Sie?
наце́нка *f*	Aufpreis
мини-оте́ль	(Fremden-)Pension
пансио́н *m*	Verpflegung
по́лный пансио́н – по́лупансио́н	**Vollpension – Halbpension**
моте́ль *m*	**Motel**
молодёжная турба́за *f*	**Jugendherberge**
но́мер *m*	**Hotelzimmer**
одноме́стный / двухме́стный но́мер	ein Einzel- / Zweibettzimmer
но́мер с ва́нной / ду́шем	Zimmer mit Bad / Dusche
брони́ровать *1* / заброни́ровать *1* но́мер в гости́нице	ein Hotelzimmer bestellen
У нас нет свобо́дных номеро́в.	Wir haben keine freien Zimmer.
Но́мер ну́жно освободи́ть до 11 утра́.	Das Zimmer muss bis 11 Uhr geräumt sein.
слу́жба *f* брони́рования	(Zimmer-)Reservierung
сто́йка *f* регистра́ции	Empfang
зарегистри́роваться *1*	**sich** (am Empfang) **anmelden**
расплати́ться *2*	**bezahlen**
Во ско́лько вы прибу́дете?	Um welche Zeit werden Sie ankommen?
портье́ *m*	(Hotel-)**Portier**
Оста́вьте свой ключ у портье́.	Lassen Sie Ihren Schlüssel beim Portier.
администра́тор	Diensthabende(r)
холл *m*; **вестибю́ль** *m*	(Hotel-)**Halle; Foyer**
шве́дский стол *m*	**Buffet**
буфе́т *m*	**Frühstücksraum**
Где мо́жно поза́втракать?	Wo kann man frühstücken?

Что едя́т и пьют на за́втрак (= *Was man zum Frühstück isst und trinkt*):
бутербро́ды *m* с колбасо́й и́ли сы́ром (= *belegte Brote mit Wurst oder Käse*) • варённые и́ли жа́ренные соси́ски (= *gekochte oder gebratene Würstchen*) • яи́чница-глазу́нья *f* и́ли омле́т *m* (= *Spiegelei oder Omelett*) • гре́чневая и́ли ма́нная ка́ша *f* (= *Buchweizen- oder Grießbrei*) • йо́гурт *m* (= *Joghurt*) • кефи́р *m* (= *Kefir*) • сок *m* (= *Saft*) • чай *m* (= *Tee*) • ко́фе *m* (= *Kaffee*)

11.5 Делать покупки
Einkaufen

поку́пки	**Einkäufe**
Я сего́дня пойду́ за поку́пками.	Heute mache ich meine Einkäufe.
су́мка *f;* аво́ська *f*	Einkaufstasche / -netz
паке́т *m*	Plastiktüte
теле́жка *f*	Einkaufswagen
магази́н *m*	**Geschäft**

ви́ды магази́нов (= ***Arten von Geschäften*****):**
Дом мо́ды; магази́н же́нской / мужско́й / де́тской оде́жды (= *Konfektionshaus*) • обувно́й м. (= *Schuhgeschäft*) • м. пода́рков (= *Geschenkeladen*) • м. худо́жественного ремесла́ (= *Kunstgewerbeladen*) • букинисти́ческий м. (= *Antiquariat*) • антиква́рный м. (= *Antiquitätengeschäft*) • музыка́льный м. (= *Musikalienhandlung / Musikladen*) • м. игру́шек (= *Spielwarengeschäft*) • спорти́вный м. (= *Sportgeschäft*) • м. фотопринадле́жностей (= *Fotogeschäft*) • м. канцтова́ров (= *Schreibwarenladen*) • цвето́чный м. (= *Blumenladen*) • продово́льственный м. / гастроно́м (= *Lebensmittelladen*) • овощно́й м. (= *Obst- und Gemüseladen*) • сувени́рный м. (= *Souvenierladen*)

пройтись* / ходить *2* по магази́нам	einen Einkaufsbummel machen
торго́вый центр *m*	Einkaufszentrum
суперма́ркет *m*	**Supermarkt**
универма́г *m*	**Kaufhaus; Warenhaus**
ГУМ – са́мый изве́стный универма́г в Росси́и.	Das GUM ist das bekannteste Kaufhaus Russlands.

i *Die Abkürzung* **ГУМ** *bedeutete ursprünglich* **Госуда́рственный универса́льный магази́н** (= *Staatliches Kaufhaus*). *Die drei Buchstaben sind dem Haus auch nach der Ära des staatlichen Handels erhalten geblieben, werden aber heute als* Главный *– führendes –* универсальный магазин *gelesen.*

отде́л *m* же́нской оде́жды	**Abteilung** für Damenkonfektion
кни́жный отде́л	Bücherabteilung
торго́во-посы́лочная фи́рма *f*	Versandhaus
катало́г *m*	Versandhauskatalog
газе́тный кио́ск *m*	Zeitungskiosk
торго́вец *m* худо́жественными изде́лиями	Kunsthändler
ювели́р *m*	**Juwelier**

бу́лочная *f*; конди́терская *f*	Bäckerei; Konditorei
апте́ка *f*	**Apotheke**
(кры́тый) ры́нок *m*	**Markt(halle)** *(sehr verbreitete Form des Einzelhandels in Russland, insbesondere, aber nicht nur, für landwirtschaftliche Erzeugnisse, die direkt vom Produzenten kommen)*
Пошли́ на ры́нок!	Lass uns auf den Markt gehen!

поле́зные выраже́ния (= ***nützliche Redensarten*****):**
Могу́ ли я вам помо́чь? (= *Womit kann ich Ihnen dienen*?) • Я и́щу… (= *Ich suche* …) • У вас есть …? (= *Haben / Führen Sie* ...*?*) • Где мо́жно найти́ …? (= *Wo finde ich* ...*?*) • Ско́лько сто́ит …? (= *Was kostet* ...*?*) • Ско́лько с меня́? (= *Wie viel bekommen Sie von mir?*) • Заверну́ть как пода́рок? (= *Soll ich es als Geschenk einpacken?)*

покупа́тель *m* **– покупа́тельница** *f*	**Käufer – Käuferin; Kunde – Kundin**
продаве́ц *m* **– продавщи́ца** *f*	**Verkäufer – Verkäuferin**
ка́сса *f*	**Kasse**
В ка́ссу стоя́ла больша́я о́чередь.	An der Kasse war eine lange Schlange.
(само)обслу́живание *n*	(Selbst)bedienung
обслу́живание покупа́телей	Kundendienst
эконо́мить *2* **/ сэконо́мить** *2*	**sparen**
плати́ть *2* / заплати́ть *2* нали́чными	bar bezahlen
счёт *m*	**Rechnung**
креди́т *m*	**Kredit**
покупа́ть *1* / купи́ть *2* в креди́т	auf Kredit kaufen
опла́та *f* в рассро́чку	Ratenzahlung
плати́ть в рассро́чку	in Raten bezahlen
пе́рвый взнос *m*; **зада́ток** *m*	**Anzahlung**
ка́ссовый чек *m*	**Kassenbeleg**
Вы принима́ете креди́тные ка́рты?	Akzeptieren Sie Kreditkarten?
прода́жа *f*	**Verkauf**
(сезо́нная) распрода́жа *f*	(Winter- / Sommer-) Schlussverkauf
ски́дка *f*	Rabatt; Preisnachlass
Ски́дка при нали́чном расчёте – 2 %.	Bei Barzahlung 2 Prozent **Skonto**.
фи́рма *f*; ма́рка *f;* бренд *m*	**Marke**
Како́й фи́рмы / ма́рки твои́ джи́нсы?	Von welcher Marke sind deine Jeans?

11.6 Спорт Sport

спорт *m*; **физкульту́ра** *f*	**Sport; Körperkultur**
уро́к *m* физкульту́ры	Sportunterricht
вид *m* **спо́рта**	**Sportart**
занима́ться *1* спо́ртом	Sport treiben

не́которые ви́ды спо́рта (= *einige Sportarten*):
лёгкая атле́тика *f* (= *Leichtathletik*): бег *m* на 100 ме́тров (= *Hundertmeterlauf*) • эстафе́тный бег (= *Staffellauf*) • прыжки́ *Pl* в высоту́ / длину́ (= *Hoch- / Weitsprung*) • толка́ние *n* ядра́ (= *Kugelstoßen*) • мета́ние *n* копья́ (= *Speerwerfen*) • многобо́рье *n* (= *Mehrkampf*) • тяжёлая атле́тика *f* (= *Gewichtheben*) • спорти́вная гимна́стика *f* (= *Turnen*)

спорти́вный	**sportlich**
спортсме́н *m* – **спортсме́нка** *f*	**Sportler – Sportlerin**

i **игра́ть в** + *Akk.* **(= *spielen*):**
игра́ть *1* в футбо́л *m* / баскетбо́л *m* / волейбо́л *m* / гандбо́л *m* / хокке́й *m* / (насто́льный) те́ннис *m* / бадминто́н *m* / ша́хматы *Plt* / билья́рд *m* (= *Fußball / Basketball / Volleyball / Handball / Eishockey / (Tisch-)Tennis / Federball / Schach / Billard spielen*)

игра́ *f*; па́ртия *f*	**Spiel**; Partie
матч *m* по футбо́лу	Fußball**spiel**
соревнова́ние *n*; **состяза́ние** *n*	**Wettbewerb**
спорти́вное соревнова́ние	Sportwettkampf
турни́р *m*	**Turnier**
чемпиона́т *m* **ми́ра / Евро́пы**	**Welt-/ Europameisterschaft**
чемпио́н *m* – **чемпио́нка** *f*	**Meister – Meisterin**
заня́ть* второ́е ме́сто	den zweiten Platz belegen
претенде́нт *m* на ти́тул чемпио́на	Titelanwärter
побе́да *f* – пораже́ние *n*	Sieg – Niederlage
побежда́ть *1* **/ победи́ть** *2*; **вы́игрывать** *1* **/ вы́играть** *1*	**gewinnen**
Они́ вы́играли со счётом три – два.	Sie haben 3:2 gewonnen.
прои́грывать *1* **/ проигра́ть** *1*	**verlieren**
Он прои́грал по очка́м.	Er hat nach Punkten verloren.

спорти́вные сооруже́ния (= *Sportstätten*):
ме́сто *n* проведе́ния (соревнова́ния) (= *Austragungsort*) • спорти́вная площа́дка *f* (= *Sportplatz*) • стадио́н *m* – на стадио́не

> (= *Stadion – im Stadion*) • футбо́льное по́ле *n* (= *Fußballfeld*) • корт *m* (= *Tennisplatz*) • площа́дка для игры́ в гольф (= *Golfplatz*) • спортза́л *m* (= *Turnhalle*)

(мирово́й) **реко́рд** *m*	(Welt-)**Rekord**
установи́ть *2* / повтори́ть *2* реко́рд	einen Rekord aufstellen / einstellen
фавори́т *m* **– фавори́тка** *f*	**Favorit – Favoritin**
корре́ктная игра́ *f*; корре́ктное поведе́ние *n*	faires Spiel; faires Verhalten / Fairness
го́нки *Pl*	**Rennen; Rennsport**
автого́нки	Autorennsport
го́ночный автомоби́ль *m* / мотоци́кл *m*	Rennwagen / Rennmaschine

> **зи́мние ви́ды спо́рта (= *Wintersportarten*):**
> конькобе́жный спорт *m* (= *Eisschnelllauf*) • фигу́рное ката́ние *n* (= *Eiskunstlauf*) • лы́жная го́нка *f* (= *Skilanglauf*) • биатло́н *m* (= *Biathlon*) • прыжки́ *Pl* с трампли́на (= *Skispringen*) • горнолы́жный спорт *m* (= *alpiner Wintersport*) • бобсле́й *m* (= *Bob*)

ката́ться *1* на конька́х / ро́ликах	Schlittschuh- / Rollschuhlaufen
ката́ться / ходи́ть *2* на лы́жах	Skilaufen; Skifahren
па́русный спорт *m*	Segeln
плыть* / идти́* под па́русом	segeln
кано́э *n*; байда́рка *f*	Kanu; Paddelboot
грести́*; плыть на байда́рке	rudern; paddeln
пла́вание *n* **– ныря́ние** *n*	**Schwimmen – Tauchen**
пла́вать *1* **– ныря́ть** *1*	**schwimmen – tauchen**
бокс *m* – борьба́ *f*	Boxen – Ringen

> **спорти́вный инвента́рь (= *Sportgeräte*):**
> мяч *m* (= *Ball*) • ша́йба *f* (= *Puck*) • лы́жи *Pl* (= *Skier*) • коньки́ *Pl* (= *Schlittschuhe*) • сно́уборд *m* (= *Snowboard*) • сани *Plt* (= *Schlitten*) • велосипе́д *m* (= *Fahrrad*) • диск *m* (= *Diskus*) • ядро́ *n* (= *Kugel*) • копьё *n* (= *Speer*) • те́ннисная раке́тка *f* (= *Tennisschläger*)

кома́нда *f*	**Mannschaft**
напада́ющий *m*	Stürmer
игро́к *m* сре́дней ли́нии	Mittelfeldspieler
защи́тник *m* – оборо́на *f* / защи́та *f*	**Verteidiger** – Verteidigung
врата́рь *m*	**Torwart**
воро́та *Plt*	das **Tor**
забива́ть *1* / заби́ть *1* **гол** *m*	ein **Tor** schießen

11.7 Хобби Hobbys

хо́бби *n;* увлече́ние *n*	**Hobby**
Мои́ увлече́ния – э́то …	Zu meinen Hobbys gehört …
занима́ться *1* свои́м хо́бби	sich mit seinem Hobby beschäftigen
интере́сы	**Interessen**
Чем вы интересу́етесь?	Wofür interessieren Sie sich?
Я интересу́юсь пре́жде всего́ му́зыкой и те́ннисом.	Meine Hauptinteressen sind Musik und Tennis.
заня́тие *n*; **де́ятельность** *f*	**Betätigung; Tätigkeit**
моё люби́мое заня́тие	meine Lieblingsbeschäftigung
Гото́вить – это о́чень популя́рное хо́бби.	Kochen ist eine beliebte Freizeitbeschäftigung.
тво́рческая дея́тельность	künstlerische Betätigung
о́тдых *m*	**Erholung**
отдыха́ть *1* / **отдохну́ть** *1*	**sich erholen**
расслабля́ться *1* / рассла́биться *2*	sich entspannen
свобо́дное вре́мя *n*; **досу́г** *m*	**Freizeit**
вяза́ть *1* / **связа́ть** *1*	**stricken; häkeln**
шить* / **сшить***	**nähen**
коллекциони́ровать *1*	**sammeln**

Что лю́ди коллекциони́руют (= *Was die Leute sammeln*):
почто́вые ма́рки (= *Briefmarken*) • откры́тки (= *Postkarten*) • телефо́нные ка́рты (= *Telefonkarten*) • моне́ты (= *Münzen*) • авто́графы (= *Autogramme; Autographen*) • произведе́ния дре́внего иску́сства (= *Antiquitäten*) • ико́ны (= *Ikonen*)

Я **люблю́** слу́шать му́зыку.	Ich höre **gern** Musik.
Она́ **с удово́льствием** реша́ет кроссво́рды.	Sie löst **gern** Kreuzworträtsel.
мастери́ть *2*	**heimwerken; basteln**
Мы ча́сто игра́ем в ка́рты.	Wir spielen oft Karten.

заня́тия на приро́де (= *Aktivitäten im Freien*):
рабо́та *f* на огоро́де (= *Gartenarbeit*) • скалола́зание *n* / альпини́зм *m* (= *Bergsteigen*) • наблюде́ние *n* за пти́цами (= *Vogelbeobachtung*) • се́рфинг *m* (= *Windsurfen*) • да́йвинг *m* / ныря́ние *n* (= *Tauchen*) • парашю́тный спо́рт *m* (= *Fallschirmspringen*) • дельтапланери́зм *m* (= *Drachenfliegen*)
ката́ться на велосипе́де (= *Radfahren*) • е́здить верхо́м (= *Reiten*) • ходи́ть на охо́ту (= *auf Jagd gehen*) • ката́ться на во́дных лы́жах (= *Wasserskilaufen*) • уди́ть *2*; рыба́чить *2* (= *Angeln; Fischen*)

11.8 Указание времени
Zeitangaben

часы́ *Plt*	die **Uhr**
час *m*	**Stunde; Uhr** (bei Zeitangabe)
Она́ начина́ет рабо́тать в час дня.	Ihre Arbeit beginnt 13.00 Uhr.
Мы встре́тимся в 2 часа́.	Wir treffen uns um zwei (Uhr).
По́езд отправля́ется в 5 часо́в 15 мину́т.	Der Zug fährt 5.15 Uhr ab.
полчаса́ *m*	eine **halbe Stunde**
секу́нда *f*	**Sekunde**
мину́та *f*	**Minute**
Мину́точку, пожа́луйста.	Einen Augenblick bitte.
су́тки *Plt*	**Tag (24 Stunden)**
Он рабо́тает 24 часа́ в су́тки.	Er arbeitet 24 Stunden am Tag.
Магази́н рабо́тает круглосу́точно.	Das Geschäft ist rund um die Uhr geöffnet.
день *m* – днём	**Tag** – am Tage / tagsüber
в пе́рвой полови́не дня / до обе́да	am Vormittag
во второ́й полови́не дня / по́сле обе́да	am Nachmittag
неде́ля *f*	**Woche**
ме́сяц *m*	**Monat**
год *m*	**Jahr**
десятиле́тие *n*	Jahrzehnt
век *m*; столе́тие *n*	**Jahrhundert**
час / неде́лю **тому́ наза́д**	**vor** einer Stunde / Woche
Он прие́хал два часа́ тому́ наза́д.	Er kam vor zwei Stunden.
Приходи́те **че́рез** час.	Kommen Sie **in** einer Stunde.
Оформле́ние багажа́ начина́ется **за час до** вы́лета.	Der Check-In beginnt **eine Stunde vor** dem Abflug.
Они́ уе́хали **на** две неде́ли.	Sie sind **für** zwei Wochen verreist.
Мы вы́учили слова́ **за** три часа́.	Wir lernten die Wörter **in** 3 Stunden.
весна́ *m* – весно́й	**Frühling** – im Frühling
ле́то *n* – ле́том	**Sommer** – im Sommer
о́сень *f* – о́сенью	**Herbst** – im Herbst
зима́ *f* – зимо́й	**Winter** – im Winter
у́тро *n* – у́тром	**Morgen** – am Morgen
ве́чер *m* – ве́чером	**Abend** – am Abend
ночь *f* – но́чью	**Nacht** – in der Nacht
понеде́льник *m*	**Montag**
вто́рник *m*	**Dienstag**
среда́ *f*	**Mittwoch**

четве́рг *m* | **Donnerstag**
пя́тница *f* | **Freitag**
суббо́та *f* | **Sonnabend**; Samstag
воскресе́нье *n* | **Sonntag**
выходно́й – выходны́е | **freier Tag – Wochenende**

Am (*Wochentag*): **в + *Akk.*** → **в** понеде́льник, **в** сре́ду, **в** воскресе́нь**е**.
Regelmäßige Handlungen an einem Wochentag: **по + *Dat. Pl.*** → **по** четверг**а́м**, **по** пя́тниц**ам** (= *donnerstags, freitags*).

янва́рь *m*	**Januar**
февра́ль *m*	**Februar**
март *m*	**März**
апре́ль *m*	**April**
май *m*	**Mai**
ию́нь *m*	**Juni**
ию́ль *m*	**Juli**
а́вгуст *m*	**August**
сентя́брь *m*	**September**
октя́брь *m*	**Oktober**
ноя́брь *m*	**November**
дека́брь *m*	**Dezember**

Im/In (*Monat, Jahr und Jahrhundert*): **в + *Präp.*** → **в** декабр**е́**, **в** XX (двадца́т**ом**) ве́к**е** (= *im 20. Jahrhundert*), **в** девяно́ст**ых** год**а́х** (= *in den 90er Jahren*)
Achtung: в про́шлом / сле́дующем году́ (= *im letzten / nächsten Jahr*)
Von/Bis: **с + *Gen.* / до + *Gen.*** oder **с + *Gen.* / по + *Akk.*** → **с** ма́рт**а** **до** ма́**я**, **с** понеде́льник**а** **до** сред**ы́**, **с** суббо́т**ы** **по** понеде́льник

Jahresangaben:
ты́сяча девятьсо́т во́семьдесят пя́тый год (= [*das Jahr*] *1985*)
в ты́сяча девятьсо́т во́семьдесят пя́том году́ (= [*im Jahr*] *1985*)
двухты́сячн**ый** год / **в** двухты́сячн**ом** году́ (= [*das / im Jahr*] *2000*)
две ты́сячи пя́т**ый** год / в две ты́сячи пя́т**ом** году́ (= [*das / im Jahr*] *2005*)

Monatsangaben:
март две ты́сячи восьм**о́го** го́д**а** (= *März 2008*)
в ма́рт**е** две ты́сячи восьм**о́го** го́д**а** (= *im März 2008*)

> ***Datumsangaben*:**
> Сего́дня втор**о́е** ма́рт**а** две ты́сячи восьм**о́го** го́д**а**. (= *Heute ist* **der** *2. März 2008*).
> Втор**о́го** ма́рт**а** две ты́сячи восьм**о́го** го́д**а** состоя́лись президе́нтские вы́боры. (= ***Am*** *2. März 2008 fanden die Präsidentschaftswahlen statt.*)

сего́дня	**heute**
за́втра; послеза́втра	**morgen; übermorgen**
До за́втра!	Bis morgen!
вчера́; позавчера́	**gestern; vorgestern**
сейча́с	**gleich; sofort, jetzt**
Он сейча́с придёт.	Er wird gleich kommen.
тепе́рь	**jetzt; nun**
Тепе́рь, когда́ зна́ю, что …	Jetzt, wo ich weiß, dass …
во вре́мя	**während**
Во вре́мя обе́да …	Während des Mittagessens …
во́время	**rechtzeitig; pünktlich**
Они́ пришли́ во́время.	Sie kamen pünktlich.
когда́	**wann; als**
Когда́ начина́ются заня́тия?	Wann beginnt der Unterricht?
Когда́ мы бы́ли в Москве́, …	Als wir in Moskau waren, …
по́зже – попо́зже – не по́зже чем	**später** – etwas später – nicht später als
ра́ньше – пора́ньше – не ра́ньше чем	**zeitiger** – etwas zeitiger – nicht zeitiger / eher als

12.1 Географические категории
Geographische Einteilungen

центр *m* Земли́ — der Mittelpunkt der Erde
съёмки Земли́ со спу́тника — Satellitenfotos der Erde
полуша́рие *n* — **Halbkugel**
часово́й по́яс *m* — Zeitzone
тро́пики — Tropen
Анта́рктика *f*; А́рктика *f* — Antarktis; Arktis
эква́тор *m*; на эква́торе — **Äquator**; am Äquator
контине́нт *m*; **матери́к** *m* — **Kontinent; Festland**
субконтине́нт *m* — Subkontinent
континента́льный — kontinental
часть *f* **све́та** — **Erdteil**

Австра́лия *f* (= *Australien*) • **Антаркти́да** (= *Antarktika*) • **Аме́рика** *f* (= *Amerika*) • Се́верная / Ю́жная Аме́рика *f* (= *Nord- / Südamerika*) • Центра́льная / Лати́нская Аме́рика *f* (= *Mittel- / Lateinamerika*) • **А́фрика** *f* (= *Afrika*) • **Евро́па** *f* (= *Europa*) • **А́зия** *f* (= *Asien*) • **Евра́зия** (= *Eurasien*) • **Океа́ния** *f* (= *Ozeanien*)

америка́нский; австрали́йский — amerikanisch; australisch
африка́нский; азиа́тский — afrikanisch; asiatisch
европе́йский — **europäisch**
се́вер *m* – **се́верный** — **Norden – nördlich**
Они́ уе́хали на се́вер. — Sie sind nach Norden gezogen.
юг *m* – **ю́жный** — **Süden – südlich**
за́пад *m* – **за́падный** — **Westen – westlich**
За́падная Сиби́рь *f* — Westsibirien
восто́к *m* – **восто́чный** — **Osten – östlich**
Бли́жний / Да́льний Восто́к *m* — der Nahe / Ferne Osten
ю́го-восто́к *m* – ю́го-восто́чный — Südosten – südöstlich
ю́го-за́пад *m* Росси́и — Südwesten Russlands
се́веро-за́пад *m* Сиби́ри — Nordwesten von Sibirien
се́веро-восто́чное побере́жье *n* — die Nordostküste
за́падно- / восто́чноевропе́йский — west- / osteuropäisch
Се́верный / Ю́жный по́люс *m* — **der Nord- / Südpol**
ме́стность *f* — **Gegend; Gelände**
райо́н *m*; террито́рия *f* — Gebiet; Territorium
пло́щадь *f* — Fläche; Flächeninhalt

12.2 Моря, озера, реки
Meere, Seen, Flüsse

мо́ре *n*	**die See; das Meer**

Балти́йское мо́ре (= *die Ostsee*) • Каспи́йское мо́ре (= *das Kaspische Meer*) • Охо́тское мо́ре (= *das Ochotsker Meer*) • Се́верное мо́ре (= *die Nordsee*) • Средизе́мное мо́ре (= *das Mittelmeer*) • Чёрное мо́ре (= *das Schwarze Meer*)

океа́н *m*	**Ozean**

Атланти́ческий океа́н *m* (= *der Atlantische Ozean / Atlantik*) • Ти́хий океа́н *m* (= *der Stille Ozean / Pazifik*) • Се́верный Ледови́тый океа́н (= *der Arktische Ozean / das Nördliche Eismeer*)

морско́й проли́в *m*	Meerenge
о́стров *m*; **полуо́стров** *m*	**Insel; Halbinsel**
о́стров *m* Сахали́н	die Insel Sachalin
Кры́мский полуо́стров *m*	die Halbinsel Krim
бу́хта *f*; **зали́в** *m*	**Bucht; Meerbusen**
Фи́нский зали́в	Finnischer Meerbusen
морско́й бе́рег *m*; побере́жье *n*	**die Küste**; der Küstenstreifen
пляж *m*; на пля́же	Strand; am Strand
о́зеро *n* – озёра	der **See**; Seen
О́зеро Байка́л называ́ют мо́рем.	Der Baikalsee wird Meer genannt.
водохрани́лище *n*	Stausee
пруд *m* – пруды́	Teich – Teiche
ручéй *m* – ручьи́	Bach – Bäche
река́ *f*	**Fluss**
Во́лга *f*; Дон *m*	die Wolga; der Don
Енисе́й и Ле́на – сиби́рские ре́ки.	Jenissej und Lena sind sibirische Flüsse.
у́стье *n* (реки́)	(Fluss-)**Mündung**
широ́кое у́стье Невы́	die breite Nevamündung
бе́рег *m* **(о́зера / реки́ / мо́ря)**	**See- / Fluss- / Meeresufer**
на берега́х Во́лги	an den Ufern der Wolga
ру́сло *n* реки́	Flussbett
фарва́тер *m*	Fahrrinne
тече́ние *n*	**Strömung**
плыть* про́тив тече́ния	gegen den Strom schwimmen
кана́л *m*	**Kanal**
шлюз *m*	Schleuse
прили́в *m* – отли́в *m*	Flut – Ebbe
га́вань *f*, **порт** *m*	**Hafen**

12.3 Ландшафт, местность
Die Landschaft

ландша́фт *m*; **ме́стность** *f*	**Landschaft**
краси́вый ландша́фт	eine schöne Landschaft
се́льская ме́стность	ländliche Gegend
доли́на *f*	**Tal**
доли́на реки́	Flusstal
гора́ *f*	**Berg**
го́ры *Pl*; **го́рный масси́в** *m*	**Gebirge; Bergmassiv**
в гора́х	im Gebirge
верши́на *f* (горы́)	(Berg-)Gipfel
скала́ *f*	**Felsen**
со́пка *f*	**Bergkuppe**
равни́на *f*	**Ebene; Flachland**
ни́зменность *f*	**Niederung**; Tiefland
возвы́шенность *f*; **плоского́рье** *n*	Erhebung; Landrücken; Platte
высокого́рье *n*	**Hochland**
высокого́рное плато́ *n*	**Hochebene**
перева́л *m*	Gebirgspass

Сре́днеру́сская возвы́шенность (= *Mittelrussische Platte*) • Прикаспи́йская ни́зменность (= *die Kaspische Senke*) • Ура́льские го́ры / Ура́л (= *das Uralgebirge / der Ural*)

Ура́л явля́ется грани́цей ме́жду Евро́пой и А́зией. (= *Der Ural ist die Grenze zwischen Europa und Asien.*)

степь *f*; ле́состе́пь *f*	**Steppe**; Waldsteppe
пусты́ня *f*	**Wüste**
вереско́вая пу́стошь *f*	Heide
лес *m* – леса́	**Wald – Wälder**
Мы гуля́ли по ле́су.	Wir gingen im Wald spazieren.
лесно́й масси́в *m*	ein großes Waldgebiet
сме́шанный лес *m*	Mischwald
тайга́ *f*; **ту́ндра** *f*	**Taiga; Tundra**
джу́нгли *Plt*; де́вственный лес *m*	Dschungel; Urwald
ро́ща *f*	Hain
леса́ и поля́	Wälder und Felder
жива́я и́згородь *f*	Hecke
национа́льный парк *m*	Nationalpark
запове́дник *m*	Naturschutzgebiet

12.4 Сельское хозяйство Die Landwirtschaft

селó *n*; **дерéвня** *f*	**Dorf**
на селé; в дерéвне	**auf dem Lande**
сéльское хозя́йство *n*	**Landwirtschaft**
сéльскохозя́йственная культýра *f*	landwirtschaftliche Kultur
сéльский / крестья́нский дом *m*	Bauernhaus
крестья́нин *m* **– крестья́нка** *f*	**Bauer – Bäuerin**
земля́ *f*; **пóчва** *f*	**Erde; Boden**
плодорóдные / неплодорóдные пóчвы	fruchtbare / karge Böden
пáшня *f*; пóле *n*; луг *m*	Acker(-land); Feld; Wiese
Корóвы пасýтся на пáстбище.	Rinder grasen auf der Weide.
растéние *n*; **растéниевóдство** *n*	**Pflanze; Ackerbau**
воздéлывать *1*; сажáть *1*	kultivieren; pflanzen
сéять *1* / посéять *1*	säen
вырáщивать *1* / вы́растить *2*	züchten; ziehen; großziehen
расти́* / вы́расти*	**wachsen**
семенá *Pl*	**Samen; Saatgut**
рожь *f*; пшени́ца *f*; óвощи *Pl*	Roggen; Weizen; Gemüse
урожáй *m*	**Ernte**
собирáть *1* / собрáть* урожáй	ernten
тепли́ца *f*	Gewächshaus
животновóдство *n*	**Viehzucht**
скóт *m*; поголóвье *n* скотá	**Vieh**; Viehbestand
крýпный рогáтый скот *m*	Rind
корóва *f*	**Kuh**; Rind
дои́ть *2* корóву	eine Kuh melken
свинья́ *f*; **овцá** *f*	**Schwein; Schaf**
разводи́ть *2* свинéй	Schweine züchten
коневóдство *n*	**Pferdezucht**
коню́шня *f*	(Pferde-)Stall
амбáр *m*; хлев *m*	Scheune; Stall
корм *m* для живóтных; комбикóрм	**Futter**(mittel); Mischfutter
корми́ть *2* живóтных	die Tiere füttern
сéно *n*; солóма *f*	Heu; Stroh
птицевóдство *n*	**Geflügelzucht**
кýрица *f*; гусь *f*; ýтка *f*	Huhn; Gans; Ente
пти́чник *m* – пти́чница *f*	Geflügelzüchter / -züchterin
коси́лка *f* **– коси́ть** *2*	**Mähmaschine – mähen**
плуг *m*; **трáктор** *m*	**Pflug; Traktor**
трактори́ст *m*	Traktorist
комбáйн *m*; **комбайнёр** *m*	**Mähdrescher; -fahrer**

12.5 Город Die Stadt

го́род *m* — **Stadt**

населённый пункт *m* (= *Siedlung*) • райо́нный центр *m* (= *Kreisstadt*) • го́род-спу́тник *m* (= *Satellitenstadt*) • большо́й го́род (= *Großstadt*) • провинциа́льный го́род (= *Provinzstadt*) • промы́шленный го́род (= *Industriestadt*) • метропо́лия *f* (= *Metropole*) • го́род-миллионе́р *m* (= *Millionenstadt*) • столи́ца *f* (= *Hauptstadt*)

е́хать* в го́род	in die Stadt fahren
го́род, где я роди́лся (родила́сь)	meine Geburtsstadt
центр *m* **го́рода**	**Stadtzentrum**
в це́нтре го́рода	**in der Innenstadt**
Ты е́дешь в центр?	Fährst du ins Zentrum?
центр Москвы́	die Moskauer Innenstadt
в черте́ го́рода	**innerhalb der Stadtgrenze**
10 км от го́рода	10 km von der Stadt entfernt
городска́я инфраструкту́ра *f*	städtische Infrastruktur
городска́я жизнь *f*	Stadtleben
городско́й жи́тель *m*	**Stadtbewohner**
городска́я жи́тельница *f*	**Stadtbewohnerin**
жи́тель *m* большо́го го́рода	(Groß-)Städter
горожа́нин *m* **– горожа́нка** *f*	**Städter – Städterin**
дереве́нские жи́тели	Dorfbewohner
план *m* **го́рода**	**Stadtplan**
ка́рта *f* **це́нтра го́рода**	eine **Karte der Innenstadt**
при́город *m*; окре́стность *f*	**Vorort;** Umland
на окра́ине Берли́на	am Stadtrand von Berlin
под Берли́ном; под Москво́й	bei Berlin; bei Moskau
о́бласть *f*	**Gebiet**
Москва́ и Моско́вская о́бласть	Moskau und Moskauer Gebiet

города́-миллионе́ры Росси́и:
Москва́ *f* • Санкт-Петербу́рг *m* • Новосиби́рск *m* • Екатери́нбург *m* • Омск *m* • Каза́нь *f* • Росто́в-на-Дону́ *m* • Волгогра́д *m* • Пермь *m* • Ни́жний Но́вгород *m* • Сама́ра *f*

ра́туша *f*; **бургоми́стр** *m*	**Rathaus; Bürgermeister** (*Deutschl.*)
городска́я ду́ма *f*; **мэ́рия** *f*	**der Stadtrat; das Stadt-/(Bürgermeister-)Amt** (*Russl.*)

городско́й (*= städtisch, Stadt- im Sinn von „der Stadt gehörend"*): городско́й парк *m* / теа́тр *m* / тра́нспорт *m* (*= Stadtpark / Stadttheater/ Stadtverkehr*) • городска́я больни́ца *f* / библиоте́ка *f* / телефо́нная сеть *f* (*= Stadtkrankenhaus / Stadtbibliothek / städtisches Telefonnetz*)

муниципа́льный (*im Sinn von Gemeinde-, kommunal, städtisch*): муниципа́льная со́бственность *f* (*= das kommunale / städtische Eigentum*) • муниципа́льный (администрати́вный) о́круг *m* / слу́жащий *m* (*= Verwaltungsbezirk / städtischer Beamter*)

учрежде́ние *n*; **организа́ция** *f*	**Einrichtung**
образова́тельное учрежде́ние *n*	Bildungseinrichtung
медици́нские учрежде́ния	medizinische Einrichtungen
учрежде́ния культу́ры	kulturelle Einrichtungen
торго́вый центр *m*	**Einkaufszentrum**
торго́вые ряды́; гости́ный двор	Handelshof
усло́вия жи́зни в города́х	die Lebensbedingungen in den Städten
городска́я субкульту́ра *f*	**städtische Subkultur**
урбаниза́ция *f*	**Urbanisierung; Verstädterung**
трущо́бы *Pl*	Elendsviertel
сноси́ть *2* / снести́ *1* ста́рые дома́	alte Häuser / Altbauten abreißen
сана́ция *f* **ста́рых зда́ний**	**Sanierung von alten Häusern**
капита́льный ремо́нт *m*	Generalinstandsetzung
новостро́йка *f*	**Neubau(viertel)**
градострои́тельство *n*	Städtebau

трамва́й *m* (*= Straßenbahn*) • авто́бус *m* (*= Bus*) • тролле́йбус *m* (*= Obus / Trolleybus*) • метро́ *n* (*= U-Bahn*) • желе́зно-доро́жный вокза́л *m* (*= Bahnhof*) • авто́бусный вокза́л *m* / автовокза́л *m* (*= Busbahnhof*)

у́лица *f* (*= Straße*) • переу́лок *m* (*= Gasse*) • проспе́кт *m* (*= Prospekt – eine große Hauptstraße*) • алле́я *f* (*= Allee*) • бульва́р *m* (*= Boulevard*) • шоссе́ *n* (*= Chaussee*) • доро́га *f* (*= (Verkehrs-)Weg*) • пло́щадь *f* (*= Platz*)

за́ город	**aufs Land; ins Grüne**
выезжа́ть *1* за́ город	aufs Land fahren
за го́родом	**auf dem Lande**
да́ча *f* **за го́родом**	**Sommerhaus auf dem Land**
снима́ть *1* / снять* да́чу на ле́то	eine Laube für den Sommer mieten

12.6 Окружающая среда
Die Umwelt

окружа́ющая среда́ *f*	**Umwelt**
загрязне́ние *n* окружа́ющей среды́	Umweltverschmutzung
охра́на *f* **окружа́ющей среды́**	**Umweltschutz**
экологи́ческое созна́ние *n*	Umweltbewusstsein
экологи́ческие пробле́мы	Umweltprobleme
экологи́ческая катастро́фа *f*	Umweltkatastrophe
экологи́ческие организа́ции	**Umweltorganisationen**
«Гринпи́с»	Greenpeace
Сою́з *m* „Зелёная Росси́я“	Verband „Grünes Russland“
защи́тники окружа́ющей среды́	Umweltschützer
экологи́чный	umweltfreundlich
экологи́ческий	ökologisch; Umwelt-
загрязня́ть *1* отхо́дами	mit Abfällen verschmutzen
загрязне́ние *n* **воды́**	**Wasserverschmutzung**
загрязне́ние во́здуха / почв	**Luft- / Bodenverschmutzung**
загрязне́ние не́фтепроду́ктами	Ölpest
слив *m* отрабо́танных ма́сел	Altölablass
ра́диоакти́вное зараже́ние *n*	radioaktive Verseuchung
разгружа́ть *1*; сва́ливать *1*	abladen; abkippen
му́сорная ку́ча *f*; сва́лка *f* му́сора	Müllkippe; Müllabladeplatz
утилиза́ция *f* **отхо́дов**	**Abfallverwertung; Recycling**
ра́диоакти́вные отхо́ды *Plt*	**Atommüll**
сана́ция *f* загрязнённой террито́рии	Sanierung der verunreinigten Territorien
передозиро́вка *f* удобре́ний	Überdüngung
углеки́слый газ *m*	Kohlendioxid
озо́новый слой *m*	Ozonschicht
парнико́вый эффе́кт *m*	der Treibhauseffekt
измене́ния кли́мата	**Klimaveränderungen**
повыше́ние *n* температу́ры Земли́	der Temperaturanstieg auf der Erde
та́яние *n* ледннико́в	Schmelzen der Gletscher
кисло́тный дождь *m*	saurer Regen
перспекти́вное разви́тие *n*	nachhaltige Entwicklung
приро́дные ресу́рсы	**natürliche Ressourcen**
горю́чие ископа́емые	fossile Brennstoffe
но́вые исто́чники эне́ргии	**neue Energieträger**
бума́га *f* втори́чной перерабо́тки	Recyclingpapier
неэтили́рованный бензи́н *m*	bleifreies Benzin
мно́гооборо́тная та́ра *f*	**Mehrwegverpackung**

12.7 Погода и климат
Wetter und Klima

Кака́я погóда?	**Wie ist denn das Wetter?**
прекра́сная / ужа́сная погóда *f*	schönes / furchtbares Wetter
сóлнце *n* **– сóлнечно**	**Sonne – sonnig**
сóлнечный день *m*	ein sonniger Tag
жа́рко; теплó; хóлодно	**heiß; warm; kalt**
сýхо; сы́ро; мóкро	trocken; feucht; nass
жара́ *f*; **зной** *m*	**Hitze**
óчень теплó для э́того врéмени	sehr warm für die Zeit
теплó и вла́жно	warm und feucht; feuchtwarm
вла́жность *f* **(вóздуха)**	**(Luft-)Feuchtigkeit**
дýшный; знóйный	schwül; drückend heiß
Сегóдня óчень прохла́дно / свежó.	Es ist heute sehr kühl / frisch.
морóз *m*; **хóлод** *m*	**Frost; Kälte**
мёрзнуть *1*; замёрзнуть *1*	**frieren**
Рýки мёрзнут.	Ich habe kalte Hände.
мя́гкая / сурóвая зима́ *f*	ein milder / strenger Winter
прогнóз *m* **погóды на за́втра**	**Wettervorhersage für morgen**
термóметр *m* / гра́дусник *m*	Thermometer
срéдняя температýра *f*	**Durchschnittstemperatur**
вы́ше / ни́же нуля́	**über / unter null**
óблако *n*; тýча *f*	**Wolke**; Regenwolke
óблачность *f* – óблачно	**Bewölkung –** trübe; bewölkt
безóблачное нéбо *n*	ein wolkenloser Himmel
перемéнная óблачность *f*	wechselnde Bewölkung
дождь *m* **– идёт дождь**	**Regen – es regnet**
Наверняка́ бýдет дождь.	Es wird wohl Regen geben.
Был си́льный дождь.	Es regnete stark.
дождли́вая погóда *f*	regnerisches Wetter
(места́ми) оса́дки *Plt*	(örtlich) Niederschläge
ли́вень *m*	Regenguß
снег *m* **– идёт снег**	**Schnee – es schneit**
тума́н *m* – тума́нно	Nebel – neb(e)lig
вéтер *m* – вéтрено	**Wind** – windig
си́льный / умéренный вéтер *m*	ein starker / mäßiger Wind
сéверный / ю́жный вéтер *m*	**Nord- / Südwind**
гроза́ *f*; шторм *m*	Gewitter; Sturm
мóлния *f*; гром *m*	Blitz; Donner

кли́мат *m* **(=** ***Klima*****):**
умéренный к. (= *gemäßigtes Klima*) • континента́льный / морскóй / тропи́ческий к. (= *Kontinental- / Meeres- / tropisches Klima*)

12.8 Стихийные бедствия
Naturkatastrophen

зе́млетрясе́ние *n*	**(Erd-)Beben**
вулка́н *m*	**Vulkan**
си́льное изверже́ние *n* вулка́на	ein gewaltiger Vulkanausbruch
ла́ва *f*; лави́на *f*	Lava; Lawine
си́льный цикло́н *m*	**ein heftiger Wirbelsturm**
Приближа́ется цикло́н.	Ein Zyklon nähert sich.
торна́до *m*; тайфу́н *m*	Tornado; Taifun
урага́н *m*	Hurrikan; Orkan
па́водок *m*; **наводне́ние** *n*	**Flut; Überschwemmung**
о́бласти, подве́рженные наводне́нию	vom Hochwasser betroffene Gebiete
прили́вная / па́водковая волна́ *f*	Flutwelle
цуна́ми *n*	**Tsunami**
за́суха *f*	**Dürre**
ого́нь *m*; **пожа́р** *m*	**Feuer; Brand**
угро́за *f* пожа́ра	Brandgefahr
опустоша́ть *1* / опустоши́ть *2*	verwüsten
разруша́ть *1* / разру́шить *2* постро́йки	Bauten zerstören
зо́на *f* **бе́дствия**	**Katastrophengebiet**
же́ртвы стихи́йного бе́дствия	Opfer von Naturkatastrophen
челове́ческие же́ртвы *Pl*	**Opfer**
ра́неные и поги́бшие	Verletzte und Todesopfer
пострада́ть *1* от наводне́ния	von der Flut betroffen sein
пострада́вший	**Geschädigter**
материа́льный уще́рб *m*	der Sachschaden
кома́нда *f* спаса́телей	Rettungsmannschaft; Bergungskommando
«Кра́сный крест» *m*	**das Rote Kreuz**

Больша́я террито́рия была́ зато́плена наводне́нием / па́водком. (= *Ein großes Gebiet wurde überflutet / überschwemmt.*) • Го́род был разру́шен зе́млятрясе́нием. (= *Die Stadt wurde durch ein Erdbeben verwüstet.)* • Го́род N. пострада́л бо́льше всего́, там поги́бло 34 челове́ка. (= *Die Stadt X war mit 34 Todesopfern am stärksten betroffen.*) • По предвари́тельным подсчётам, коли́чество поги́бших составля́ет о́коло 600 челове́к. (= *Die Zahl der Todesopfer wird auf 600 geschätzt.)* • Они́ оста́лись невреди́мыми. (= *Sie überlebten unversehrt.*) • Материа́льный уще́рб оце́нивается в 2 миллиа́рда до́лларов. (= *Der Sachschaden wird auf 2 Milliarden Dollar geschätzt.*)

13.1 Животные
Tiere

живо́тное *n*; **зверь** *m*	**Tier**
ди́кое / ручно́е живо́тное	**wildes / zahmes Tier**
вью́чное живо́тное	Lasttier
млéкопита́ющее *n*	Säugetier
мех *m*; шерсть *f*; шку́ра *f*	Fell
соба́ка *f*; пёс *m*	**Hund**
охо́тничья / сторожева́я соба́ка *f*	Jagdhund / Wachhund
су́ка *f*; кобе́ль *m*; **щено́к** *m*	Hündin; Rüde; **Welpe**
са́мка *f* – **саме́ц** *m*	**Weibchen – Männchen**
(неме́цкая) овча́рка *f*	(deutscher) Schäferhund
по́месь *f*; дворня́жка *f*	Bastard; Promenadenmischung
ко́шка *f*; **кот** *m*; **котёнок** *m*	**Katze; Kater; Katzenjunges**

дома́шние живо́тные ***(= Haustiere):***
коро́ва *f* – бык *m* (= *Kuh – Stier; Bulle*) • коза́ *f* – козёл *m* (= *Ziege – Ziegenbock*) • ло́шадь *f* – конь *m* (= *Pferd – Hengst*) • овца́ *f* – бара́н *m* (= *Schaf – Schafbock*) • осли́ца *f* – осёл *m* (= *Eselstute – Esel*) • свинья́ *f* – бо́ров *m* (= *Schwein; Sau – Eber*)

верблю́д *m*	Kamel
кру́пная / ме́лкая дичь *f*	**Groß- / Niederwild**
хи́щник *m*	**Raubtier**

ди́кие живо́тные (= ***Wildtiere*****):**
волк *m* (= *Wolf*) • за́яц *m* (= *Hase*) • каба́н *m* (= *Wildschwein*) • косу́ля *f* (= *Reh*) • лиса́ *f* (= *Fuchs*) • лось *m* (= *Elch*) • бу́рый / бе́лый медве́дь *m* (= *Braun- / Eisbär*) • оле́нь *m* (= *Hirsch*) • рысь *f* (= *Luchs*) • лев *m* (= *Löwe*) • слон *m* (= *Elefant*) • тигр *m* (= *Tiger*) • (челове́кообра́зная) обезья́на *f* (= *(Menschen-)Affe*)

грызуны́ (= ***Nagetiere*****):**
бе́лка *f* (= *Eichhörnchen*) • куни́ца *f* (= *Marder*) • кры́са *f* (= *Ratte*) • мышь *f* (= *Maus*) • хомя́к *m* (= *Hamster*) • хорёк *m* (= *Iltis*)

пти́ца *f*	**Vogel**
птичье́ гнездо́ *n*	Vogelnest
кле́тка *f*; пти́чья кле́тка	Käfig; (Vogel-)Bauer
перо́ *n*; **пух** *m*	**Feder; Daunen**

хи́щная / пе́вчая пти́ца *f*	**Raubvogel / Singvogel**
дома́шняя пти́ца *f*	**Geflügel**

волни́стый попуга́йчик *m* (= *Wellensittich*) • воробе́й *m* (= *Spatz*) • го́лубь *m* (= *Taube*) • гусь *m* (= *Gans*) • канаре́йка *f* (= *Kanarienvogel*) • ку́рица *f* (= *Huhn*) • ле́бедь *m* (= *Schwan*) • попуга́й *m* (= *Papagei*) • сини́ца *f* (= *Meise*) • снеги́рь *m* (= *Gimpel*) • сова́ *f* (= *Eule*) • солове́й *m* (= *Nachtigall*) • у́тка *f* (= *Ente*)

ры́ба *f*	**Fisch**
золота́я ры́бка *f*	Goldfisch
аква́риумные ры́бки	Aquarienfische

речны́е / морски́е ры́бы *(= Fluss- / Meeresfische)*:
аку́ла *f* (= *Hai*) • белу́га *f* (= *Belugastör*) • ка́мбала *f* (= *Scholle*) • кит *m* (= *Wal*) • лосо́сь *m* (= *Lachs*) • о́кунь *m* (= *Barsch*) • осётр *m* (= *Stör*) • севрю́га *f* (= *Sternhausen*) • сельдь *f* / селёдка *f* (= *Hering*) • ску́мбрия *f* (= *Makrele*) • треска́ *f* (= *Dorsch; Kabeljau*) • туне́ц *m* (= *Thunfisch*) • форе́ль *f* (= *Forelle*) • щу́ка *f* (= *Hecht*)

репти́лия *f*; **пресмыка́ющееся** *n* ***(= Reptil; Kriechtier)*:**
змея́ *f* (= *Schlange*) • жа́ба *f* (= *Kröte*) • крокоди́л *m* (= *Krokodil*) • лягу́шка *f* (= *Frosch*) • черепа́ха *f* (= *Schildkröte*)

рак *m*; ома́р *m*	Krebs; Hummer
дождево́й червя́к *m*	Regenwurm
ули́тка *f*	Schnecke

жук *m*; **насеко́мое** *n* ***(= Käfer; Insekt)*:**
ба́бочка *f* (= *Schmetterling*) • блоха́ *f* (= *Floh*) • клещ *m* (= *Zecke*) • клоп *m* (= *Wanze*) • кома́р *m* (= *Mücke*) • моль *f* (= *Motte*) • мураве́й *m* (= *Ameise*) • му́ха *f* (= *Fliege*) • оса́ *f* (= *Wespe*) • пау́к *m* (= *Spinne*) • пчела́ *f* (= *Biene*) •育 тарака́н *m* (= *(Küchen-)Schabe; Kakerlake*)

парази́т *m*; **вреди́тель** *m*	**Parasit; Schmarotzer**
насеко́мое-вреди́тель *n-m*	Schädling; Ungeziefer
уку́с *m* **насеко́мого**	**Insektenstich**
зоопа́рк *m* / зоологи́ческий сад *m*	Zoo / zoologischer Garten
запове́дник *m* для ди́ких живо́тных	Wildreservat
ветерина́рный врач	**Tierarzt / Tierärztin**
подо́пытное живо́тное *n*	Versuchstier
защи́та *f* **живо́тных**	**Tierschutz**

13.2 Растения
Pflanzen

расте́ние *n*	**Pflanze**
ди́кое расте́ние	Wildpflanze
садо́вое / культу́рное расте́ние	Garten- / Kulturpflanze
ко́мнатное расте́ние	Zimmerpflanze
одноле́тнее расте́ние	**einjährige Pflanze**
двухле́тнее расте́ние	zweijährige Pflanze
ве́чнозелёное расте́ние	**immergrüne Pflanze**
сажа́ть *1* / посади́ть *2*	**(an)pflanzen**
де́рево *n* – **дере́вья**	**Baum – Bäume**
Дере́вья сбра́сывают листву́.	Die Bäume werfen ihr Laub ab.
Дере́вья зазелене́ли.	Die Bäume begannen auszuschlagen.

ли́ственные дере́вья (= *Laubbäume*):
берёза *f* (= *Birke*) • бук *m* (= *Buche*) • дуб *m* (= *Eiche*) • (плаку́чая) и́ва *f* (= *(Trauer-)Weide*) • кашта́н *m* (= *(Ross-)Kastanie*) • клён *m* (= *Ahorn*) • ли́па *f* (= *Linde*) • ольха́ *f* (= Erle) • оси́на *f* (= *Espe*) • то́поль *m* (= *Pappel*) • ясе́нь *m* (= *Esche*)

хво́йные дере́вья (= *Nadelbäume*):
ель *f* / ёлка *f* (= *Tanne*) • пи́хта *f* (= *Fichte*) • кедр *m* (= *Zeder*) • сосна́ *f* (= *Kiefer*) • тис *m* (= *Eibe*) • ли́ственница *f* (= *Lärche*)

лес *m*; **ро́ща** *f*	**Wald; Hain**
ли́ственный / сме́шанный лес	Laubwald / Mischwald
хво́йный лес	Nadelwald

ко́рень *m* (= *Wurzel*) • сте́бель *m* (= *Stiel*) • ствол *m* (= *Stamm*) • сук *m* (= *Ast*) • ве́тка *f* (= *Zweig*) • кора́ *f*; лы́ко *n* (= *Borke; Rinde*) • лист *m*; листва́ *f* (= *Blatt; Laub*) • по́чка *f* / буто́н *m* (= *Knospe*) • плод *m* (= *Frucht*) • жёлудь *m* (= *Eichel*) • (ело́вая) ши́шка *f* (= *(Tannen-)Zapfen*)

цвето́к *m*	**Blume; Blüte**
(сре́занные) **цветы́**	(Schnitt-)**Blumen**
жёлтые бла́гоуха́ющие цветы́	gelbe duftende Blüten

садо́вые цветы́ (= *Gartenblumen*):
аню́тины гла́зки *Plt* (= *Stiefmütterchen*) • нарци́сс *m* (= *Osterglocke; Narzisse*) • маргари́тка *f* (= *Gänseblümchen*) • тюльпа́н *m* (= *Tulpe*) • гвозди́ка *f* (= *Nelke*) • ли́лия *f* (= *Lilie*) • ро́за *f* (= *Rose*)

полевы́е цветы́ (= *Feldblumen*):
василёк *m* (= *Kornblume*) • колоко́льчик *m* (= *Glockenblume*) • ла́ндыш *m* (= *Maiglöckchen*) • лю́тик *m* (= *Butterblume*) • мак *m* (= *Mohn(blume)*) • одува́нчик *m* (= *Löwenzahn; Pusteblume*) • подсо́лнух *m* (= *Sonnenblume*) • рома́шка *f* (= *Kamille*) • чертополо́х *m* (= *Distel*)

трава́ *f* (= *Gras*) • кле́вер *m* (= *Klee*) • мох *m* (= *Moos*) • па́поротник *m* (= *Farn(kraut)*) • ве́реск *m* (= *Heidekraut*)

де́лать *1* / сде́лать *1* **буке́т** *m* — einen **Blumenstrauß** binden
плести́ *1* / сплести́ *1* **вено́к** *m* — einen **Kranz** flechten

ко́мнатные расте́ния (= *Zimmerpflanzen*):
аза́лия *f* (= *Azalee*) • ало́э *n* (= *Aloe*) • бего́ния *f* (= *Begonie*) • ка́ктус *m* (= *Kaktus*) • каланхо́э *n* (= *Kalanchoe*) • орхиде́я *f* (= *Orchidee*) • фиа́лка *f* (= *Veilchen*) • фу́ксия *f* (= *Fuchsie*)

пропа́лывать *1* / прополо́ть *1* гря́дки	Unkraut jäten
куст *m*; **куста́рник** *m*	**Strauch; Busch; Gebüsch**
плодо́вое де́рево *n*	**Obstbaum**
виногра́д *m*; лоза́ *f*; у́сик *m*	Weintraube; Weinrebe; Ranke
цвести́ *1*	**blühen**
Ро́зы начина́ют цвести́.	Die Rosen beginnen zu blühen.
вре́мя *n* цвете́ния	Blütezeit
гриб *m* – **грибы́**	**Pilz – Pilze**
съедо́бный гриб	(Speise- / essbarer) Pilz
шампиньо́н *m*	Champignon
ядови́тый / несъедо́бный гриб	Giftpilz / nicht essbarer Pilz
собира́ть *1* / собра́ть* грибы́	Pilze suchen / sammeln
пле́сень *f*; **грибо́к** *m*	**Schimmel; Schimmelpilz**
плесневе́ть *1*	schimmeln
(за-)плесневе́лый	verschimmelt
фло́ра *f* **и фа́уна** *f*	**Flora und Fauna**
бота́ника *f*	Botanik; Pflanzenkunde
ботани́ческий сад *m*	botanischer Garten
герба́рий *m*	**Herbarium**
Кра́сная кни́га Росси́и (2001 г.)	**Rotbuch Russlands** (*Liste der gefährderten Tier- und Pflanzenarten nach IUCN*)
Всеми́рный сою́з охра́ны приро́ды	International Union for Conservation of Nature = IUCN
угро́за *f* исчезнове́ния ви́да	die Gefahr des Artensterbens

14.1 Медицина Medizin

терапи́я *f*	**innere Medizin**
терапе́вт	**Internist(in)**

произво́дственная медици́на *f* (= *Arbeitsmedizin*) • суде́бная медици́на *f* (= *Rechtsmedizin*) • кардиоло́гия *f* (= *Kardiologie*) • дерматоло́гия *f* (= *Dermatologie*) • гинеколо́гия *f* (= *Gynäkologie / Frauenheilkunde*) • невроло́гия *f* (= *Neurologie*) • офтальмоло́гия *f* (= *Ophthalmologie / Augenheilkunde*) • патоло́гия *f* (= *Pathologie*) • радиоло́гия *f* (= *Radiologie / Strahlenkunde*) • ревматоло́гия *f* (= *Rheumatologie*) • уроло́гия *f* (= *Urologie*)

педиатри́я *f*	**Pädiatrie / Kinderheilkunde**
акуше́рство *n*	**Geburtshilfe**
врач-акуше́р	(ärztl.) Geburtshelfer(in)
роди́льное отделе́ние *n*	Entbindungsstation
де́тское отделе́ние	Kinderstation
ортопеди́я *f*	**Orthopädie**
эндоскопи́я *f* – эндоскопи́ческий	Endoskopie – endoskopisch
ухо́д *m* за больны́ми	Krankenpflege
(по́ли-)кли́ника *f*	(Poli-)**Klinik**; Klinikum
клини́ческий	**klinisch**
на клини́ческом испыта́нии	in der klinischen Erprobung
диа́гноз *m* **боле́зни**	**Krankheitsdiagnose**
поста́вить *2* диа́гноз	diagnostizieren
У неё определи́ли рак груди́.	Bei ihr wurde Brustkrebs festgestellt.
диагности́ческий прибо́р *m*	**diagnostisches Gerät**
ана́лиз *m* / иссле́дование *n* кро́ви	Blutprobe / -untersuchung
кровено́сный сосу́д *m*	Blutgefäß
сгу́сток *m* (кро́ви)	Blutgerinnsel
компью́терная томогра́фия *f*	**Computertomographie / CT**
грудна́я кле́тка *f*	Thorax; Brustkorb / -kasten
желу́дочный	gastrisch; Magen-
боле́зни желу́дка	Magenleiden / -krankheiten
желу́дочно-кише́чный тракт *m*	**Magen-Darm-Trakt / -Kanal**
поджелу́дочная железа́ *f*	Pankreas; Bauchspeicheldrüse
то́лстая / то́нкая кишка́ *f*	Dick- / Dünndarm
слепа́я кишка́ *f*; аппе́ндикс *m*	Blinddarm; Wurmfortsatz
пряма́я кишка́ *f* – ректа́льный	Rektum / Mastdarm – rektal

мо́чевыводя́щие пути́	Harnwege
центра́льная не́рвная систе́ма *f*	**Zentralnervensystem**
ко́стный мозг *m*	Knochenmark
позвоно́чник *m*	Wirbelsäule
жи́дкости / тка́ни органи́зма	(Körper-)Flüssigkeiten / Gewebe
железа́ *f* – желе́зистый	Drüse – Drüsen-
лимфати́ческие узлы́	Lymphknoten
кость *f*; суста́в *m*	Knochen; Gelenk
артри́т *m*; воспале́ние *n* суста́вов	Arthritis; Gelenkentzündung
ревмати́зм *m* – ревмати́ческий	Rheuma – rheumatisch
суста́вный ревмати́зм	Gelenkrheumatismus
а́стма *f* – астмати́ческий	**Asthma** – asthmatisch
астма́тик *m*	Asthmatiker(in)
боле́зни лёгких	Lungenkrankheiten
Он у́мер от лёгочной эмболи́и.	Er starb an einer Lungenembolie.
воспале́ние *n* **лёгких**	**Lungenentzündung**
по́чечная недоста́точность *f*	Nierenversagen
диа́лиз *m*; чи́стка *f* кро́ви	Dialyse; Blutwäsche
профессиона́льное заболева́ние *n*	**Berufskrankheit**
трансплantáция *f* **о́рганов**	**Organtransplantation**
проводи́ть *2* / провести́ *1* трансплantáцию	eine Transplantation durchführen
до́нор *m* о́рганов	Organspender(in)
реципие́нт *m* о́рганов	Organempfänger(in)
переса́дка *f* ко́жи	Hauttransplantation / -übertragung
лучева́я терапи́я *f*	**Strahlentherapie**
пласти́ческая хирурги́я *f*	plastische Chirurgie
хирурги́я на откры́том се́рдце	Operation am offenen Herzen
ЭКГ / эле́ктро-кардиогра́мма *f*	EKG
УЗИ / ультразвуково́е иссле́дование *n*	Ultraschalluntersuchung
рентгеногра́мма *f*	Röntgenaufnahme
гигие́на *f* **– гигиени́ческий**	**Hygiene – hygienisch**
санита́рно-гигиени́ческие но́рмы	hygienische Normen
натуропа́т	Heilpraktiker(in)
управле́ние *n* **здра́воохране́ния**	**Gesundheitsamt**
страхова́я медици́на *f*	Versicherungsmedizin
страхово́й по́лис *m* / страхо́вка *f*	Versicherungsschein
медици́нское страхова́ние *n*	Krankenversicherung
Акаде́мия медици́нских нау́к / АМН	Akademie der Medizinischen Wissenschaften
повыше́ние *n* квалифика́ции враче́й	Fortbildung der Ärzte
нау́чно-иссле́довательский институ́т *m* / НИИ	wissenschaftliches Forschungsinstitut

14.2 Математика
Mathematik

матема́тика *f* – математи́ческий	**Mathematik** – mathematisch
арифме́тика *f*; **счёт** *m*	**Arithmetik; Rechnen**
арифмети́ческий	arithmetisch
геоме́трия *f* – геометри́ческий	**Geometrie** – geometrisch
геометри́ческая прогре́ссия *f*	geometrische Progression
а́лгебра *f*	**Algebra**
счита́ть *1* / **сосчита́ть** *1*	**zählen; rechnen**
Ребёнок мо́жет счита́ть до восьми́.	Das Kind kann bis acht zählen.
счита́ть в уме́	im Kopf rechnen
(рас- / под- / вы-)счита́ть *1*	(be- / er- / aus-)rechnen
расчёт *m*; подсчёт *m*	(Be-)Rechnung
вычисля́ть *1* / **вы́числить** *2*	**(aus)rechnen**
скла́дывать *1* / сложи́ть *2* чи́сла	Zahlen zusammenrechnen
приме́р *m*; **зада́ча** *f*	**Rechenaufgabe; Textaufgabe**
реша́ть *1* / реши́ть *2* приме́ры	Rechenaufgaben lösen
основны́е арифмети́ческие де́йствия	**die Grundrechenarten**
сложе́ние *n* – **вычита́ние** *n*	**Addition – Subtraktion**
умноже́ние *n* – **деле́ние** *n*	**Multiplikation – Division**

55 + 44 = 99: 55 плюс 44 равно́ 99.
99 – 44 = 55: 99 ми́нус 44 равно́ 55.
11 × 6 = 66: 11 умно́жить на 6 равно́ 66.
66 ÷ 11 = 6: 66 делённое на 11 равно́ 6.

равно́	gleich
Два́жды пять – де́сять.	Zweimal fünf ist zehn.
Три́жды пять – пятна́дцать.	Dreimal fünf ist fünfzehn.
сте́пень *f* (3 во второ́й сте́пени)	**Potenz** (die 2. Potenz von 3)
ко́рень *m*	Wurzel
десяти́чная / проста́я дробь *f*	**Dezimal- / gemeiner Bruch**
числи́тель *m* – **знамена́тель** *m*	**Zähler – Nenner**
уравне́ние *n* – **нера́венство** *n*	**Gleichung – Ungleichheit**
круг *m*; окру́жность *f*	**Kreis**
длина́ *f* окру́жности	(Kreis-)Umfang
диа́метр *m*	**Durchmesser**
квадра́т *m* – квадра́тный	Quadrat; quadratisch / Quadrat-
пря́моуго́льник *m* – пря́моуго́льный	**Rechteck** – rechteckig
треуго́льник *m* – треуго́льный	**Dreieck** – dreieckig
у́гол *m* 90 гра́дусов	ein Winkel von 90 Grad

14.3 Числа
Zahlen

число́ *n*; **ци́фра** *f*	**Zahl; Ziffer**
чётные / нечётные чи́сла	gerade / ungerade Zahlen
ноль / нуль *m*	**Null**

оди́н / одна́ / одно́ (= *eins m / f / n*) • два / две (= *zwei m; n / f*) • три (= *drei*) • четы́ре (= *vier*) • пять (= *fünf*) • шесть (= *sechs*) • семь (= *sieben*) • во́семь (= *acht*) • де́вять (= *neun*) • де́сять (= *zehn*)

оди́ннадцать (= *elf*) • двена́дцать (= *zwölf*) • трина́дцать (= *dreizehn*) • четы́рнадцать (= *vierzehn*) • пятна́дцать (= *fünfzehn*) • шестна́дцать (= *sechszehn*) • семна́дцать (= *siebzehn*) • восемна́дцать (= *achtzehn*) • девятна́дцать (= *neunzehn*)

два́дцать (= *zwanzig*) • два́дцать оди́н / одна́ / одно́ (= *einundzwanzig*) • два́дцать два / две (= *zweiundzwanzig*) • два́дцать три (= *dreiundzwanzig*) …

три́дцать (= *dreißig*) • со́рок (= *vierzig*) • пятьдеся́т (= *fünfzig*) • шестьдеся́т (= *sechzig*) • се́мьдесят (= *siebzig*) • во́семьдесят (= *achtzig*) • девяно́сто (= *neunzig*) • сто (= *hundert*)

0	*Gen. Pl.*	ноль гра́дусов (= *null Grad*)
1	*Nom. Sg.*	оди́н дом / одна́ кни́га / одно́ окно́ (= *ein Haus / ein Buch / ein Fenster*) • два́дцать оди́н ма́льчик (= *21 Jungen*)
2– 4	*Gen. Sg.*	два до́ма / три кни́ги / четы́ре окна́ (= *zwei Häuser / drei Bücher / vier Fenster*) • три́дцать две де́вушки (= *32 Mädchen*)
5–..*0*	*Gen. Pl.*	пять домо́в (= *fünf Häuser*) • шестьдеся́т де́вять книг (= *69 Bücher*) • се́мьдесят пассажи́ров (= *70 Fahrgäste*)
11 – 20	*Gen. Pl.*	оди́ннадцать телеви́зоров (= *11 Fernseher*) • два́дцать су́мок (= *20 Taschen*)

Чи́сла бо́льше ста *(= Zahlen über 100)*:
две́сти (= 200) • три́ста (= 300) • четы́реста (= 400) • пятьсо́т (= 500) • (одна́) ты́сяча (= 1 000) • две ты́сячи (= 2 000) • пять ты́сяч (= 5 000) • сто ты́сяч (= 100 000) • сто пятьдеся́т де́вять ты́сяч (= 159 000)

(оди́н) миллио́н (= 1 000 000) • три миллио́на (= 3 000 000) • пять миллио́нов (= 5 000 000) • (один) миллиа́рд (= 1 000 000 000) • два миллиа́рда (= 2 000 000 000)

i *Beim Zählen mit den Fingern sagt man* **раз, два, три** *... Dabei beugt man die Finger der offenen Hand nach innen, beginnend mit dem kleinen Finger.*

Поря́дковые числи́тельные (= ***Die Ordnungszahlen*****):**
Die Ordnungszahlen haben die gleichen Endungen, wie die Adjektive. Geschlecht und Zahl richten sich nach dem nachfolgenden Substantiv.

пе́рвый день **/ пе́рвая** неде́ля **/ пе́рвое** кре́сло **/ пе́рвые** дни (= *der erste Tag / die erste Woche / der erste Sessel / die ersten Tage*) **второ́й** / втора́я / второ́е / вторы́е • **тре́тий** / тре́тья / тре́тье / тре́тьи • **четвёртый** / четвёртая / четвёртое / четвёртые • **пя́тый** / пя́тая / пя́тое / пя́тые • **шесто́й** / шеста́я / шесто́е / шесты́е • **седьмо́й** / седьма́я / седьмо́е / седьмы́е • **восьмо́й** / восьма́я / восьмо́е / восьмы́е

Ab **де́вять** *bis* **два́дцать** *und bei* **три́дцать** *wird die Ordnungszahl gebildet, in dem das Weichheitszeichen durch die Endung* -ый / -ая / -ое / -ые *ersetzt wird.*

сороково́й (= 40.) • пятидеся́тый (= 50.) • шестидеся́тый (= 60.) • семидеся́тый (= 70.) • восьмидеся́тый (= 80.) • девяно́стый (= 90.) • со́тый (= 100.)

Пётр I – Пётр Пе́рвый	Peter der Erste
в девя́том кла́ссе	in der neunten Klasse
в XIV (четы́рнадцатом) ве́ке	im vierzehnten Jahrhundert
тридца́тые / шестидеся́тые го́ды	die dreißiger / sechziger Jahre

Дро́би (= ***Brüche*****):**
$^{1}/_{2}$ = одна́ втора́я / полови́на • $^{3}/_{2}$ = три вторы́х • $1^{1}/_{2}$ = одна́ це́лая (и) одна́ втора́я
$^{1}/_{3}$ = одна́ тре́тья / треть • $^{2}/_{3}$ = две тре́ти • $2^{1}/_{3}$ = две це́лых (и) одна́ треть
$^{1}/_{4}$ = одна́ четвёртая / че́тверть • $^{3}/_{4}$ = три четвёртых
$^{4}/_{5}$ = четы́ре пя́тых • $3^{3}/_{5}$ = три це́лых (и) три пя́тых

Десяти́чные дро́би (= ***Dezimalzahlen*****):**
2,0 = две це́лых (, ноль деся́тых)
2,68 = две це́лых, шестьдеся́т во́семь со́тых
0,259 = ноль це́лых, две́сти пятьдеся́т де́вять ты́сячных

14.4 Меры и вес
Maße und Gewichte

миллиме́тр (мм) *m*	Millimeter
сантиме́тр (см) *m*	Zentimeter
метр (м) *m*	**Meter**
киломе́тр (км) *m*	Kilometer
квадра́тный метр (кв.м = м²) *m*	Quadratmeter
куби́ческий метр (куб.м = м³) *m*	Kubikmeter
грамм (г) *m*	Gramm
килогра́мм (кг) *m*	**Kilogramm**
то́нна (т) *f*	Tonne
миллили́тр (мл) *m*	Milliliter
литр (л) *m*	**Liter**
децили́тр; декали́тр *m*	Deziliter; Dekaliter
секу́нда (сек, с) *f*	Sekunde
мину́та (мин) *f*	**Minute**
час (ч) *m*	**Stunde**
шту́ка (штук, шт.) *f*	Stück

1 метр ра́вен 100 сантиме́трам.	1 Meter entspricht 100 Zentimetern.
1 дюйм ра́вен 2,54 сантиме́тра .	1 Zoll entspricht 2,54 Zentimetern.
Он вы́рос на не́сколько сантиме́тров.	Er ist ein paar Zentimeter gewachsen.
Мы лети́м на высоте́ 10 000 ме́тров.	Wir fliegen in einer Höhe von 10 000 Metern.
ко́мната разме́ром 7,6 на 4,6 ме́тра	ein Zimmer mit der Größe 7,6 mal 4,6 m
Его́ рост ра́вен 1,88 ме́тра.	Er ist 1,88 m groß.
в не́скольких ме́трах от до́ма	ein paar Meter vom Haus entfernt
До Москвы́ о́коло 50 киломе́тров.	Bis Moskau sind es ca. 50 km.
забе́г на 5 киломе́тров	ein Dauerlauf über 5 km
Пло́щадь уча́стка 200 кв.м.	Die **Fläche** des Grundstücks beträgt 200 m².
2 квадра́тных киломе́тра	2 Quadratkilometer
О́бщая пло́щадь Росси́и составля́ет 17 078 000 км².	Russland hat eine Gesamtfläche von 17.078.000 km².
ограниче́ние ско́рости 50 киломе́тров в час (км/ч)	Geschwindigkeitsbegrenzung auf 50 km/h
Младе́нец ве́сит 3 килогра́мма 150 грамм.	Das Baby wiegt 3 Kilo 150 Gramm.
Я ве́шу приме́рно 63 килогра́мма.	Ich wiege ungefähr 63 Kilo.
Поли́ция нашла́ 1200 кг кокаи́на.	Die Polizei fand 1200 kg Kokain.
длина́ х ширина́ х высота́	Breite x Höhe x Tiefe (*wörtl.: Länge x Breite x Höhe*)

15.1 Материалы, инструменты, машины
Werkstoffe, Werkzeuge, Maschinen

те́хника *f* / **техноло́гия** *f* — **Technik / Technologie**
передова́я / высо́кая техноло́гия — Spitzen- / Hochtechnologie
техни́ческий; технологи́ческий — technisch; technologisch
техни́ческий прогре́сс *m* — technischer Fortschritt
инжене́рные нау́ки — Ingenieurwissenschaften
материа́л *m* — **Material; Werkstoff**
обраба́тывать *1* материа́л — Material bearbeiten
мета́лл *m* — **Metall**
нержаве́ющая сталь *f* — nichtrostender Stahl
де́рево *n* – деревя́нный — **Holz** – hölzern
древеси́на *f* — Nutzholz
стекло́ *n* – стекля́нный — **Glas** – Glas- / gläsern
пластма́сса *f* – пластма́ссовый — **Kunststoff**; Plastik – Plastik-
рези́на *f* – рези́новый — **Gummi** – Gummi-
каучу́к *m* — Kautschuk
(сде́лано / произведено́) из — (gemacht / hergestellt) aus
Э́то из стекла́ / ста́ли. — Das ist aus Glas / Stahl.

инструме́нт *m* (= ***Werkzeug***):
дрель *f* (= *Bohrmaschine*) • зуби́ло *n* (= *Meißel*) • клёщи *Plt* (= *Zange*) • ключ *m* (= *Schlüssel*) • куса́чки *Plt* (= *Kneifzange*) • молото́к *m* (= *Hammer*) • но́жницы *Plt* (= *Schere*) • отвёртка *f* (= *Schraubenzieher*) • пила́ *f* (= *Säge*) • сверло́ *n* (= *Bohrer*)

У тебя́ есть ключ на 8? — Hast du einen 8er Schlüssel?
гвоздь *m*; шуру́п *m* — Nagel; Schraube
сверли́ть *2*; пили́ть *2*; ре́зать *1* — bohren; sägen; schneiden
стано́к *m* — **Werkzeugmaschine**
мета́ллоре́жущий стано́к — Metallverarbeitungsmaschine
тока́рный стано́к — Drehbank / -maschine
(печа́тная) **маши́на** *f* — (Druck-)**Maschine**
запасна́я часть *f* — **Ersatzteil**
дета́ль *f* станка́ / маши́ны — **Maschinenteil**
заменя́емые дета́ли — auswechselbare Teile
шестерня́ *f*; зу́бчатое колесо́ *n* — Zahnrad
механи́зм *m* — **Mechanismus**
(эле́ктро-)дви́гатель *m* — **(Elektro-)Motor**

15.2 Заводское производство Fabrikproduktion

производство *n*	**Produktion**
изготовление *n*	**Herstellung**
массовое производство	Massenherstellung / -fertigung
производство мебели	die Produktion von Möbeln
производить *2*	**herstellen; produzieren**
Мы производим игрушки.	Wir stellen Spielwaren her.
производственный метод *m*	Herstellungsmethode / -weise
производитель *m*	**Hersteller; Produzent**
ведущие производители	die führenden Hersteller
отправлять *1* / отправить *2* производителю	an die Herstellerfirma schicken
изготавливать *1* **/ изготовить** *2*	**erzeugen**
делать *1* **/ сделать** *1*	**machen**
Сделано в ...	**Made in ...**
Сделано в Германии	Hergestellt in Deutschland
утюг *m*, сделанный в Китае	in China hergestelltes Bügeleisen
предметы широкого потребления	Massenartikel
фабрикат *m*	Fertigerzeugniss
промышленное изделие *n*	**Industrieerzeugnis**
поточная линия *f*; конвейер *m*	Fertigungsstraße; Fließband
ленточный конвейер	Förderband
монтировать *1*	**montieren**
монтаж *m*	**Montage**
монтажный конвейер	Montageband; Fließband
фабрика *f*; **завод** *m*	**Fabrik; Werk**
предприятие *n*	**Betrieb; Unternehmen**
рабочий *m* – рабочая *f* завода	Fabrikarbeiter – Fabrikarbeiterin
цементный завод	ein Zementwerk
машиностроительный завод	ein Maschinenbaubetrieb
завод «Форд» в С.-Петербурге	das Ford-Werk in St. Petersburg
мастерская *f*; **цех** *m*	**Werkstatt; Werkhalle**
монтажный цех	Montagehalle
ремонтная мастерская	eine Reparaturwerkstatt
(техническое) обслуживание *n*	**Wartung; Instandhaltung**
обработка *f*; **переработка** *f*	**Bearbeitung; Veredelung**
бумагоперерабатывающий завод	ein Papierverarbeitungsbetrieb
промышленность *f*; **отрасль** *f*	**Industrie; Branche**
автомобильная промышленность	Automobilindustrie
металлообрабатывающая промышленность	metallverarbeitende Industrie

руководи́ть *2* **предприя́тием**	**ein Unternehmen leiten**
руководи́тель предприя́тия	Betriebsleiter
инвести́ровать *1* в **оборýдование**	in Maschinen / **Anlagen** investieren
произво́дственное оборýдование *n*	Fertigungs- / Produktionsanlagen
устаре́вшее оборýдование *n*	veraltete Anlagen
производи́тельность *f*	**Produktivität; Leistungsfähigkeit**
повыша́ть *1* / повы́сить *2* производи́тельность	die Produktivität steigern
производи́тельность станка́	die Kapazität der Maschine
повы́шенная продукти́вность *f*	erhöhte Produktivität
эффекти́вность *f*	**Effektivität**
вы́пуск *m* за рабо́чий час	Ausstoß pro Arbeitsstunde
(произво́дственные) затра́ты	**(Produktions-)Kosten**
снижа́ть *1* / сни́зить *2* расхо́ды по зарпла́те	die Lohnkosten senken
расхо́ды на едини́цу проду́кции	Stückkosten
коэффицие́нт *m* **поле́зного де́йствия / кпд**	**Wirkungsgrad**
меха́ник	**Mechaniker(in)**
сле́сарь(-меха́ник)	**(Maschinen-)Schlosser**
монтёр *m*; **монта́жник** *m*	**Monteur**
опера́тор (станка́ / маши́ны)	Maschinist(in)
механиза́ция *f*	**Mechanisierung**
автоматиза́ция *f*	**Automatisierung; Automation**

промы́шленный ро́бот *m* (= *Industrieroboter*) • автомати́чески выполня́ть технологи́ческую опера́цию (= *einen Arbeitsgang automatisch ausführen*) • автоматизи́рованный произво́дственный проце́сс (= *ein automatisierter Produktionsablauf*) • стано́к с числовы́м програ́ммным управле́нием (ЧПУ) (= *Maschine mit numerischer Steuerung*) • автоматизи́рованная систе́ма управле́ния / АСУ (= *automatisiertes Steuerungssystem*) • компьютеризи́ровать произво́дственный проце́сс (= *einen Arbeitsablauf computerisieren*) • монта́ж, управля́емый компью́тером (= *computergesteuerte Montage*) • электро́нно-вычисли́тельная маши́на / ЭВМ (= *elektronische Datenverarbeitungsanlage / EDVA*)

15.3 Электричество и электроника Elektrizität und Elektronik

электри́чество *n*	**Elektrizität**
(электри́ческий) ток *m*	(elektrischer) Strom
постоя́нный / переме́нный ток	**Gleichstrom / Wechselstrom**
уда́р *m* то́ком	Stromschlag
электроте́хника *f*	**Elektrotechnik**
эле́ктрик	**Elektriker(in)**
инжене́р-эле́ктрик	Elektroingenieur(in)
выраба́тывать *1* электри́чество	Elektrizität **erzeugen**
генера́тор *m*	**Generator**
генера́тор переме́нного то́ка	Wechselstromgenerator
аккумуля́тор *m*	**Akku(mulator); Batterie**
батаре́йка *f* для часо́в	Batterie einer Uhr
заряжа́ть *1* / заряди́ть *2* аккумуля́тор	eine Batterie aufladen
эле́ктростати́ческая заря́дка *f*	elektrostatische Aufladung
(сетево́е) напряже́ние *n*	(Netz-)Spannung
В – вольт; А – ампе́р; Вт – ватт	**V – Volt; A – Amper; W – Watt**
эле́ктросе́ть *f* 220 В x 50 А	**Stromnetz** 220 V x 50 A
преобразова́тель *m*; трансформа́тор *m*	Umformer; Transformator
электроприбо́р *m*	Elektrogerät
ка́бель *m*; **про́вод** *m*	**Kabel; Leitung**
удлинни́тель *m*	Verlängerungsschnur
ви́лка *f*; **ште́кер** *m*	**Stecker**
втыка́ть *1* / воткну́ть *1* в розе́тку	in die Steckdose stecken
выключа́тель *m*; **переключа́тель** *m*	**Schalter**
включа́ть *1* / включи́ть *2*	einschalten
выключа́ть *1* / вы́ключить *2*	ausschalten
ВКЛ.- ВЫКЛ. (у электроприбо́ров)	AN – AUS (*an elektr. Geräten*)
ла́мпа *f* нака́ливания	Glühlampe
эле́ктрола́мпочка *f* 100 Вт	Glühbirne 100 W
изоля́ция *f* – изоли́ровать *1*	Isolierung – isolieren
электро́нные прибо́ры	**elektronische Geräte**
электро́нная обрабо́тка да́нных	elektronische Datenverarbeitung
микроэлектро́ника *f*	**Mikroelektronik**
микросхе́ма *f*; чи́п *m*	(Mikro-)Chip
микропроце́ссор *m*	**Mikroprozessor**
транзи́стор *m*	Transistor
усили́тель *m* – уси́ливать *1*	Verstärker – verstärken
цифрово́й – ана́логовый	digital – analog
оцифро́вывать *1*	digitalisieren
дигитализа́ция *f*	Digitalisierung

16.1 Источники информации
Informationsquellen

информáция *f* / свéдения *Pl*	**Information(en)**
получáть *1* / получи́ть *2* свéдения	Informationen bekommen
пóиск *m* информáции	Informations- / Datensuche
словáрь *m*	**Wörterbuch**
рýсско-немéцкий словáрь	russisch-deutsches Wörterbuch
искáть *1* слóво в словáре	ein Wort im Wörterbuch nachschlagen
спрáвочник *m*	**Nachschlagewerk; Handbuch**
áдресный спрáвочник	**Adressbuch**
смотрéть *2* / посмотрéть *2* в спрáвочнике	im Handbuch nachsehen
энциклопéдия *f*	**Enzyklopädie; Lexikon**
статья́ *f* в энциклопéдии	ein Eintrag in einem Lexikon
дополни́тельный том *m*	**Nachtragsband** (*Lexikon*)
учéбное посóбие *n*	**Lehrmaterial / -mittel**
библиогрáфия *f*; библиографи́ческое посóбие *n*	Bibliografie; Schriftenverzeichnis
алфави́тный указáтель *m*; и́ндекс *m*	Register; Index
календáрь *m*; альманáх *m*	**Kalender**; Almanach
каталóг *m*	**Katalog**
áтлас *m*	**Atlas**
библиотéкарь	**Bibliothekar(in)**
библиотéка *f*	**Bibliothek**
публи́чная библиотéка	öffentliche Bibliothek; Bücherei
библиотéка без вы́дачи книг нá дом	Präsenzbibliothek
брать* / взять* кни́гу из библиотéки	ein Buch aus der Bibliothek entleihen
читáтель *m* – читáтельница *f*	Leser – Leserin
читáтельский билéт *m*	Leserausweis
читáльный зал *m*	Lesesaal
микрофи́льм *m*	**Mikrofilm**
микрофи́ша *f*	Mikrofiche
фотокóпия *f*	**Fotokopie**
изучáть *1* / изучи́ть *2* литератýру по специáльности	die Fachliteratur studieren
просмáтривать *1* / просмотрéть *2* статью́	einen Artikel überfliegen

16.2 Книги и издательское дело
Bücher und Verlagswesen

кни́га *f*; аудиокни́га	**Buch;** Hörbuch
нау́чно-популя́рные кни́ги	**Sachbücher**
букинисти́ческий магази́н *m*	Antiquariat
книготорго́вец *m*; кни́жный магази́н	Buchhändler; Buchladen
Кни́га распро́дана.	Das Buch ist vergriffen.
изда́ние *n*	**Ausgabe; Auflage**
карма́нное изда́ние	**Taschenbuch**
год *m* **изда́ния**	**Erscheinungsjahr**
брошю́ра *f*	**Broschüre**
бестсе́ллер *m*	**Bestseller**
предисло́вие *n*; **введе́ние** *n*	**Vorwort; Einleitung**
содержа́ние *n*; **оглавле́ние** *n*	**Inhalt(sverzeichnis)**
страни́ца *f*	(Buch-)**Seite**
сно́ска *f*	**Fußnote**
а́втор	**Autor(in); Verfasser(in)**
псевдони́м *m*	**Pseudonym**
перево́дчик *m* – **перево́дчица** *f*	**Übersetzer – Übersetzerin**
переводи́ть *2* / **перевести́** *1*	**übersetzen; übertragen**
перево́д *m* с неме́цкого Ф.И. Тю́тчева	Übersetzung aus dem Deutschen von F.I. Tjutschew
публика́ция *f*; **опубликова́ние** *n*	**Publikation; Veröffentlichung**
издава́ть *1* / изда́ть*	verlegen; herausgeben
изда́тельство *n*	**Verlag**
изда́тель *m*	**Herausgeber; Verleger**

Изда́тельство выпуска́ет кни́ги молоды́х а́второв. (= *Der Verlag bringt Bücher junger Autoren heraus.*) • Кни́га вы́шла в ма́е про́шлого го́да. (= *Das Buch ist im Mai vergangenen Jahres erschienen.*)

ру́копись *f*	**Manuskript**
реда́ктор	**Lektor(in); Redakteur(in)**
реда́кция *f*	**Lektorat; Redaktion**
тира́ж *m*	**Auflage**
Кни́га вы́шла тиражо́м в 500 экземпля́ров.	Das Buch erschien in einer Auflage von 500 Exemplaren.
опеча́тка *f*	**Druckfehler**
печа́тать *1* / **напеча́тать** *1*	**drucken**
печа́ть *f*	**Druck**
типогра́фия *f*	**Druckerei**

16.3 Печать
Die Presse

сре́дства ма́ссовой информа́ции / СМИ	**(Massen-)Medien**
печа́ть *f*; **пре́сса** *f*	**Presse**
в печа́ти	in der Presse
свобо́да *f* / цензу́ра *f* печа́ти	Pressefreiheit / -zensur
серьёзная / жёлтая пре́сса *f*	seriöse / Boulevardpresse
провести́ *1* пресс-конфере́нцию	eine Pressekonferenz geben
газе́та *f*	**Zeitung**
центра́льные газе́ты	überregionale Zeitungen
ежедне́вная газе́та	Tageszeitung
газе́тный кио́ск *m*	Zeitungskiosk; Zeitungsstand
(периоди́ческий) **журна́л** *m*	**Zeitschrift**; Magazin
обще́ственно-полити́ческий журна́л	Nachrichtenmagazin
ежеме́сячный / сатири́ческий журна́л	Monats- / satirische Zeitschrift
специа́льный журна́л	Fachzeitschrift
статья́ *f*	**Artikel**
те́ма *f* **но́мера**	**Titelstory**
но́вость *f*; **изве́стие** *n*; **сообще́ние** *n*	**Nachricht; Bericht; Meldung; Story**
сообща́ть *1* **/ сообщи́ть** *2*	**berichten; melden**
репорта́ж *m*	**Bericht; Reportage**
писа́ть репорта́ж о де́тском доме	eine Reportage über ein Kinderheim schreiben
документа́льный репорта́ж	Dokumentarbericht
разде́л *m* «спорт» / «эконо́мика»	Sport- / Wirtschaftsteil
помести́ть ча́стные объявле́ния	private Anzeigen platzieren / veröffentlichen
журнали́зм *m* – **журнали́ст**	**Journalismus – Journalist(in)**
репортёр; корреспонде́нт	**Reporter(in); Korrespondent(in)**
специа́льный корреспонде́нт	Sonderkorrespondent(in)
обозрева́тель	Kommentator(in)
(гла́вный) реда́ктор	**(Chef-)Redakteur(in)**
полоса́ *f*; коло́нка *f*	**Kolumne;** Spalte
на пе́рвой полосе́	auf der ersten Seite
ру́брика *f*	**Rubrik**
а́втор полосы́ / ру́брики	**Kolumnist(in)**
коло́нка сове́тов	Ratgeber(spalte)
заголо́вок *m*	**Überschrift**
подпи́сываться *1* **/ подписа́ться** *1* на газе́ту	eine Zeitung **abonnieren**

16.4 Радиовещание и телевидение
Rundfunk und Fernsehen

ра́дио *n*	**Radio**
слу́шать *1* / послу́шать *1* ра́дио	Radio hören
телеви́зор *m*	**Fernseher**
смотре́ть *2* / посмотре́ть *2* телеви́зор	fernsehen
изве́стия; но́вости	**Nachrichten; Neuigkeiten**
переда́ча *f*; **трансля́ция** *f*	**Sendung; Übertragung**
переда́ча по ра́дио / телеви́дению	Radio- / Fernsehsendung
спорти́вная переда́ча	Sportsendung
информацио́нные / развлека́тельные переда́чи	Informations- / Unterhaltungssendungen
передава́ть *1* **/ переда́ть*; трансли́ровать** *1*	**senden; übertragen**
передава́ть по телеви́дению футбо́льный матч	ein Fußballspiel im Fernsehen übertragen
пока́зывать *1* фильм	einen Film zeigen
прямо́й эфи́р *m*; **пряма́я трансля́ция** *f*	**Direktübertragung; Livesendung**
передава́ть в за́писи	eine Aufzeichnung senden
(теле)кана́л *m*	**(Fernseh-)Kanal**
переключа́ть *1* кана́лы	zwischen den Programmen hin und her schalten; zappen
ра́дио- / телепрогра́мма *f*	(Rundfunk- / Fernseh-)Programm
телефи́льм *m*	**Fernsehfilm**
популя́рный **телесериа́л** *m*	eine beliebte **Fernsehserie**
се́рия *f*	**Folge** (einer Fernsehserie)
ток-шо́у *n*	Talkshow
рекла́ма *f*	Werbung
интервью́ *n*	**Interview**
Он взял интервью́ у мини́стра.	Er interviewte einen Minister.
прогно́з *m* **пого́ды**	**Wetterbericht**
веду́щий *m* **– веду́щая** *f* (ток-шо́у)	**Moderator(in);Talkmaster(in)**
Переда́чу ведёт ...	Die Sendung wird moderiert von …
ди́ктор	**Ansager(in); Sprecher(in)**
коммента́тор	**Kommentator(in)**
(радио)слу́шатель	**(Rundfunk-)Hörer(in)**
(теле)зри́тель	**(Fernseh-)Zuschauer(in)**
видеока́мера *f*; видеокассе́та *f*	**Videokamera**; Videokassette
микрофо́н *m*	**Mikrofon**
прои́грыватель *m* пласти́нок / DVD / CD	Platten-/ DVD-/ CD-Spieler

16.5 Почтовая служба
Der Postdienst

по́чта *f*; **почта́мт** *m*	**Post; Postamt**
посыла́ть *1* **/ посла́ть***	**schicken**
Мы пошлём э́то почто́й / по по́чте.	Wir schicken es mit der Post.
По́чта уже́ пришла́?	Ist die Post schon da?
авиапо́чта	Luftpost
почто́вое отделе́ние *n*	**Post(filiale / -amt)**
почто́вые услу́ги	Postdienstleistungen
почто́вые тари́фы	**Postgebühren**
сотру́дник *m* по́чты	Postmitarbeiter
почто́вая ма́рка *f*	**Briefmarke**
почто́вый и́ндекс *m*	**Postleitzahl**
почто́вый я́щик *m*	**Briefkasten**
абоне́нтский я́щик *m*	Postfach
но́мер ячейки абоне́нтского я́щика	Postfachnummer
до востре́бования	postlagernd
почто́вая ка́рточка *f*; **откры́тка** *f*	Postkarte; **Ansichtskarte**
письмо́ *n*	**Brief**
вну́треннее / междунаро́дное письмо́	Inlands- / Auslandsbrief
посы́лка *f*	**Paket**
ме́лкий паке́т *m*; **бандеро́ль** *f*	**Päckchen; Drucksache**
адреса́т *m*; **получа́тель** *m*	**Empfänger**
отправи́тель *m*	**Absender**
отправле́ние *n*	**Sendung; Versand**
це́нное отправле́ние	Wertsendung
отве́тное вну́треннее почто́вое отправле́ние (ОВПО)	Werbeantwort; Gebühr zahlt Empfänger
отправля́ть *1* / отпра́вить *2* **заказны́м письмо́м**	**als Einschreiben** schicken
письмо́ с уведомле́нием	**Einschreiben mit Rückantwort**
посыла́ть нало́женным платежо́м	per Nachnahme schicken
доста́вка *f*	**Zustellung**
экспре́сс-доста́вка	Eilzustellung
доставля́ть *1* **/ доста́вить** *2*	**zustellen**
миллио́ны недоста́вленных отправле́ний	Millionen nicht zugestellter Postsendungen
В слу́чае невруче́ния возврати́ть отправи́телю.	Wenn unzustellbar, bitte zurück an Absender.
а́дрес пересы́лки	Nachsendeanschrift
пересыла́ть *1* / пересла́ть* письмо́	einen Brief nachsenden
да́та почто́вого ште́мпеля	Datum des Poststempels

16.6 Телефон и факс
Telefon und Fax

телефо́н *m*	**Telefon; Telefonnummer**
Вот мой телефо́н / но́мер телефо́на.	Hier ist meine Telefonnummer.
Наш телефо́н не рабо́тает.	Unser Telefon ist gestört.
Вас про́сят к телефо́ну.	Sie werden am Telefon verlangt.
подойти́* к телефо́ну	ans Telefon gehen
пла́та *f* за телефо́н	Telefongebühren
беспроводно́й телефо́н	schnurloses Telefon
моби́льный телефо́н / **моби́льник** *m ugs.*	**Funk- / Mobiltelefon; Handy**
тру́бка *f*	**(Telefon-)Hörer**
поднима́ть *1* / подня́ть* тру́бку	den Hörer abnehmen
класть* / положи́ть *2* тру́бку	den Hörer auflegen
Не ве́шайте тру́бку!	Bleiben Sie bitte am Apparat.
автоотве́тчик *m*	**Anrufbeantworter**
телефо́нная бу́дка *f*	**Telefonzelle**
таксофо́н *m*	**Karten- / Münztelefon**
телефо́нная ка́рточка *f*	**Telefonkarte**
звоно́к *m*	**Klingeln; Anruf**
во вре́мя звонка́ / разгово́ра	während eines Telefongesprächs
Спаси́бо за звоно́к. / Спаси́бо, что позвони́ли.	Vielen Dank für Ihren Anruf.
ме́стный звоно́к	Ortsgespräch
междугоро́дный разгово́р *m*	Ferngespräch
междунаро́дный разгово́р *m*	Auslandsgespräch
говори́ть *2* по телефо́ну	ein Telefongespräch führen
звони́ть *2* **/ позвони́ть** *2*	**anrufen**
Я тебе позвоню́ сего́дня ве́чером.	Ich rufe dich heute Abend an.
Позвони́ мне.	Ruf mich an.
Мы позвони́ли врачу.	Wir riefen den Arzt an.
Вы мо́жете позвони́ть мне по э́тому телефо́ну / но́меру.	Sie können mich unter dieser Nummer anrufen.
Мо́жно вам **перезвони́ть**?	Kann ich Sie **zurückrufen**?
Я никак не могу́ **дозвони́ться** до тебя́.	Es gelingt mir nicht, Dich **telefonisch** zu **erreichen**.
набира́ть *1* **/ набра́ть* но́мер**	**eine Nummer wählen**
беспла́тный но́мер телефо́на	gebührenfreie Nummer
Мой телефо́н – …	Meine Nummer ist …
Но́мер на́шего фа́кса – …	Meine Fax-Nummer lautet …

i **Код** России для звонков из зарубежья – 007 (= *Vorwahl Russlands aus dem Ausland*). Чтобы звонить внутри России или из России в другую страну, сначала нужно набрать «8», а за границу «10» и код страны, потом код города и номер абонента. (= *Um innerhalb Russlands oder aus Russland in ein anderes Land zu telefonieren, wählt man zuerst eine „8" (ins Ausland eine 10 und die Vorwahl des Landes), dann die Vorwahl der Stadt und die Nummer des Gesprächspartners.*)

телефонный справочник *f*	**Telefonbuch**
справочное *n* **телефонной сети**	**Telefonauskunft**
телефонный абонент	**(Telefon-)Kunde / Kundin**
вызывающий абонент	Anrufer
сигнал *m* готовности линии; длинный гудок *m*	Freizeichen; Dauerton
Номер занят.	Die Nummer ist besetzt.

Выражения, используемые в телефонных разговорах (= *Wendungen, die man am Telefon benutzt*):
Алло! (= *Hallo!*) • Извините, это гостиница «Турист»? (= *Entschuldigen Sie, ist dort das Hotel Turist?*) • Кто говорит? (= *Wer ist da?*) • Слушаю (вас). (= *Am Apparat.*) • Ивана Петровича / Ирину Викторовну можно? (= *Kann ich bitte Iwan Petrowitsch / Irina Wiktorowna sprechen?*) • Минуточку, пожалуйста, я вас соединю. (= *Moment, ich verbinde Sie.*) • Минуточку, пожалуйста. (= *Einen Augenblick bitte.*) • Это Андрей говорит. (= *Hier ist / spricht Andrej.*) • Говорите, пожалуйста, погромче. Вас плохо слышно. (= *Sprechen Sie bitte etwas lauter. Sie sind schlecht zu verstehen.*) • Нас разъединили. (= *Wir sind getrennt worden.*) • Вы набрали не тот номер. / Вы не туда попали. (= *Sie sind falsch verbunden.*)

факс *m*	**(Tele-)Fax; Faxgerät**
посылать *1* / послать* по факсу	faxen
Вы не получили наш факс?	Haben Sie unser Fax nicht erhalten?
посылать / послать СМС / ММС	eine SMS / MMS schicken
плохая **связь** *f*	eine schlechte **Verbindung / Leitung**
мобильная / сотовая связь	Mobilfunk
телефонная линия *f*	Telefonleitung
Нам провели новую линию.	Uns wurde ein Neuanschluss eingerichtet.
„горячий" телефон / „горячая" линия	**Servicetelefon; telefonischer Beratungsdienst**
горячая линия Москва – Вашингтон	der heiße Draht zwischen Washington und Moskau
Мой местный телефон 244.	Ich habe Apparat 244.
коммутатор *m*	(Telefon-)Zentrale / Vermittlung

16.7 Компьютер
Computer

информа́тика *f*	**Informatik**
компью́тер *m*	**Computer; Rechner**
компью́терная игра́ *f*	Computerspiel
компью́терные зна́ния	Computerkenntnisse
компью́терный жарго́н *m*	**Computerjargon**
да́нные	**Daten**
ба́за *f* **да́нных; банк** *m* **да́нных**	**Datenbestand; Datenbank**
вводи́ть *2* / ввести́ *1* да́нные в компью́тер	Daten in den Computer eingeben
обрабо́тка *f* **да́нных**	**Datenverarbeitung**
обме́н *m* да́нными	Datenaustausch
переда́ча *f* да́нных	Datenübertragung / -transfer
восстановле́ние *n* да́нных	Datenwiederherstellung
защи́та *f* **да́нных**	**Datenschutz**
операцио́нная систе́ма *f* / ОС	Betriebssystem / BS
входи́ть *2* **/ войти́* в систе́му**	**sich anmelden / log-in**
выходи́ть *2* **/ вы́йти* из систе́мы**	**sich abmelden / log-out**
вход *m* в систе́му / регистра́ция *f*	Anmeldung
вы́ход *m* из систе́мы	Abmeldung
по́лный отка́з *m* систе́мы	Systemabsturz
систе́мные тре́бования	**Systemanforderungen**
аппара́тное обеспече́ние *n*	**Hardware**
програ́ммное обеспече́ние	**Software**
програ́мма *f*	**Programm**
паке́т *m* **(прикладны́х) програ́мм**	**Softwarepaket; Programmpaket**
запуска́ть *1* **/ запусти́ть** *2* програ́мму	ein Programm **starten**
зака́нчивать *1* **/ зако́нчить** *2* програ́мму	ein Programm **beenden**
программи́ровать *1* / запрограмми́ровать *1*	programmieren
програ́ммный	Programm-
программи́ст	**Programmierer(in)**
те́кстовый реда́ктор *m*	**Textverarbeitungsprogramm**
антиви́русная програ́мма	**Antivirenprogramm**
програ́мма обрабо́тки фотогра́фий	**Bildbearbeitungsprogramm**
брандма́уэр *m* (програ́мма защи́ты компью́тера)	**Firewall**
спам-фи́льтр *m*	**Spamfilter**
в сети́ – не в сети́	**on-line – off-line**
выполня́ть *1* **/ вы́полнить** *2*	**ausführen**

ноутбу́к *m* • конфигура́ция *f* • диспле́й *m* • ку́рсор *m* • гиперте́кст *m* • джо́йстик *m* • ма́крос *m* • моде́м *m* • интерфе́йс *m* • пара́метр *m* • бра́узер *m* • сайт *m* (= *Homepage*) • се́рвер *m* • ха́кер *m*

ввод *m* – **вы́вод** *m*	**Eingabe – Ausgabe**
клавиату́ра *f*; **кнопка** *f* / кла́виша *f*	**Tastatur; Taste**
кла́виши управле́ния	**Steuerungstasten**
функциона́льные кла́виши	**Funktionstasten**
кла́виша Shift	Umschalttaste
кла́виша Стре́лка; кла́виша переме́щения ку́рсора	Pfeiltaste; Cursortaste
нажима́ть *1* / **нажа́ть*** кла́вишу Ввод	die Eingabetaste **drücken**
мышь *f*	**Maus**
щёлкнуть мы́шью на Иска́ть	die Schaltfläche Suchen anklicken
прокру́чивать *1* вниз / вверх	vor- / zurückrollen (scrollen)
перета́скивание *n* **мы́шью**	**drag and drop** (Transport von Text- / Bildteilen mit der Maus)
экра́н *m*	**Monitor**
(стру́йный / ла́зерный) **при́нтер** *m*	(Tintenstrahl- / Laser-)**Drucker**
термопри́нтер; фотопри́нтер	Thermoprinter; Fotoprinter
распеча́тка *m*	**Ausdruck**
опти́ческий ска́нер *m*	**Scanner** / optischer Abtaster
дисково́д *m*	**Laufwerk**
дисково́д для CD/DVD	CD-/DVD-Laufwerk
диске́та *f*; **(компа́кт-)диск** *m*	**Diskette; CD**
(вне́шний) **накопи́тель** *m*	(externes) **Speichermedium**
(рабо́чая) **па́мять** *f*	(Arbeits-)**Speicher**
(вне́шний) **жёсткий диск** *m*	(externe) **Festplatte**
запуска́ть *1* / **запусти́ть** *2* **систе́му / компью́тер**	das System starten / den Computer hochfahren
перезапуска́ть *1* / перезапусти́ть *2* компью́тер	den Computer neu starten
устано́вка *f*; **инсталля́ция** *f*	**Installation**
устана́вливать *1* / **установи́ть** *2* **програ́мму**	ein Programm installieren
(под)**катало́г** *m*	(Unter-)**Verzeichnis**
па́пка *f*	**Ordner**
файл *m*	**Datei**
создава́ть *1* / созда́ть* файл	eine Datei anlegen
открыва́ть *1* / откры́ть *1* файл	eine Datei öffnen
закрыва́ть *1* / закры́ть *1* файл	eine Datei schließen

загружа́ть *1* **/ загрузи́ть** *2*	**laden**
загрузи́ть файл с се́рвера / скача́ть *2* файл *ugs*	eine Datei herunterladen (download)
загрузи́ть файл на се́рвер	eine Datei heraufladen (upload)
формати́рование *n*	**Formatieren**
строка́ *f* **меню́**	**Menüzeile**

> **Не́которые фу́нкции (=** ***einige Funktionen*****):**
> вы́делить (= *markieren*) • иска́ть и замени́ть (= *suchen und ersetzen*) • копи́ровать (= *kopieren*) • обрабо́тать (= *bearbeiten*) • сохрани́ть (= *speichern*) • удали́ть (= *löschen*)

(резе́рвная) **ко́пия** *f*	(Sicherungs-)**Kopie**
бу́фер *m*	Puffer(speicher); Zwischenablage
пане́ль *f* **инструме́нтов**	**Befehlsmenü**
пане́ль управле́ния	**Systemsteuerung**
пане́ль зада́ч	**Symbolleiste**
диало́говое окно́ *n*	**Dialogfeld**
режи́м *m*	**Modus**; Betriebsart
«по умолча́нию»	**Standard**(einstellung)
значо́к *m*; ико́нка *f*	Icon
пропорциона́льный шрифт *m*	Proportionalschrift
жи́рный / курси́вный шрифт	**fette / kursive Schrift**
знак *m*; **си́мвол** *m*	**Zeichen**
знак *m* **(конца́) абза́ца**	**Absatzmarke**
неразры́вный **дефи́с** *m*	geschützter **Bindestrich**
усло́вный дефи́с	bedingter Trennstrich
обра́тный слеш *m*	**Backslash**
прове́рка *f* **правописа́ния**	**Rechtschreibhilfe**
сообще́ние *n*	**Mitteilung; Meldung; Nachricht**
обновле́ние *n* (програ́ммы)	**Update**
обновля́ть *1* **/ обнови́ть** *2*	**aktualisieren**
усоверше́нствование *n* / апгре́йд *m*	Upgrade
техни́ческая подде́ржка *f*	**technische Unterstützung / Support**
по́льзователь *m*	**Anwender; Benutzer**
интерфе́йс по́льзователя	Benutzeroberfläche
виртуа́льная реа́льность *f*	virtuelle Realität
о́нлайновые слу́жбы	**Online-Dienste**
интерне́т *m*	**Internet**
име́ть *1* до́ступ к интерне́ту	Zugang zum Internet haben
паро́ль *f*	**Passwort**
электро́нная по́чта *f*	**elektronische Post**
электро́нное сообще́ние *n*; **мейл** *m*	**elektronischer Brief; E-Mail**

17.1 Транспортные средства и уличное движение
Kraftfahrzeuge und Straßenverkehr

тра́нспортное сре́дство *n*	**(Kraft-)Fahrzeug; Verkehrsmittel**
автомоби́ль *m*; **маши́на** *f*	Automobil / **Auto**
грузови́к *m*; **грузово́й** автомоби́ль	Lastwagen / **LKW**
легково́й автомоби́ль	Personenkraftwagen / **PKW**
прока́т *m* **автомоби́лей**	**Autovermietung**
аре́ндный автомоби́ль *m*	Mietwagen
води́тель; шофёр	**Fahrer(in); Chauffeur(in)**
води́тель грузовика́	LKW-Fahrer(in)
води́тель да́льних ре́йсов; дальнобо́йщик *ugs*	Fernfahrer(in)
перевози́ть *2* това́ры автотра́нспортом	Waren auf der Straße befördern

> **е́здить** *2* **/ е́хать* (=** ***fahren*****):**
> на автомоби́ле / на маши́не (= *mit dem Auto*) • на мотоци́кле (= *mit dem Motorrad*) • на велосипе́де (= *mit dem Fahrrad*) • на попу́тном тра́нспорте (= *per Anhalter fahren*) • а́втосто́пом (= *trampen*)

управля́ть *1* **автомоби́лем**	**ein Fahrzeug führen**
води́ть *2* / вести́ *1* автомоби́ль	fahren (*d.h. am Steuer sitzen*)
Она́ о́чень хорошо́ во́дит.	Sie fährt sehr gut.
быть* за рулём	hinter dem Lenkrad sitzen
Вас отвезти́ домо́й?	Soll ich Sie nach Hause fahren?
Вы мо́жете меня́ подвезти́?	Können Sie mich mitnehmen?
регуля́рно е́здить туда́ и обра́тно	pendeln
тротуа́р *m*	**Bürgersteig; Gehsteig**
пешехо́дный перехо́д *m*	Fußgängerüberweg
доро́га *f*; **у́лица** *f*	**Weg; Straße**

> гла́вная доро́га *f* (= *Hauptstraße*) • бокова́я (второстепе́нная) доро́га (= *Nebenstraße*) • у́лица *f* с односторо́нним движе́нием (= *Einbahnstraße*) • тупи́к *m* (= *Sackgasse*) • тра́сса *f* (= *Strecke; Bahn*) • скоростна́я тра́сса *f* (= *Schnellstraße*) • автостра́да *f* (= *Autobahn*) • магистра́ль *f* (= *Fernverkehrstraße*) • путепро́вод *m* (= *Überführung*) • перекрёсток *m* (= *Kreuzung*) • кругово́е движе́ние *n* (= *Kreisverkehr*) • авто́бусная полоса́ *f* (= *Busspur*)

светофóр *m*	**Verkehrsampel**
останáвливаться *1* / остановúться *2* пéред светофóром	an einer Ampel halten
поворáчивать *1* / повернýть *1*	abbiegen
поворóт *m*; разворóт *m*	**Kurve**; Kehre
разворáчиваться *1* / развернýться *1*	wenden
объéзд *m*; **объезднáя дорóга** *f*	**Umleitung; Umgehungsstraße**
большóе / плóтное движéние *n*	starker Verkehr
час *m* пик; прóбка *f*	Hauptverkehrszeit; Stau
автостоя́нка *f* **(при автострáде)**	**(Autobahn-)Raststätte**
стоя́нка *f*	**Parkplatz**
мнóгоя́русный гарáж-стоя́нка *m-f*	Parkhaus
стоя́ночный счётчик *m*	Parkuhr
запрáвочная стáнция *f* / запрáвка *f*	Tankstelle
авáрия *f* / полóмка *f* в путú	**Panne**
(запаснóе) колесó *n*	**(Ersatz-)Rad**
заменя́ть *1* / заменúть *2* мáсло	Öl wechseln
стáнция тéхобслýживания *f*; áвтосéрвис *m*	Autowerkstatt
тéхобслýживание *n*; провéрка *f*	Wartung; Inspektion
Вы мóжете э́то починúть?	Können Sie das reparieren?
выхлопны́е гáзы	**Abgase**

прáвила дорóжного движéния / ПДД (= *Verkehrsregeln*) • госудáрственная инспéкция безопáсности дорóжного движéния / ГИБДД (= *Mitarbeiter der Staatl. Inspektion für Verkehrssicherheit*) • инспéктор ГИБДД (= *Verkehrspolizist/in*) • нарушúтель прáвил (= *Verkehrssünder*) • знак *m* «Стоя́нка запрещенá» (= *Parkverbotsschild*) • штраф *m* за непрáвильную паркóвку (= *Geldbuße für Falschparken*) • дорóжно-трáнспортное происшéствие *n / ДТП* (= *Verkehrsunfall*) • превышéние *n* скорóсти (= *Geschwindigkeitsüberschreitung*) • состоя́ние *n* опьянéния за рулём (= *Trunkenheit am Steuer*) • техни́ческий осмóтр *m* (= *Hauptuntersuchung (TÜV)*)

соблюдáть *1* прáвила	Verkehrsregeln befolgen
нарушáть *1* / нарýшить *2* прáвила	gegen Verkehrsregeln verstoßen
водúтельское удостоверéние *n*	**Führerschein**
техпáспорт *m*	Fahrzeugpapiere
мотоцúкл *m*; мотоциклúст *m*	**Motorrad;** Motorradfahrer
велосипéд *m*; велосипедúст *m*	**Fahrrad;** Radfahrer
велосипéдная дорóжка *f*	Radweg
корóбка *f* **передáч**	**Getriebe**
передáча *f*	Gang
éхать на пéрвой передáче	im ersten Gang fahren
тóрмоз *m* – тормозúть *2*	Bremse – bremsen

17.2 Железнодорожный транспорт
Beförderung mit der Eisenbahn

железная дорога *f*	**Eisenbahn**
железнодорожник *m*	Eisenbahner
забастовка *f* железнодорожников	Eisenbahnerstreik
приватизировать *1* железные дороги	die Eisenbahn privatisieren
железнодорожная линия *f*	(Eisen-)Bahnlinie / -strecke
железнодорожное сообщение *n*	**Bahn- / Zugverbindung**
междугородное сообщение	Überlandverkehr
международное сообщение	**internationaler Verkehr**
прямое сообщение	Direktverbindung
локомотив *m*	**Lokomotive**
электровоз *m*	Elektrolok(omotive)
паровоз *m*; тепловоз *m*	Dampf- / Diesellok(omotive)
машинист *m* локомотива	Lok(omotiv)führer

поезд *m* **(=** ***Zug*****):**
грузовой поезд (= *Güterzug*) • пригородный поезд / электричка *f* (= *Vorortzug / Regionalbahn*) • скорый поезд (= *Schnellzug*) • скоростной поезд (= *Hochgeschwindigkeitszug*) • поезд дальнего следования (= *Fernzug*)

скоростной экспресс *m* на Гамбург	Intercity-Express-Verbindung nach Hamburg
ехать* на поезде	**mit dem Zug / der Bahn fahren**
садиться *2* / сесть* **в поезд**	**in einen Zug einsteigen**
выходить *2* / выйти* (из поезда)	(aus einem Zug) **aussteigen**
успеть *1* на поезд	den Zug schaffen
Мы пропустили наш поезд.	Wir haben unseren Zug verpasst.
следующий поезд на Брест	der nächste Zug nach Brest

железнодорожные вагоны (= ***Eisenbahnwaggons*****):**
спальный вагон *m* (= *Schlafwagen*) • купейный вагон (= *Schlafwagen mit Viererabteilen*) • плацкартный вагон (= *Schlafwagen ohne abgetrennte Abteile*) • общий вагон (*mit Sitzplätzen*) • вагон-ресторан (= *Speisewagen*)

купе *n* (первого класса)	(Erster-Klasse-)**Abteil**
бронировать *1* / забронировать *1* **место** *n*	einen **Platz** reservieren
верхнее / нижнее место *n*	Platz oben / unten
Это место занято.	Dieser Platz ist besetzt.

проводни́к *m* – **проводни́ца** *f*	**Zugbegleiter – Zugbegleiterin**
конду́ктор	**Schaffner(in)**
пассажи́р *m*	**Fahrgast; Passagier**
вокза́л *m*	**Bahnhof**; Fernbahnhof
коне́чная ста́нция *f*	**Endstation**
платфо́рма *f*; путь *m*	Bahnsteig; Gleis
Вы́ход на пути́ запрещён!	Betreten der Gleise verboten!
ре́льсы	**Schienen**
зал *m* **ожида́ния**	**Wartesaal**
носи́льщик *m*	Gepäckträger
теле́жка *f* для багажа́	Kofferkuli; Gepäckwagen
сдава́ть *1* / **сдать* бага́ж**	**Gepäck aufgeben**
Где я могу́ сдать свой бага́ж?	Wo kann ich mein Gepäck aufgeben?
ка́мера *f* **хране́ния**	**Gepäckaufbewahrung**
бюро́ *n* нахо́док	Fundbüro
биле́тная ка́сса *f*	**Fahrkartenschalter**
биле́т *m* в одну́ сто́рону	eine einfache **Fahrkarte**
обра́тный биле́т *m*	Rückfahrkarte
пое́здка *f* **туда́ – обра́тно**	**Hin- und Rückfahrt**
биле́т пе́рвого кла́сса на Москву́	eine Fahrkarte erster Klasse nach Moskau
плацка́рта *f*	Platzkarte
сто́имость *f* **прое́зда**	**Fahrpreis**
пое́здка *f* по желе́зной доро́ге	Bahnfahrt
удо́бная пое́здка *f*	eine bequeme Fahrt
вре́мя *n* в пути́	Fahrzeit
с переса́дкой в Москве́	mit Umsteigen in Moskau
остано́вка *f* в Твери́	Zwischenaufenthalt in Twer
отправле́ние *n* – **прибы́тие** *n*	**Abfahrt – Ankunft**
расписа́ние *n* **поездо́в**	**Fahrplan**

По́езд при́был во́время. (= *Der Zug war pünktlich.*) • По́езд опа́здывает. (= *Der Zug hat Verspätung.*) • Пое́зд до́лжен прибы́ть по расписа́нию в 6:35. (= *Der Zug soll fahrplanmäßig um 6.35 Uhr ankommen.*) • Обы́чно поезда́ прибыва́ют во́время. (= *Meistens kommen die Züge pünktlich.*) • Когда́ мы прибыва́ем в Но́вгород? (= *Wann kommen wir in Nowgorod an?*) • Объявля́ется поса́дка на по́езд № ... (= *Bereitgestellt wird der Zug Nr. ...*)

17.3 Воздушный транспорт
Beförderung mit dem Flugzeug

лета́ть *1*; **лете́ть** *2* (на самолёте)	**fliegen**
Он бои́тся лета́ть.	Er hat Angst vor dem Fliegen.
Она́ ча́сто лета́ет.	Sie fliegt häufig.
самолёт *m*	**Flugzeug**
реакти́вный самолёт	Düsenflugzeug
пассажи́рский самолёт	Verkehrsflugzeug
ре́йсовый самолёт	**Linienflug / -maschine**
путеше́ствовать *1* на самолёте	mit dem Flugzeug reisen
а́виакомпа́ния *f*; **а́виали́ния** *f*	**Fluggesellschaft; (Flug-)Linie**
операцио́нный зал *m*	**Abfertigungshalle**
расписа́ние *n* полётов	Flugplan
пассажи́р *m*	**Fluggast**
пассажи́р на листе́ ожида́ния	**Passagier auf der Warteliste**
а́виабиле́т *m*	**Flugticket**
а́виабиле́т на его и́мя	ein Flugschein auf seinen Namen
ме́сто в тури́стском кла́ссе	ein Platz in der Touristenklasse
ме́сто в би́знес-кла́ссе	ein Platz in der Bussinesklasse
рейс *m* без поса́док	**Flug** ohne Zwischenlandung
прямо́й рейс с промежу́точной поса́дкой	Direktverbindung mit Zwischenlandung
междунаро́дный рейс *m*	Auslandsflug
вну́тренний рейс *m*	Inlandsflug
ча́ртерный рейс *m*	**Charterflug / -maschine**
лете́ть *2* ча́ртерным ре́йсом	einen Charterflug nehmen
отменя́ть *1* / **отмени́ть** *2*	**stornieren; ausfallen**
Рейс 452 отменя́ется.	Flug 452 ist storniert.
отмени́ть бронь *f*	eine Buchung stornieren
прилета́ть *1* / **прилете́ть** *2*	ankommen
вылета́ть *1* / **вы́лететь** *2*	abfliegen
прилёт *m* – **вы́лет** *m*	**Ankunft – Abflug**

Самолёт уже́ прилете́л / соверши́л поса́дку. (= *Das Flugzeug ist schon gelandet.*) • Самолёт вы́летел из Берли́на в 16 часо́в. (= *Das Flugzeug startete in Berlin um 16 Uhr.*) • Время́ прибы́тия 16 часо́в 45 мину́т, но рейс заде́рживается. (= *Die planmäßige Ankunftszeit ist 16.45 Uhr, aber der Flug verspätet sich.*) • Вы́лет ре́йса заде́рживается / откла́дывается. (= *Der Abflug der Maschine verzögert sich / wird verschoben.*)

аэропо́рт *m*	**Flughafen**
Тебя́ встре́тить в аэропорту́?	Soll ich dich am Flughafen abholen?

В э́том го́роде два аэропо́рта.	Die Stadt hat zwei Flughäfen.
зал *m* прибы́тия / вы́лета	Ankunfts- / Abflughalle
пункт *m* назначе́ния	**Zielflughafen; Reiseziel**
сто́йка *f* регистра́ции	**Abfertigungsschalter**
Когда́ нам подойти́ на регистра́цию?	Um welche Zeit müssen wir am Abfertigungsschalter sein?
сдава́ть *1* / **сдать* бага́ж** *m*	**Gepäck aufgeben**
допла́та *f* за переве́с	Nachzahlung für Übergepäck
поса́дочный тало́н *m*	**Einsteigekarte; Bordkarte**
досмо́тр *m*	**Sicherheitskontrolle**
досмо́тр *m* багажа́	Gepäckkontrolle
Начина́ется поса́дка на рейс 452.	Der Flug 452 ist zum Einsteigen bereit.
Вы́ход на поса́дку № 4.	Ausgang zum Flugsteig Nr. 4
ребёнок без сопровожде́ния	ein alleinreisendes Kind
ручна́я кладь *f*	Handgepäck
одно ме́сто *n* ручно́й кла́ди	ein Stück Handgepäck
Пожа́луйста, пристегни́тесь!	**Bitte schnallen Sie sich an!**
кислоро́дная ма́ска *f*	Sauerstoffmaske
спаса́тельный жиле́т *m*	Schwimmweste
бага́жная по́лка *f* над сиде́нием	Gepäckfach über dem Sitz
Вре́мя полёта – 2 часа́.	Die Flugzeit beträgt 2 Stunden.
каби́на *f* экипа́жа	Cockpit; Pilotenkabine
команди́р *m* **корабля́ и экипа́ж** *m*	**Flugkapitän und Besatzung**
пило́т; лётчик *m* – лётчица *f*	Pilot – Pilotin
стюарде́сса *f*	**Stewardess**
бо́ртпроводни́к *m* – бо́ртпроводни́ца *f*	Flugbegleiter – Flugbegleiterin
взлётно-поса́дочная полоса́ *f*	Start- und Landebahn
сра́зу после взлёта	kurz nach dem Start
высота́ *f* полёта	**(Reise-)Flughöhe**
угоня́ть *1* / угна́ть* самолёт	ein Flugzeug entführen
уго́нщик *m* самолёта	Flugzeugentführer
вы́дача *f* багажа́	**Gepäckausgabe**
па́спортный контро́ль *m*	Passkontrolle
тамо́жня *f*	Zoll
„зелёный коридо́р" *m*	„Grüner Korridor"
а́виагру́з *m*	**Luftfracht**
отправля́ть *1* / отпра́вить *2* а́виапо́чтой	auf dem Luftweg versenden
вертолёт *m*	**Hubschrauber**
вертолётная площа́дка *f*	Hubschrauberlandeplatz

17.4 Водный транспорт
Beförderung auf dem Wasserweg

мóре *n*	die See; das Meer
в междунарóдных вóдах	in internationalen Gewässern
сýдно *n* – **судá**	**Schiff(e); Wasserfahrzeug(e)**
сýдно «рекá – мóре»	Binnenseeschiff
корáбль *m*	**Schiff**
судохóдство *n*	**Schifffahrt**
речнóе / морскóе судохóдство	Binnen- / Seeschifffahrt
навигáция *f*	**Schiffführung; Navigation**
перевози́ть *2* мóрем	verschiffen
лóдка *f*	**Boot**
опроки́дываться *1* / опроки́нуться *1*	kentern
пáрус *m*	**Segel**

Ви́ды судóв (= *Arten von Wasserfahrzeugen*):
бáржа *f* (= *Lastkahn*) • букси́р *m* (= *Schlepper*) • гребнáя лóдка *f*; шлю́пка *f* (= *Ruderboot*) • грузовóе сýдно *n*; грузовóй трáнспорт *m* (= *Frachtschiff / Frachter*) • контéйнеровóз *m* (= *Containerschiff*) • мотóрный кáтер *m* (= *Motorboot*) • нефтянóй тáнкер *m* (= *Öltanker*) • океáнский лáйнер *m* (= *Ozeandampfer*) • пароxóд *m* (= *Dampfschiff; Dampfer*) • пáрусная лóдка *f* / я́хта *f* (= *Segelboot*) • пассажи́рский корáбль *m*; лáйнер *m* (= *Passagierschiff*) • плот *m* (= *Floß*) • рыболóвный трáулер *m* (= *Fischtrawler*) • спасáтельная лóдка *f* (= *Rettungsboot*) • сухогрýз *m* (= *Massengutfrachter*) • торгóвое сýдно *n* (= *Handelsschiff*) • я́хта *f* (= *Jacht*)

парóм *m*	**Fähre**
(морскóе) путешéствие *n*	**(See-)Reise**
путешéствовать *1* в круи́зе	eine Kreuzfahrt machen
Наш корáбль отплывáет зáвтра.	Unser Schiff läuft morgen aus.
срéдняя / вéрхняя **пáлуба** *f*	Zwischen- / Ober**deck**
Все на пáлубу!	Alle Mann an Deck!
сади́ться *2* / сесть* на корáбль	**sich einschiffen**
на бортý корабля́	an Bord des Schiffes
сходи́ть *2* / сойти́* с бóрта (корабля́)	von Bord gehen
высáживаться *1* / вы́садиться *2* на бéрег	an Land gehen / kommen
нос *m* – **кормá** *f*	**Bug – Heck**
лéвый / прáвый борт *m*	Back- / Steuerbord
порт *m*; гáвань *f*	Hafen
порт назначéния	Bestimmungshafen

прича́ливать *1* / прича́лить *2*	anlegen
пристава́ть *1* / приста́ть *1*	anlegen
я́корь *m*	Anker
стать *1* на я́корь	vor Anker liegen; ankern
меня́ть *1* курс *m*	den Kurs ändern

Морски́е идио́мы (= *„nautische“ Idiome*):
Мы все сиди́м в одно́й ло́дке. (= *Wir sitzen alle im gleichen Boot.*) • прибы́ть в ти́хую семе́йную га́вань (= *den stillen Hafen der Ehe anlaufen*) • «морско́й волк» (= *„Seewolf“*) • морска́я похо́дка (= *Seemannsgang*) • взять курс на разря́дку напряжённости (= *Kurs auf die Entspannung nehmen*) • лечь на дно (= *sich auf Grund legen; sich verbergen*)

морска́я боле́знь *f*	Seekrankheit
морска́я ка́чка *f*	Seegang
Я не переношу́ ка́чки.	Ich bin nicht seefest.
моря́к *m* – **моряки́**	**Seemann – Seeleute**
матро́с *m*	**Matrose**
капита́н *m*	**Kapitän**
ради́ст *m*	Funker
кома́нда *f*; **экипа́ж** *m*	**Mannschaft; Besatzung**
ва́хта *f* – нести́ *1* ва́хту	Wache – Wache halten
су́довладе́лец *m*	Schiffseigner
парохо́дство *n*	**Reederei**
ло́цман *m*	**Lotse**
ло́цманское су́дно *n*	Lotsenfahrzeug
мая́к *m*	**Leuchtturm**
флаг *m*	**Flagge**
под росси́йским фла́гом	unter russischer Flagge
Андре́евский флаг *m*	Andreasflagge
речно́й / морско́й **флот** *m*	Binnen- / Hochsee**flotte**
морско́й торго́вый флот *m*	Handelsmarine
вое́нно-морско́й флот *m*	Marine; Seestreitkräfte
флоти́лия *f*	Flottille
кора́блекруше́ние *n*	Schiffbruch
пира́т *m* – пира́тство *n*	Pirat – Piraterie
верфь *f*	**Werft**
кора́блестрои́тельная верфь *f*	Schiffbauwerft
рабо́чий *m* ве́рфи	Werftarbeiter
ремо́нтный док *m*	Reparaturdock

17.5 Общественный транспорт
Öffentlicher Nahverkehr

городско́й тра́нспорт *n*	**Stadtverkehr**

> городско́й пассажи́рский тра́нспорт *m* (= *Personennahverkehr*)
> • ви́ды обще́ственного тра́нспорта (= *öffentliche Verkehrsmittel*)
> • по́льзоваться *1* обще́ственным тра́нспортом (= *öffentliche Verkehrsmittel benutzen*)

метро́ *n*	**U-Bahn**
е́хать* на метро́	mit der U-Bahn fahren
пассажи́ры метро́	**U-Bahnfahrgäste**
Где ближа́йшая **ста́нция метро́**?	Wo ist der nächste **U-Bahnhof**?
по́езд *m* пе́рвой ли́нии	ein Zug der Linie 1
ста́нция *f* (переса́дки)	(Umsteige-)**Station**
жето́н *m* метро́	U-Bahnmarke
В ваго́нах мно́го люде́й.	In den Wagen sind sehr viele Leute.
Но́чью метро́ закры́то.	Die U-Bahn ist nachts geschlossen.

> *i* *In der russischen U-Bahn gelten als Fahrausweis Metallmarken* «жето́ны», *die an einer Kasse in der U-Bahn gekauft und beim Betreten des Bahnsteigs in ein Drehkreuz gesteckt werden müssen. In Moskau gibt es z.B. Magnetkarten für eine und mehrere Fahrten.*

трамва́й *m*	**Straßenbahn**
сади́ться *2* / сесть* в/на трамва́й	in die Straßenbahn einsteigen
выходи́ть *2* / вы́йти* из трамва́я	aus der Straßenbahn aussteigen
авто́бус *m* но́мер 6 / шесто́й авто́бус	ein **Bus** der Linie 6
Я е́зжу на рабо́ту на авто́бусе.	Ich fahre mit dem Bus zur Arbeit.
Авто́бусы хо́дят ка́ждые 20 мину́т.	Die Busse verkehren alle 20 Minuten.
авто́бусная **остано́вка** *f*	Bus**haltestelle**
Сле́дующая остано́вка – вокза́л.	Nächster Halt ist am Bahnhof.
кольцо́ *n* авто́буса / трамва́я	Wendeschleife / Endhaltestelle *(bei Bus und Straßenbahn)*
при́городный авто́бус *m*	Vorortbus
туристи́ческий авто́бус *m*	Reisebus
тролле́йбус *m*	**Trolleybus / Obus**
микроавто́бус *m*	**Kleinbus**
маршру́тное такси́ *n* / маршру́тка *f*	Linientaxi
остано́вка *f* по тре́бованию	Bedarfshaltestelle
(проездно́й) биле́т *m*	**Fahrkarte**
ме́сячный проездно́й *m*	Monatskarte

повышéние *n* стóимости проéзда	eine Fahrpreiserhöhung
безбилéтный проéзд *m*	Schwarzfahren
Безбилéтникам грози́т штраф.	Schwarzfahrern droht eine Geldstrafe.

Éхать в центр быстрée всегó на метрó. (= *Ins Zentrum fährt man am schnellsten mit der U-Bahn.*) • Электри́чка хорошá для дáльних поéздок. (= *Der Vorortzug ist gut für längere Fahrten.*) • Пенсионéры и дéти до 7 лет éдут бесплáтно. (= *Rentner und Kinder bis 7 Jahre fahren frei.*) • В автóбусе, троллéйбусе и трамвáе билéты продаёт кондýктор. (= *Im Bus, Obus und in der Straßenbahn werden die Fahrkarten von einem Schaffner verkauft.*) • Маршрýтное такси́ – это ми́кроавтóбус, котóрый идёт по определённому маршрýту и останáвливается по трéбованию. (= *Ein Linientaxi ist ein Kleinbus, der eine bestimmte Linie fährt und auf Anforderung anhält.*)

такси́ *n*	**Taxi**
поéздка *f* на такси́	Taxifahrt
стоя́нка *f* такси́	Taxistand
вызывáть *1* / вы́звать* такси́ (по телефóну)	ein Taxi bestellen (per Telefon)
éхать* / поéхать* на такси́	Taxi fahren
Поéдем на такси́!	Nehmen wir ein Taxi!
останови́ть *2* такси́	ein Taxi anhalten
таксомéтр *m*; счётчик *m*	Taxameter; Zähler
включáть *1* / включи́ть *2* счётчик	das Taxameter einschalten

Полéзные выражéния	***(= Nützliche Redensarten)*:**
Как мне доéхать до Кремля́?	Wie komme ich bitte zum Kreml?
В какýю стóрону?	In welche Richtung?
Э́тот автóбус доéдет до вокзáла?	Fährt dieser Bus zum Bahnhof?
Какóй автóбус идёт в аэропóрт?	Welcher Bus fährt zum Flughafen?
Где мне пересéсть?	Wo muss ich umsteigen?
Когдá / Где мне выходи́ть?	Wann / Wo muss ich aussteigen?
Чéрез три (3) остановки, на четвёртой.	An der 4. Haltestelle.
Осторóжно, двéри закрывáются!	Vorsicht, die Türen schließen sich!
Пóезд дáльше не пойдёт.	**Der Zug endet hier.**
Прóсим освободи́ть вагóны!	**Bitte alle austeigen!**
Э́то конéчная остановка.	**Das ist die Endstation.**
Эскалáтор не рабóтает.	Die Rolltreppe ist außer Betrieb.
Закры́то на ремóнт.	Wegen Reparatur geschlossen.

18.1 Экономическая политика Wirtschaftspolitik

нарóдное хозя́йство *n*	**Volkswirtschaft**
хозя́йственный	wirtschaftlich; ökonomisch
экономи́ческая систéма *f*	Wirtschaftssystem
экономи́ческий рóст *m*	**Wirtschaftswachstum**
экономи́ческая наýка *f*	Wirtschaftswissenschaft

Achtung! Falsche Freunde des Übersetzers:
эконóмика *f (= Wirtschaft (eines Landes); Wirtschaftswissenschaft; Volkswirtschaft)* • **экономи́ческий** (= *wirtschaftlich; ökonomisch; Wirtschafts-*) • **экономи́ст** *m* (= *Wirtschaftswissenschaftler; Volkswirt; Betriebswirt*)
эконóмия *f* (= *Wirtschaftlichkeit; Sparsamkeit*) • **эконóмный** (= *wirtschaftlich; sparsam*) • **эконóм** (= *sparsamer Mensch; Verwalter*)

товáры и услýги	Waren und Dienstleistungen
предложéние *n* **и спрóс** *m*	**Angebot und Nachfrage**
на мировóм ры́нке	auf dem Weltmarkt
свобóдная конкурéнция *f*	**freier Wettbewerb**
нечéстная конкурéнция *f*	unlauterer Wettbewerb
производственные затрáты	Produktionskosten
чáстная сóбственность *f*	**Privateigentum**
свобóдное предпринимáтельство *n*	freies Unternehmertum
предпринимáтель	**Unternehmer(in)**
дохóды предпринимáтеля	Unternehmereinkünfte
образовáть *1* капитáл	Kapital bilden
благосостоя́ние *n*	**Wohlstand**
богáтство *n*; состоя́ние *n*	Reichtum; Vermögen
валовóй национáльный продýкт *m*	**Bruttosozialprodukt**
сбаланси́рованный бюджéт *m*	ein ausgeglichener Haushalt
бюджéтный дефици́т *m*	**Haushaltsdefizit**
сокращéние *n* бюджéта	Haushaltskürzung
сокращáть *1* / сократи́ть *2* дотáции	Subventionen abbauen
снижáть *1* / сни́зить *2* процéнты	die Zinsen senken
ýровень *m* жи́зни	Lebensstandard
стóимость *f* **жи́зни**	**Lebenshaltungskosten**
покупáтельная спосóбность *f*	**Kaufkraft**
потреби́тельские цéны	Verbraucherpreise
инфля́ция *f* – дефля́ция *f*	Inflation – Deflation

18.2 Деловая жизнь
Das Geschäftsleben

дéло *n*; **(торгóвая) сдéлка** *f*	**Geschäft**
Делá идýт хорошó.	Die Geschäfte gehen gut.
проводи́ть *2* / провести́ *1* сдéлки / торгóвые операции	Geschäfte machen
Вы приéхали с деловóй цéлью?	Sind Sie geschäftlich hier?
коммерсáнт; бизнесмéн *m*	**Geschäftsmann**; Kaufmann
деловáя жéнщина *f*	Geschäftsfrau
торгóвец *m*	Händler
торгóвля *f*; **торгóвые свя́зи**	**Handel; Handelskontakte**
торговáть *1*	**handeln**
коммéрческий; торгóвый	**kommerziell; Handels-**
торгóво-промы́шленная палáта *f*	Industrie- u. Handelskammer
ремеслó *n*; прóмысел *m*	Handwerk; Gewerbe
(мéбельная) **óтрасль** *f*	(Möbel-)**Branche**
(кáчественный) **товáр** *m*	(Qualitäts-)**Ware**
владéлец *m*; **сóбственник** *m*	**Besitzer; Eigentümer**
владéлица *f* магази́на	Ladenbesitzerin
фи́рма *f*; **предприя́тие** *n*	**Firma; Unternehmen**
ответственность *f*	Haftung; Verantwortung

ООО – Óбщество *n* с ограни́ченной ответственностью (= *Gesellschaft mit beschränkter Haftung – GmbH*)
АО – акционéрное óбщество *n* (= *Aktiengesellschaft*)
ОАО – откры́тое акционéрное óбщество (= *offene Aktiengesellschaft; vergleichbar einer Aktiengesellschaft in Deutschland*)
ЗАО – закры́тое акционéрное óбщество (= *geschlossene Aktiengesellschaft; gewöhnlich kleinere Gesellschaft mit wenigen Anteilseignern*)
Einen Sonderstatus hat nach der russischen Gesetzgebung «Совмéстное предприя́тие» *n* – СП (= *gemeinsames Unternehmen; Gesellschaft mit ausländischer Beteiligung*)

основны́е держáтели áкций	Hauptaktionäre
акционéр	**Aktionär(in)**
рядовы́е акционéры	einfache Aktieninhaber
промы́шленник	Industrielle(r)
дирéктор; **руководи́тель**	**Direktor(in); Leiter(in)**
дирéктор по продáжам / по сбы́ту	Verkaufs- / Vertriebsdirektor(in)
руководи́тель отдéла	Abteilungsleiter(in)
правлéние *n*	**Vorstand**
председáтель правлéния	Vorstandsvorsitzende(r)

правле́ние акционе́рного о́бщества	Vorstand einer Aktiengesellschaft
гла́вный бухга́лтер	**Hauptbuchhalter(in)**
ме́неджер	Manager(in)
продава́ть *1* / **прода́ть***	**verkaufen**
прода́жа *f*; **сбы́т** *m*	**Verkauf; Vertrieb**
покупа́тель *m* – покупа́тельница *f*	Käufer – Käuferin
продаве́ц *m* – продавщи́ца *f*	Verkäufer – Verkäuferin
представи́тель	**Vertreter(in); Repräsentant(in)**
(торго́вый) представи́тель	(Handels-)Vertreter
комисси́онные *Plt* 25 %	eine Provision von 25 Prozent
опто́вая / ро́зничная торго́вля *f*	**Groß- / Einzelhandel**
оптови́к – ро́зничный торго́вец *m*	Großhändler – Einzelhändler
отправля́ть *1* / отпра́вить *2*	versenden
реализова́ть *1* това́р *m*	Ware verkaufen
поставля́ть *1* / поста́вить *2*	(aus-)liefern
Вы може́те поста́вить э́тот това́р?	Können Sie diese Artikel liefern?
закупа́ть *1* / закупи́ть *2*	(an- / ein-)kaufen
приобрета́ть *1* / приобрести́ *1*	erwerben
поста́вка *f* **това́ров**	**Warenlieferung**
па́ртия *f* **това́ра**	**Warensendung / -posten**
усло́вия поста́вки	**Lieferbedingungen**
поставщи́к *m* – **зака́зчик** *m*	**Lieferant – Auftraggeber**
дава́ть *1* **зака́з** *m* фи́рме	einer Firma einen **Auftrag** erteilen
выполня́ть *1* / вы́полнить *2* зака́з	einen Auftrag ausführen
оборо́т *m*; **объё́м** *m* **прода́ж**	**Umsatz; Verkaufsvolumen**
сокраще́ние *n* това́рооборо́та	ein Umsatzrückgang
извлека́ть *1* / **извле́чь*** **при́быль**	**Gewinn erzielen**
при́быльный; рента́бельный	**gewinnbringend; rentabel**
убы́ток *m*	**Verlust**
нести́ *1* / понести́ *1* убы́тки	Verluste erleiden; Schaden tragen
теря́ть *1* / потеря́ть *1*	verlieren
това́р с завы́шенной цено́й	zu teure / überteuerte Ware
ски́дка *f*	**Rabatt; Skonto**
комме́рческие перегово́ры *Plt*	**Geschäftsverhandlungen**
комме́рческое предложе́ние *n*	**geschäftliches Angebot**
предлага́ть *1* / предложи́ть *2*	anbieten
(това́рный) склад *m*	**Lagerhaus; (Waren-)Lager**
поставля́ть *1* / поста́вить *2* со скла́да	vom Lager (aus)liefern
Запа́сы подхо́дят к концу́.	Die Vorräte gehen zur Neige.
гара́нтия *f* – гаранти́ровать *1*	Garantie(schein) – garantieren
гара́нтия на два го́да	**eine zweijährige Garantie**
и́мпорт *m* – **э́кспорт** *m*	**Import – Export**
импорти́ровать *1* – экспорти́ровать *1*	importieren – exportieren

18.3 Деньги и финансы Geld und Finanzwesen

банк *m*	**Bank**
банкомáт *m*	**Geldautomat**
сберегáтельная кáсса / сберкáсса *f*	**Sparkasse**
дéньги *Plt*	**Geld**
мнóго / мáло дéнег	**viel / wenig Geld**
зарабáтывать *1* / заробóтать *1* дéньги	Geld verdienen
большáя / мáленькая сýмма *f*	ein großer / kleiner Geldbetrag
нали́чный платёж *m*	**Barzahlung**
5 000 дóлларов нали́чными	5 000 Dollar in bar
У меня́ нет (нали́чных) дéнег.	Ich habe kein (Bar-)Geld.
Вы плáтите нали́чными?	**Zahlen Sie bar?**
Вы принимáете к оплáте кáрты?	Akzeptieren Sie Kreditkarten?

1 оди́н рубль • 2 два – 3 три – 4 четы́ре рубля́ • 5 пять рублéй
10 = дéсять рублéй • 100 = сто рублéй • 300 = три́ста рублéй
101 = сто оди́н рубль • 201 = двéсти оди́н рубль
1 000 рублéй = (одна́) ты́сяча рублéй • 2 000 = две ты́сячи рублéй
1 000 000 = (оди́н) миллиóн рублéй • 3 000 000 = три миллиóна рублéй

стóить *2*	**kosten**
Э́то стóит / стóило 500 рублéй.	Es kostet / kostete 500 Rubel.
Они́ стóят 50 рублей за штýку.	Sie kosten 50 Rubel das Stück.
размéнивать *1* / разменя́ть *1* купю́ру в 100 éвро	einen 100-Euro-Schein wechseln
бумáжник *m*	Brieftasche
портмонé *n*; **кошелёк** *m*	**Portemonnaie; Geldbörse**
плати́ть *2* / **заплати́ть** *2*	**bezahlen**
плати́ть за книгу	das Buch bezahlen
плати́ть чéком / креди́тной кáртой	mit Scheck / Kreditkarte bezahlen
оплáчивать *1* / **оплати́ть** *2*	**bezahlen; begleichen**
оплати́ть товáры / покýпки	Waren / Einkäufe bezahlen
насчитáть*1*; **рассчитáть** *1*	**berechnen**
Скóлько он насчитáл за рабóту?	Was hat er für die Arbeit berechnet?
расхóды; затрáты	**Ausgaben; Aufwendungen**
занимáть *1* дéньги	sich Geld leihen
брать* / взять* дéньги в долг	(sich) Geld von jemand borgen
счёт *m*	**Rechnung; Konto**
оплáчивать счёт	eine Rechnung begleichen
товáрный счёт; счёт-фактýра	**Warenrechnung; Faktura**

теку́щий счёт; жи́росчёт	**Girokonto**
сберега́тельный счёт	**Sparkonto**
счёт по сро́чному вкла́ду	**Festgeldkonto**
эконо́мить *2* / сэконо́мить *2* де́ньги	Geld (ein-)sparen
копи́ть *2* / скопи́ть *2* де́ньги (на)	Geld sparen (*für etw.*)
открыва́ть *1* / откры́ть *1* ба́нковский счёт	ein Bankkonto eröffnen
класть *1* / положи́ть *2* де́ньги на счёт	Geld auf ein Konto einzahlen
снима́ть *1* / снять* де́ньги со счёта	Geld vom Konto abheben
предоставля́ть *1* / предоста́вить *2* **креди́т** *m*	einen **Kredit** gewähren
погаша́ть *1* / погаси́ть *2* креди́т	einen Kredit zurückzahlen
плати́ть *2* **в рассро́чку**	**in Raten bezahlen**
Срок пе́рвого взно́са – в ма́е.	Die erste Rate ist im Mai fällig.
брать* / взять* автомоби́ль в ли́зинг	**einen Wagen leasen**
долг *m* **– долги́**	**Schuld – Schulden**
Она́ оплати́ла свой долг.	Sie hat ihre Schulden bezahlt.
ба́нковский проце́нт *m*	**Bankzins**
центра́льный банк *m*	**Zentralbank**
министе́рство *n* фина́нсов	Finanzministerium
фина́нсовая поли́тика *f*	Finanzpolitik
на́ше фина́нсовое положе́ние *n*	unsere finanzielle Lage
девальва́ция *f*; обесце́нение *n*	Abwertung; Entwertung
До́ллар *m* обесце́нился.	Der Dollar verlor an Wert.
валю́та *f*	**Devisen; Währung**
созда́ть *1* совме́стную валю́ту	eine gemeinsame Währung schaffen
обме́н *m* валю́ты	Devisenwechsel; Geldwechsel
курс *m* **обме́на валю́ты**	**Wechsel- / Devisenkurs**
инвести́ция *f*	**Investition**
инве́стор *m* **– инвести́ровать** *1*	**Investor – investieren**
инвести́ровать миллио́ны в прое́кт	Millionen in ein Projekt investieren
финанси́ровать *1* прое́кт *m*	ein Projekt **finanzieren**
предотврати́ть *2* неплатёжеспосо́бность *f*	Zahlungsunfähigkeit abwenden
высо́кий / ни́зкий дохо́д *m*	ein hohes / niedriges Einkommen
(това́рная) би́ржа *f*	**(Waren-)Börse**
а́кции (промы́шленных компа́ний)	**Aktien** (Industriewerte)
дивиде́нд *m*; **до́ля** *f* **при́были**	**Dividende; Gewinnanteil**
фо́ндовый управля́ющий *m*	**Fondsverwalter**
круше́ние *n* фо́ндовой би́ржи	Zusammenbruch des Aktienmarktes
недви́жимость *f*	**Immobilie(n)**
дви́жимое и недви́жимое иму́щество *n*	bewegliches und unbewegliches Vermögen

18.4 Реклама Werbung

рекла́ма *f*	**Werbung; Reklame**
рекла́ма, вводя́щая в заблужде́ние	irreführende Werbung
рекла́мная индустри́я *f*	die Werbeindustrie / -branche
рекла́мное агéнтство *n*	**Werbeagentur**
отде́л *m* рекла́мы	Werbeabteilung
руководи́тель *m* рекла́много отде́ла	Werbeleiter
конце́пция *f* рекла́мы	Werbekonzeption
разраба́тывать *1* / разрабо́тать *1* конце́пцию	ein Konzept entwickeln
рекла́мная кампа́ния *f*	**Werbekampagne**
рекла́мные сре́дства	Werbemittel
рекла́мный материа́л *m* **/ текст** *m*	**Werbematerial / -text**
рекла́мное изда́ние *n*; **проспе́кт** *m*	**Werbeschrift; Prospekt**
рекла́мный фла́йер *m*	Werbezettel
рекла́ма по́чтой	Infopost; Postwurfsendungen
рекла́мная переда́ча *f*	**Werbesendung**
рекла́мный плака́т *m* **/ щит** *m*	**Reklame- / Plakatwand**
рекла́ма на авто́бусе / в метро́	Bus- / U-Bahn-Werbung
рекла́мный **сло́ган** *m*	Werbe**slogan**
рекла́мный пода́рок *m*	**Werbegeschenk**
пряма́я рекла́ма	Direktwerbung
скры́тая рекла́ма	Schleichwerbung
де́лать *1* / сде́лать *1* рекла́му для проду́кта	für ein Produkt Reklame / Werbung machen
креати́вный; тво́рческий	**kreativ; schöpferisch**
ма́ркетинг *m*	**Marketing**
прямо́й ма́ркетинг	Direktmarketing
прода́жа *f* / рекла́ма по телефо́ну	Verkauf / Werbung per Telefon
про́бный ры́нок *m*	**Testmarkt**
ориенти́рованный на ры́нок	**marktorientiert**
иссле́дование *n* **ры́нка**	**Marktforschung**
проводи́ть *2* / провести́ *1* изуче́ние ры́нка	eine Marktuntersuchung durchführen
стимули́рование *n* **сбы́та**	**Verkaufsförderung**
рабо́та *f* **с обще́ственностью**	**Öffentlichkeitsarbeit**
репута́ция *f* и делов́ые свя́зи фи́рмы (гудвил)	ideeller Firmenwert (Goodwill)
вы́ставка *f* това́ров в витри́не	Schaufensterauslage
положи́тельная реа́кция *f*	positive Reaktion
отрица́тельный о́тклик *m*	negatives Echo
целева́я гру́ппа *f*	**Zielgruppe**
возрастна́я гру́ппа	**Altersgruppe**

18.5 Профессии Berufe

призва́ние *n*	**Berufung**
семья́ *f*, дом *m* и рабо́та *f*	Familie, Haushalt und Beruf
профе́ссия *f*	**Beruf**
Кем она́ рабо́тает?	Was macht sie beruflich?
Он по профе́ссии мясни́к.	Er ist Fleischer von Beruf.

лю́ди свобо́дной профе́ссии (= *Freiberufler/in*):
адвока́т (= *Rechtsanwalt / -anwältin*) • арти́ст *m* – арти́стка *f* (= *Schauspieler/in*) • журнали́ст *m* – журнали́стка *f* (= *Journalist/in*) • консульта́нт (= *Konsultant; Berater*) • перево́дчик *m* – перево́дчица *f* (= *Übersetzer/in*) • писа́тель *m* – писа́тельница *f* (= *Schriftsteller/in*) • худо́жник *m* – худо́жница *f* (= *Künstler/in*)

рабо́тать *1* по **догово́ру**	freiberuflich tätig sein
гонора́р *m*	**Honorar**
занима́ющиеся со́бственным би́знесом	die Selbstständigen
шта́тный рабо́тник *m*	festangestellter Mitarbeiter

традицио́нные ремёсла (= *traditionelle Handwerksberufe*):
гонча́р *m* (= *Töpfer*) • жестя́нщик *m* (= *Klempner*) • ка́менщик *m* (= *Maurer*) • кузне́ц *m* (= *Schmied*) • маля́р *m* (= *Maler*) • мясни́к *m* (= *Fleischer; Metzger*) • пе́карь *m* (= *Bäcker*) • пло́тник *m* (= *Zimmermann; Bautischler*) • портно́й *m* (= *Schneider*) • сапо́жник *m* (= *Schuhmacher*) • столя́р *m* (= *Tischler; Schreiner*) • трубочи́ст *m* (= *Schornsteinfeger*) • часово́й ма́стер *m*; часовщи́к *m* (= *Uhrmacher*)

неквалифици́рованные рабо́чие специа́льности *(= ungelernte Tätigkeiten)*:

(подсо́бный) разнорабо́чий *m*	(Hilfs-)Arbeiter
(подсо́бная) разнорабо́чая *f*	(Hilfs-)Arbeiterin
неквалифици́рованный рабо́чий	ungelernter Arbeiter
завхо́з; управдо́м	**Hausmeister(in)**
учени́к *m*; **подмасте́рье** *m*	**Lehrling; Auszubildende(r)**

квалифици́рованные специали́сты со специа́льным образова́нием *(= qualifizierte Fachkräfte mit Berufsausbildung)*:

квалифици́рованный рабо́чий	Facharbeiter
машини́ст *m* локомоти́ва	Lokführer
сле́сарь-ремо́нтник *m*	Reparaturschloßer
бухга́лтер; касси́р	Buchhalter(in); Kassierer(in)
медсе́стра *f* – медбра́т *m*	Krankenschwester / -pfleger

секретáрь / секретáрша *f ugs*	**Sekretär(in)**
парикмáхер	Friseur(in)
лаборáнт *m* – лаборáнтка *f*	Laborant – Laborantin
продавéц *m* – продавщи́ца *f*	Verkäufer – Verkäuferin
убóрщик *m* – убóрщица *f*	Raumpfleger – Raumpflegerin; Reinigungskraft

высокó-квалифици́рованные (дипломи́рованные) специали́сты с вы́сшим образовáнием *(= hochqualifizierte (diplomierte) Fachleute mit Hochschulausbildung)*:

дипломи́рованный филóлог	Dipl. Phil.
библиотéкарь	Bibliothekar(in)
врач; фармацéвт	**Arzt – Ärztin**; Pharmazeut(in)
инженéр-строи́тель	**Bauingenieur(in)**
инженéр-технолóг	Betriebsingenieur(in)
констрýктор (самолётов)	(Flugzeug-)Konstrukteur(in)
дизáйнер-технóлог одéжды	Modeschöpfer(in)
фи́зик; хи́мик	**Physiker(in); Chemiker(in)**
экономи́ст; юри́ст	Ökonom(in); Jurist(in)
учи́тель *m* – учи́тельница *f*	Lehrer – Lehrerin
дóлжность *f*	**Position; Dienststelle**
глáвный инженéр	Chefingenieur(in); technische(r) Leiter(in)
ассистéнт *m* **– ассистéнтка** *f*	**Assistent – Assistentin**
мéнеджер	**Manager(in)**
государственный слýжащий *m* – государственная слýжащая *f*	Beamter – Beamtin

Viele Berufsbezeichnungen haben im Russischen eine formelle maskuline Form. Das tatsächliche Geschlecht erschließt sich aus dem Kontext:
Онá хорóший фи́зик. (= *Sie ist eine gute Physikerin.*) • **Он** извéстный хи́мик. (= *Er ist ein bekannter Chemiker.*) • Врач **пришлá** и **спроси́ла** ... (= *Die Ärztin kam und fragte …*) • Врач **ушёл**. (= *Der Arzt ging weg.*)
In offiziellen Situationen (Medien, Statistiken etc.) setzt man vor den Beruf das Wort жéнщина, *um zu unterstreichen, dass es sich um Frauen handelt:* жéнщина-врач (= *Ärztin*), жéнщины-геóлоги (= *Geologinnen*).

18.6 В офисе
Im Büro

óфис *n*; **бюрó** *n*; **контóра** *f*	**Büro**; (Anwalts-)**Kanzlei**
рабóчее врéмя *n*	Dienst- / Arbeitsstunden
начáльник *m*; **руководи́тель** *m*	**Vorgesetzte(r); Chef(in)**
мой шеф *ugs*	mein Chef
óфисная рабóта *f*	Bürotätigkeit
мой / моя́ коллéга	mein Kollege / meine Kollegin
сотрýдник *m* – сотрýдница *f*	Mitarbeiter – Mitarbeiterin
визи́тная кáрточка *f* / визи́тка *f*	**Visitenkarte**
деловóй обéд *m*	**Arbeitsessen**
проводи́ть *2* **совещáние** *n*	eine **Besprechung** durchführen
заседáние *n*	Sitzung
согласовáть *1* срок / встрéчу	einen Termin vereinbaren

> У меня́ встрéча с господи́ном Иóновым. (= *Ich habe einen Termin bei Herrn Ionow.*) • Вас спрáшивает господи́н Дóлин. (= *Ein Herr Dolin möchte Sie sprechen.*)
> Её нет. (= *Sie ist nicht anwesend / nicht da*). • Онá не в óфисе. (= *Sie ist nicht im Büro.*) • Он ещё на совещáнии. (= *Er ist noch in der Besprechung.*)

звони́ть *2* **/ позвони́ть** *2* **по телефóну**	**anrufen; telefonieren**
фотокóпия *f* **– копи́ровать** *1*	**Fotokopie – kopieren**
журнáл *m* регистрáции пóчты	Postausgangsbuch / Posteingangsbuch
регистри́ровать *1* пóчту	Post registrieren
разбирáть *1* / разобрáть* пóчту	Post verteilen
подшивáть *1* / подши́ть* бумáги	Papiere abheften
отправля́ть *1* / отпрáвить *2* факс	faxen

> **óфисная мéбель** *f* **(= *Büromöbel*):**
> (пи́сьменный) стол *m* (= *(Schreib-)Tisch*) • стул *m* (= *Stuhl*) • крéсло *n* (= *Sessel*) • пóлка *f* (= *Regal*) • шкаф *m* (= *Schrank*) • сейф *m* (= *Safe*) • настóльная лáмпа *f* (= *Schreibtischlampe*)

проéкт *m* письмá	ein Brief**entwurf**
подготáвливать *1* / подготóвить *2* проéкт письмá	einen Brief entwerfen
протокóл *m* заседáния	Sitzungsprotokoll
писáть *1* **/ написáть** *1*	**schreiben** (*mit Hand*)
печáтать *1* **/ напечáтать** *1*	**schreiben** (*mit Schreibmaschine od. Computer*)

диктова́ть *1* **/ продиктова́ть** *1* секретарю́ пи́сьма — einer Sekretärin Briefe **diktieren**
печа́тная оши́бка *f*; **опеча́тка** *f* — **Tippfehler**
диктофо́н *m* — **Diktiergerät**; Diktaphon
стенографи́ровать *1* — stenografieren

Ско́лько вре́мени займёт подгото́вка прое́кта э́того догово́ра? (= *Wie lange wird es dauern, den Vertragsentwurf vorzubereiten?*) • Принеси́те, пожа́луйста, э́то де́ло! (= *Bringen Sie mir bitte diese Akte.*) • Э́ти дела́ мо́жно унести́ в архи́в. (= *Diese Sachen können in die Ablage.*) • Мне ну́жно ко́е-что скопи́ровать. (= *Ich brauche noch einige Fotokopien.*) • К сожале́нию, я сейча́с за́нят. (= *Im Moment bin ich leider beschäftigt.*)

оргте́хника *f* **(=** ***Bürotechnik*****):**
компью́тер *m* (= *Computer*) • копирова́льный аппара́т *m* / копи́р *m* (= *Kopierer*) • пло́ттер *m* (= *Plotter*) • ска́нер *m* (= *Scanner*) • счётная маши́на *f* (= *Rechenmaschine*) • телефо́н *m* с а́втоотве́тчиком (= *Telefon mit Anrufbeantworter*) • факс *m* (= *Fax*)

табли́ца *f* в Excel — Tabelle in Excel
редакти́ровать *1* **/ отредакти́ровать** *1* **файл** *m* — **eine Datei bearbeiten**
сохраня́ть *1* **/ сохрани́ть** *2* **файл** — **eine Datei speichern**
сохрани́ть на диске́ту / USB-флеш — auf Diskette / USB-Stick speichern
унифици́рованный догово́р *m* — einheitlicher / genormter Vertrag
станда́ртный докуме́нт *m* — Standarddokument
иска́ть *1* **/ найти́* в Интерне́те** — **im Internet suchen / finden**
распеча́тать *1* статью́ из Интерне́та — einen Artikel aus dem Internet ausdrucken
посла́ть* файл по ме́йлу — eine Datei per E-Mail schicken
сайт на́шей фи́рмы в Интерне́те — unsere Firmenseite im Internet

канцеля́рские материа́лы (= ***Büromaterialien*****):**
блок *m* для за́писей / блокно́т *m* (= *Notizblock / Notizbuch*) • бума́га *f* для печа́ти (= *Büropapier*) • дыроко́л *m* (= *Locher*) • картоте́ка *f* (= *Kartei*) • каранда́ш *m* (= *Bleistift*) • кле́йкая ле́нта *f* „скотч" (= *Tesafilm™; Klebeband*) • кно́пки (= *Reißzwecken*) • ма́ркер *m* (= *Textmarker*) • па́пка *f* (= *Aktenordner*) • (канцеля́рская) скре́пка *f* (= *Büroklammer*) • скре́пкосшива́тель *m* (= *Heftgerät / Klammeraffe*) • ско́росшива́тель *m* (= *Schnellhefter*) • сте́ржень *m* для ру́чки / карандаша́ (= *Kugelschreiber- / Bleistiftmine*) • (стира́тельная) рези́нка *f* (= *Radiergummi*) • ша́риковая ру́чка *f* (= *Kugelschreiber*)

18.7 Отношения между партнёрами по договору
Beziehungen zwischen den Tarifpartnern

рабо́та *f*; **труд** *m*	**Arbeit**
работода́тель *m*	Arbeitgeber
рабо́тник *m*	Arbeitnehmer
штат *m*; персона́л *m*	Belegschaft; Personal
рабо́чие и слу́жащие	Arbeiter und Angestellte
трудово́й коллекти́в *m*	Arbeitskollektiv; Team
трудово́й догово́р *m*	**Arbeitsvertrag**
сторона́ *f* в коллекти́вном догово́ре	Tarifvertragspartei

i ***Im*** **коллекти́вный трудово́й догово́р** ***(= Kollektivarbeitsvertrag, entspr. in Dtschl. dem Unternehmenstarifvertrag)*** *werden in Russland arbeitsrechtliche Verhältnisse zwischen dem Arbeitgeber und dem Arbeitnehmer oder dessen Vertreter (Gewerkschaft) festgelegt.*

заключе́ние *n* догово́ра с рабо́тником	Vertragsabschluss mit einem Arbeitnehmer
укоро́ченный рабо́чий день *m*	Teilzeitarbeit
непо́лная рабо́чая неде́ля *f*	verkürzte Arbeitswoche
вы́нужденный о́тпуск *m*	Zwangsurlaub
вы́нужденный просто́й *m*	erzwungener Stillstand
пе́реквалифика́ция *f* / пе́реобуче́ние *n*	Umschulung
повыше́ние *n* квалифика́ции	Qualifizierung; Weiterbildung
профессиона́льный сою́з *m*	**Gewerkschaft**
рабо́тники, организо́ванные в профсою́з	gewerkschaftlich organisierte Arbeitnehmer
вступа́ть *1* в профсою́з	in eine Gewerkschaft eintreten
член *m* профсою́за	Gewerkschaftsmitglied
профсою́зный комите́т *m*	Betriebsgewerkschaftsleitung
перегово́ры *Plt*	Verhandlungen
вести́ *1* / провести́ *1* перегово́ры с профсою́зами	mit den Gewerkschaften verhandeln
Они пришли к договорённости.	Sie erzielten eine Vereinbarung.
забасто́вка *f* – бастова́ть *2*	Streik – streiken
тре́бовать *1* / потре́бовать *1* повыше́ния зарпла́ты	Lohnerhöhungen fordern

Einige Hinweise zur Grammatik

Verben

1. Konjugation (e-Konjugation)

a* -ать, -ять, -еть, -ить, -оть	b** -сти (-сть), -зти (-зть)	c -овать -евать	d -нуть	e -ить	f -ыть
чита́ть	**нести́**	**рисова́ть**	**мёрзнуть**	**пить**	**откры́ть**
чита́-ю	нес-у́	рис-у́-ю	мёрзн-у	пь-ю	откро́-ю
чита́-ешь	нес-ёшь	рис-у́-ешь	мёрзн-ешь	пь-ёшь	откро́-ешь
чита́-ет	нес-ёт	рис-у́-ет	мёрзн-ет	пь-ёт	откро́-ет
чита́-ем	нес-ём	рис-у́-ем	мёрзн-ем	пь-ём	откро́-ем
чита́-ете	нес-ёте	рис-у́-ете	мёрзн-ете	пь-ёте	откро́-ете
чита́-ют	нес-у́т	рис-у́-ют	мёрзн-ут	пь-ют	откро́-ют

*Bei den Verben сказ**а́**ть, пис**а́**ть, ре́**з**ать sowie Verben mit dem gleichen Stamm (показа́ть, подписа́ть, наре́зать etc.) kommt es zu einem Konsonantenwechsel, der in allen Formen beibehalten wird, z.B. я ска**жу́**, ты ска́**ж**ешь … они́ ска́**ж**ут; я пи**шу́**, ты пи́**ш**ешь … они́ пи́**ш**ут; я ре́**ж**у, ты ре́**ж**ешь … они́ ре́**ж**ут

** aber: вести́ – я веду́, ты ведёшь ... они веду́т (провести́, класть); приобрести́ – я приобрету́, ты приобретёшь ... они приобрету́т

Zur e-Konjugation zählen auch folgende Verben (mit ihren verschiedenen Vorsilben), die jedoch einige Besonderheiten bei der Bildung der einzelnen Verbformen aufweisen:
1. да**ва́ть** – я да**ю́**, ты да**ёшь** ... они да**ю́т** (auch: встава́ть, устава́ть)

2. Konjugation (i-Konjugation)

a* -ить, -еть	b -ать, -ить (nach ж, ц,ч, ш, щ)	c -ить (nach б, в, м, п)
говори́ть	**лежа́ть**	**люби́ть**
говор-ю́	леж-у́	люб-л-ю́
говор-и́шь	леж-и́шь	лю́б-ишь
говор-и́т	леж-и́т	лю́б-ит
говор-и́м	леж-и́м	лю́б-им
говор-и́те	леж-и́те	лю́б-ите
говор-я́т	леж-а́т	лю́б-ят

* Nach -з-, -с-, -т-, -ст-, -д- im Stammauslaut kommt es in der 1. Person Sg. zu Konsonantenwechseln: загрузи́ть – загру**жу́**, пове́**с**ить – пове́**шу**, отве́**т**ить – отве́**чу**, поме**сти́**ть – поме**щу́**, прово**ди́**ть – прово**жу́**

Bei der **Bildung des Präteritums** ersetzt man **-ть** durch **-л** (*m*), **-ла** (*f*), **-ло** (*n*) bzw. **-ли** (*Pl*): z.B. Он чита́**л**. Он**а́** откры́**ла**. Он**о́** лежа́**ло**. Он**и́** говори́**ли**.

Bildung des Imperativs

	1. Person Singular	Imperativ Singular	Imperativ Plural
Endg. 1. P. Sg. nach Vokal Endg. 1. P. Sg. n. Kons., betont Endg. 1. P. Sg. n. Kons., unbetont	де́ла-**ю** говор-**ю́** гото́в-**лю**	де́ла-**й** говор-**и́** гото́в-**ь**	де́ла-**йте** говор-**и́те** гото́в-**ьте**

Unregelmäßige Verben

Die hier aufgeführten Verben berücksichtigen nicht die Bildungen mit den verschiedenen Vorsilben und die reflexiven Formen mit -ся. Finden Sie ein Verb nicht in der Liste, trennen Sie die Vorsilbe vom Verbstamm. Zu den häufigsten Vorsilben im Russischen zählen: без- (бес-), в- (во-), вы-, за-, из-, на-, о- (об-, обо-), от- (ото-), пере-, по- (подо-), при-, про-, раз- (рас-), у-, с- (со-).
In der Regel wurden hier der Infinitiv, die 1. Person Sg., die 2. Person Sg. und die 3. Person Pl. angegeben, in Ausnahmen auch alle Personen bzw. das Präteritum (*m*, *f*).

бежа́ть, бегу́, бежи́шь, бегу́т
брать, беру́, берёшь, беру́т
бри́ться, бре́юсь, бре́ешься, бре́ются
быть, бу́ду, бу́дешь, бу́дут
взять, возьму́, возьмёшь, возьму́т
вы́сечь, вы́секу, вы́сечешь, вы́секут – вы́сек, вы́секла
грести́, гребу́, гребёшь, гребу́т – грёб, гребла́
дать, дам, дашь, даст, дади́м, дади́те, даду́т
дра́ться, деру́сь, дерёшься, деру́тся
есть, ем, ешь, ест, еди́м, еди́те, едя́т
е́хать,е́ду, е́дешь, е́дут
ждать, жду, ждёшь, ждут
жить, живу́, живёшь, живу́т
зaже́чь, зажгу́, зажжёшь, зажгу́т – зажёг, зажгла́
звать, зову́, зовёшь, зову́т
идти́ (при-йти́), иду́, идёшь, иду́т – шёл, шла
иска́ть, и́щу, и́щешь, и́щут
извле́чь, извлеку́, извлечёшь, извлеку́т – извлёк, извлекла́
мочь, могу́, мо́жешь, мо́гут – мог, могла́
нажа́ть, нажму́, нажмёшь, нажму́т
наня́ть, найму́, наймёшь, найму́т
нача́ть, начну́, начнёшь, начну́т
обня́ть, обниму́, обни́мешь, обни́мут
оде́ть, оде́ну, оде́нешь, оде́нут
ошиби́ться, ошибу́сь, ошибёшься, ошибу́тся – оши́бся, оши́блась
петь, пою́, поёшь, пою́т
печь, пеку́, печёшь, пеку́т – пёк, пекла́
пла́кать, пла́чу, пла́чешь, пла́чут
плыть, плыву́, плывёшь, плыву́т
подмести́, подмету́, подметёшь, подмету́т – подмёл, подмела́
поня́ть, пойму́, поймёшь, пойму́т
привле́чь, привлеку́, привлечёшь, привлеку́т – привлёк, привлекла́
приня́ть, приму́, при́мешь, при́мут
развле́чься, развлеку́сь, развлечёшься, развлеку́тся – развлёкся, развлекла́сь

расти́, расту́, растёшь, расту́т – рос, росла́
сесть, ся́ду, ся́дешь, ся́дут – сел, се́ла
слать, шлю́, шлёшь, шлю́т
снять, сниму́, сни́мешь, сни́мут
спасти́, спасу́, спасёшь, спасу́т – спас, спасла́
стать, ста́ну, ста́нешь, ста́нут
тере́ть, тру, трёшь, трут
угна́ть, угоню́, уго́нишь, уго́нят
умере́ть, умру́, умрёшь, умру́т – у́мер, умерла́
хоте́ть, хочу́, хо́чешь, хо́чет, хоти́м, хоти́те, хотя́т
шить, шью, шьёшь, шьют

Substantive

Das Russische kennt keine Artikel. Geschlecht und Formen (Zahl, Fall) der Substantive lassen sich aus deren Endung ableiten. Danach werden die Substantive in die folgenden Deklinationstypen eingeteilt.

	I. Deklination		II. Deklination	III. Deklination	
Geschl.	*m*	*n*	*f*, wenige *m*	*f*	*1 m*
Endungen	ohne Endung (-), -ь, -й	-о, -е, -ие	-а, -я, -ия	-ь	-ь
Bsp.	-	-е	-а	-ь	-ь
Sg.					
Nom. *Gen.* *Dat.* *Akk.* *Instr.* *Präp.*	доце́нт доце́нт**а** доце́нт**у** доце́нт**а** доце́нт**ом** доце́нт**е**	мо́р**е** мо́р**я** мо́р**ю** мо́р**е** мо́р**ем** мо́р**е**	актри́с**а** актри́с**ы** актри́с**е** актри́с**у** актри́с**ой** актри́с**е**	пло́щад**ь** пло́щад**и** пло́щад**и** пло́щад**ь** пло́щад**ью** пло́щад**и**	пут**ь** пут**и́** пут**и́** пут**ь** пут**ём** пут**и́**
Pl.					
Nom. *Gen.* *Dat.* *Akk.* *Instr.* *Präp.*	доце́нт**ы** доце́нт**ов** доце́нт**ам** доце́нт**ов** доце́нт**ами** доце́нт**ах**	мор**я́** мор**е́й** мор**я́м** мор**я́** мор**я́ми** мор**я́х**	актри́с**ы** актри́с актри́с**ам** актри́с актри́с**ами** актри́с**ах**	площад**и́** площад**е́й** площад**я́м** площад**и́** площад**я́ми** площад**я́х**	пут**и́** пут**е́й** пут**я́м** пут**и́** пут**я́ми** пут**я́х**

Adjektive und Adverbien

Endungen der Adjektive				Adverbien
m	*f*	*n*	*Plural*	invariabel
-ый, -ий, -ой	**-ая, -яя**	**-ое, -ее**	**-ые, -ие**	**-о**
ве́рный высо́к**ий** плох**о́й**	ве́рная высо́к**ая** плох**а́я**	ве́рное высо́кое плох**о́е**	ве́рные высо́к**ие** плох**и́е**	ве́рно высок**о́** пло́х**о**

Register Russisch

Das alphabetische Register enthält alle blau gedruckten Einträge des thematischen Wortschatzes sowie alle wichtigen Begriffe der Infoboxen.

А

Б

Б

В

Г

Г

Д

Г

И

З

К

Л

М

К

Н

Н

О

П

П

П

Р

С

С

С

Т

Т

У

Т

У

Register Deutsch

Das alphabetische Register enthält alle blau gedruckten Einträge des thematischen Wortschatzes sowie alle wichtigen Begriffe der Infoboxen

A

B

A

E

E

E

G

H

I

L

K

M

P

P

T

U

V

T

W

17,50

Y

Z